本书是国家自然科学基金
"滇西地区出土青铜时代金属技术研究"（2007—2011年）的部分研究成果
本书承蒙"首都师范大学史学丛书"出版基金资助出版

员雅丽　李晓岑◎著

云南洱海地区
出土青铜时代金属器的
技术研究

Technical Study of Bronze Age
Metal Objects
Evcavted from the
Erhai Region in Yunnan

中国社会科学出版社

图书在版编目（CIP）数据

云南洱海地区出土青铜时代金属器的技术研究/员雅丽，李晓岑著．
—北京：中国社会科学出版社，2018.12
ISBN 978-7-5203-3986-5

Ⅰ.①云⋯　Ⅱ.①员⋯②李⋯　Ⅲ.①金属器物—古器物—研究—云南—青铜时代　Ⅳ.①K876.404

中国版本图书馆 CIP 数据核字（2019）第 012981 号

出 版 人	赵剑英
责任编辑	郭　鹏
责任校对	刘　俊
责任印制	李寡寡

出　　版	中国社会科学出版社
社　　址	北京鼓楼西大街甲 158 号
邮　　编	100720
网　　址	http://www.csspw.cn
发 行 部	010-84083685
门 市 部	010-84029450
经　　销	新华书店及其他书店
印　　刷	北京明恒达印务有限公司
装　　订	廊坊市广阳区广增装订厂
版　　次	2018 年 12 月第 1 版
印　　次	2018 年 12 月第 1 次印刷
开　　本	710×1000　1/16
印　　张	18.75
字　　数	270 千字
定　　价	80.00 元

凡购买中国社会科学出版社图书，如有质量问题请与本社营销中心联系调换
电话：010-84083683
版权所有　侵权必究

序

  2017年9月的一天员雅丽打电话给我，她与导师李晓岑教授合著的《云南洱海地区出土青铜时代金属器的技术研究》一书要在中国社会科学出版社出版，约请我为书稿写序。听到她快乐的声音，我欣然同意答应她先拜读书稿学习。

  我了解员雅丽大学是学经济学专业的，2006年考入北京科技大学师从李晓岑教授转读科学技术史专业，这一变化是很大的。她学习努力、认真，学位专业课等成绩优良，进而选拔为硕博连读生，并顺利去美国加州大学洛杉矶分校进修一年的培养，她参与了李晓岑教授主持国家自然基金课题"滇西地区金属器的技术研究"进行云南洱海地区青铜时代金属技术的研究，成为课题的主力，这对员雅丽学术研究方向实际是一次"脱胎"的转变。她不仅要系统地学习科学技术史的专业知识，研究方法也要亲力亲为。师生多次赴云南洱海地区考察，足迹遍布洱海地区各青铜时代遗址、墓葬、考古研究所和博物馆，进行实地调研和资料收集，并与当地文博单位通力合作取回涉及不同种类的金属器样品逾百件，用科技考古的研究方法分析鉴定了它们的制作技术和工艺特征。

  2012年员雅丽进入首都师范大学历史学院工作，在学院领导的支持和鼓励下，继续从事古代冶金技术的研究工作，坚持修订与研究她在北京科技大学科学技术史专业的博士论文中的资料和内容，并撰写了这本书稿，在知识储备、科研能力和研究视角方面不断充实，取得了长足的进步。

《云南洱海地区出土青铜时代金属器的技术研究》集中展现了云南洱海地区青铜时代出土金属器制作技术全面而学术水平较高的研究成果，表现在：

第一，《云南洱海地区出土青铜时代金属器的技术研究》提供了洱海地区青铜时代出土的 105 件各类金属器制作技术的分析鉴定数据与考古背景资料，基础工作扎实可信。

第二，《云南洱海地区出土青铜时代金属器的技术研究》对洱海地区青铜时代出土的本地特色的金属器进行了深入研究，新发现存在砷铜、锑青铜、镀锡矛、铁镯等器物。

第三，《云南洱海地区出土青铜时代金属器的技术研究》体现了研究视角的扩展，内容更加丰富，涉及矿产资源、本地铸范技术发展变化、按器物类型分析区域特征。

第四，《云南洱海地区出土青铜时代金属器的技术研究》探索了洱海地区出土的金属器的地域特征，与相邻地区的青铜文化存在着交流与相互影响，书中通过实例论述说明洱海地区作为西南丝路中扮演的重要角色和形成其青铜文化多样性的特点。

第五，《云南洱海地区出土青铜时代金属器的技术研究》对金属器制作技术用各种研究方法取得的数据丰富，图文并茂，可信、可读性、研究性强。

第六，《云南洱海地区出土青铜时代金属器的技术研究》的出版可供考古学、历史学、科技史及其相关专业的研究人员及高等院校师生阅读及参考。

韩汝玢
2018 年 8 月

目 录

引言 …………………………………………………………… (1)

第一章 洱海地区概论 …………………………………… (3)
第一节 洱海地区地理历史概况 ………………………… (3)
第二节 洱海地区主要考古发现 ………………………… (5)
　一　考古发现概况 ………………………………………… (7)
　二　墓葬与随葬器物特点 ………………………………… (24)
　三　典型金属器 …………………………………………… (25)
第二节 地质矿产资料 …………………………………… (31)
第三节 分期与族属 ……………………………………… (34)
　一　分期及年代 …………………………………………… (34)
　二　族属 …………………………………………………… (36)
第四节 青铜文化与技术研究现状 ……………………… (38)
　一　洱海地区青铜文化的综述性研究 …………………… (39)
　二　铜器合金成分与金相学研究 ………………………… (42)
　三　铸造技术研究 ………………………………………… (45)
　四　其他金属技术的研究 ………………………………… (46)
　五　洱海地区与其他地区青铜文化关系的研究 ………… (48)

第二章　研究内容与实验方法 ……………………………（52）
第一节　研究内容和方法 ………………………………（53）
第二节　样品来源 ………………………………………（54）
第三节　创新性 …………………………………………（57）

第三章　洱海地区出土金属器的成分与金相检测 …………（58）
第一节　剑川海门口遗址 ………………………………（58）
第二节　剑川鳌凤山古墓 ………………………………（65）
第三节　祥云检村墓葬群 ………………………………（69）
第四节　祥云红土坡墓葬群 ……………………………（81）
第五节　楚雄张家屯墓葬群 ……………………………（97）
第六节　弥渡苴力墓葬群 ………………………………（104）
第七节　弥渡合家山窖藏遗址 …………………………（110）
第八节　德钦永芝墓葬群 ………………………………（119）
第九节　德钦纳古墓葬群 ………………………………（126）
第十节　德钦石底墓葬 …………………………………（128）
第十一节　宁蒗大兴镇墓葬群 …………………………（129）
第十二节　南诏风情岛墓葬群 …………………………（133）
第十三节　洱源北山土坑墓 ……………………………（143）
第十四节　香格里拉石棺墓 ……………………………（148）

第四章　洱海地区出土金属器的技术分析与结果讨论 ……（152）
第一节　金属器的成分特征 ……………………………（152）
　　一　材质类型多样化 …………………………………（152）
　　二　含有较多杂质元素 ………………………………（155）
　　三　不同时期金属器的成分特点 ……………………（156）
第二节　金属器的金相组织特征 ………………………（158）
　　一　制作技术特点 ……………………………………（158）
　　二　夹杂物 ……………………………………………（159）

三　不同时期不同合金类型铜器的金相组织特征 ……………… (160)
　　四　组织中的含锡氧化物和富铁相 ……………………………… (163)
　第三节　合金组成与地质矿产的关系 ……………………………… (164)
　第四节　按器物类型分析区域特征 ………………………………… (166)
　　一　兵器 ……………………………………………………………… (167)
　　二　生产工具 ………………………………………………………… (170)
　　三　装饰品 …………………………………………………………… (171)
　　四　乐器 ……………………………………………………………… (173)
　　五　生活用具 ………………………………………………………… (173)
　第五节　同类器物的比较研究 ………………………………………… (174)
　　一　矛 ………………………………………………………………… (174)
　　二　钺 ………………………………………………………………… (176)
　　三　剑 ………………………………………………………………… (178)
　　四　锄 ………………………………………………………………… (179)
　　五　镯 ………………………………………………………………… (180)
　　六　铁器 ……………………………………………………………… (182)
　第六节　含锑与砷铜合金 ……………………………………………… (183)
　　一　含锑合金 ………………………………………………………… (183)
　　二　砷铜合金 ………………………………………………………… (186)
　第七节　镀锡技术 ……………………………………………………… (188)
　第八节　各遗存金属技术的关系 ……………………………………… (192)

第五章　洱海地区典型金属器和冶铸遗物所反映的技术与文化内涵 ………………………………………………… (194)

　第一节　剑 ……………………………………………………………… (194)
　第二节　铜铁复合器 …………………………………………………… (202)
　第三节　铜钺 …………………………………………………………… (208)
　第四节　生产工具 ……………………………………………………… (215)
　第五节　铸范 …………………………………………………………… (220)

第六章 洱海地区的青铜文化及其与外界的交流 (225)
第一节 洱海地区青铜文化的基本状况 (225)
第二节 洱海地区与滇池地区青铜文化的关系 (227)
第三节 洱海地区与北方、中原文化的关系 (231)
一 石刀 (232)
二 陶罐 (234)
三 铜器 (237)
四 葬俗 (238)
第四节 洱海地区与东南亚青铜文化的关系 (239)
一 与泰国青铜文化的关系 (239)
二 与越南青铜文化的关系 (249)
第五节 小结 (257)

第七章 结论 (258)

参考文献 (260)

后记 (279)

插图目录

图1-1　洱海地区地理位置示意……………………………………（4）
图1-2　洱海地区墓葬和遗址分布示意图 …………………………（6）
图1-3　洱海地区出土各类金属器比例………………………………（25）
图1-4　洱海地区出土的青铜工具……………………………………（26）
图1-5　洱海地区出土的兵器…………………………………………（27）
图1-6　洱海地区出土的具有北方草原文化风格的兵器……………（28）
图1-7　洱海地区出土的生活用具……………………………………（28）
图1-8　洱海地区出土的乐器…………………………………………（29）
图1-9　洱海地区出土的装饰品………………………………………（30）
图1-10　云南地区古代人种分布……………………………………（37）
图3-1　铜镯（9910）金相组织………………………………………（60）
图3-2　铜凿（9912）金相组织………………………………………（60）
图3-3　铜块（9913）金相组织………………………………………（61）
图3-4　铜镯（9914）金相组织………………………………………（61）
图3-5　铜块（9915）金相组织………………………………………（62）
图3-6　铜块（9916）金相组织………………………………………（62）
图3-7　铁镯（9911）金相组织………………………………………（63）
图3-8　铁镯夹杂物（9911—1）………………………………………（64）
图3-9　铁镯夹杂物（9911—2）………………………………………（64）

图 3-10　铜镯（M156:14）9830b 金相组织 …………………（67）
图 3-11　剑鞘（9833）扫描电镜背散射电子像 ………………（67）
图 3-12　剑鞘（9833）金相组织 ………………………………（68）
图 3-13　铜镯（M156:19）9936 金相组织 …………………（68）
图 3-14　剑川鳌凤山 M50 平面 …………………………………（69）
图 3-15　锥（9841）金相组织 …………………………………（72）
图 3-16　编钟 2#（9845）金相组织 ……………………………（73）
图 3-17　编钟 1#（9847）金相组织 ……………………………（73）
图 3-18　编钟 3#（9848）金相组织 ……………………………（74）
图 3-19　矛 M3（9849）金相组织 ………………………………（74）
图 3-20　矛 M1（9851）金相组织 ………………………………（75）
图 3-21　锸 M1（9852）金相组织 ………………………………（75）
图 3-22　矛 M1（9855）金相组织 ………………………………（76）
图 3-23　镈 M1（9856）金相组织 ………………………………（76）
图 3-24　豆 M1（9857）金相组织 ………………………………（77）
图 3-25　矛 M5（9840）扫描电镜二次电子像 …………………（78）
图 3-26　锸 M31（9842）扫描电镜背散射电子像 ……………（78）
图 3-27　锄 M32（9844）扫描电镜二次电子像 ………………（79）
图 3-28　编钟 3#（9848）扫描电镜背散射电子像 ……………（79）
图 3-29　矛 M1（9851）扫描电镜二次电子像 …………………（80）
图 3-30　矛 M1（9855）扫描电镜二次电子像 …………………（80）
图 3-31　锥（9841）扫描电镜背散射电子像 …………………（81）
图 3-32　镀锡矛 M56（9810）金相组织 ………………………（84）
图 3-33　镀锡矛 M56（9810）扫描电镜背散射电子像 ………（85）
图 3-34　镀锡矛 M62（9821）金相组织 ………………………（85）
图 3-35　镀锡矛 M62（9821）扫描电镜背散射电子像 ………（86）
图 3-36　铜矛 M56（9813）扫描电镜背散射电子像 …………（86）
图 3-37　铜矛 M56（9813）扫描电镜背散射电子像 …………（87）
图 3-38　镀锡矛 M56（9810）金相组织 ………………………（87）

图3-39	钺 M56（9812）金相组织	(88)
图3-40	镀锡矛 M62（9821）金相组织	(88)
图3-41	矛 M62（9822）金相组织	(89)
图3-42	镀锡矛 M62（9824）金相组织	(89)
图3-43	矛（9824）扫描电镜背散射电子像	(90)
图3-44	饰牌（9826）金相组织	(90)
图3-45	葫芦笙（9827）金相组织	(91)
图3-46	铁剑 M65（9814）扫描电镜背散射电子像	(92)
图3-47	铁环 M65（9815a）金相组织	(92)
图3-48	铁环 M65（9815b）金相组织	(93)
图3-49	铁环 M65（9815b）扫描电镜二次电子像	(93)
图3-50	铁夹 M88（9816）金相组织	(94)
图3-51	铁夹 M88（9816）扫描电镜二次电子像	(94)
图3-52	铁夹 M88（9819）金相组织	(95)
图3-53	铁夹 M69（9820）金相组织	(96)
图3-54	金饰片（9818）热锻组织	(96)
图3-55	臂甲（9920）金相组织	(99)
图3-56	铜块（9921）金相组织	(99)
图3-57	矛（9922）金相组织	(100)
图3-58	矛（9924）金相组织	(100)
图3-59	锄（9925）金相组织	(101)
图3-60	箭镞（9926）金相组织	(101)
图3-61	臂甲（9920）扫描电镜背散射电子像	(102)
图3-62	铜块（9921）扫描电镜背散射电子像	(102)
图3-63	矛（9924）扫描电镜二次电子像	(103)
图3-64	锄（9925）扫描电镜二次电子像	(103)
图3-65	锄 M6（9828）金相组织	(106)
图3-66	铜锸 M5（9829）金相组织	(106)
图3-67	钺 M5（9940）金相组织	(107)

图3-68	杖头 M4（9941）金相组织 ……………………………	（107）
图3-69	镯 M4（9943）金相组织 ………………………………	（108）
图3-70	削 M4（9944）金相组织 ………………………………	（108）
图3-71	钺（9940）扫描电镜二次电子像 ………………………	（109）
图3-72	杖头（9941）扫描电镜二次电子像 ……………………	（109）
图3-73	镦（9860）金相组织 ……………………………………	（113）
图3-74	镦（9860）多种复杂合金相 ……………………………	（113）
图3-75	镦（9860）微区分析（Ⅰ） ……………………………	（114）
图3-76	镦（9860）微区分析（Ⅱ） ……………………………	（114）
图3-77	尖叶形铜锄（9861）金相组织 …………………………	（115）
图3-78	尖叶形铜锄（9862）金相组织 …………………………	（116）
图3-79	心形铜锄（9864）金相组织 ……………………………	（116）
图3-80	条形铜锄（9865）金相组织 ……………………………	（117）
图3-81	镦（9866）金相组织 ……………………………………	（117）
图3-82	泡饰（9867）金相组织 …………………………………	（118）
图3-83	帽饰（9868）金相组织 …………………………………	（118）
图3-84	尖叶形铜锄（9862）扫描电镜背散射电子像 …………	（119）
图3-85	铜柄铁剑（9901）金相组织 ……………………………	（122）
图3-86	弧背刀（9907）金相组织 ………………………………	（122）
图3-87	戈（DY1）金相组织 ……………………………………	（123）
图3-88	手镯（DY3）金相组织 …………………………………	（123）
图3-89	镯（DY2）金相组织 ……………………………………	（124）
图3-90	泡饰（DY4）金相组织 …………………………………	（124）
图3-91	泡饰（DY4） …………………………………………	（125）
图3-92	泡饰（DY4）微区分析 …………………………………	（125）
图3-93	手镯（9904）金相组织 …………………………………	（127）
图3-94	剑（DN2）金相组织 ……………………………………	（128）
图3-95	杯（9905）金相组织 ……………………………………	（129）
图3-96	削（9937）金相组织 ……………………………………	（131）

图 3-97	削（9937）金相组织	（131）
图 3-98	斧（9938）金相组织	（132）
图 3-99	斧（9938）扫描电镜二次电子像	（132）
图 3-100	斧（9939）金相组织	（133）
图 3-101	铜钺 M14:4（9873）金相组织	（136）
图 3-102	靴形钺 M22:5（9875）金相组织	（137）
图 3-103	靴形钺 M14:3（9876）金相组织	（137）
图 3-104	铜剑 M29:2（9877）金相组织	（138）
图 3-105	铜剑 M29:2（9877）扫描电镜二次电子像	（138）
图 3-106	铜钺 M2:2（9878）金相组织	（139）
图 3-107	靴形钺 M22:1（9879）金相组织	（139）
图 3-108	铜柄铁矛（9880）金相组织	（140）
图 3-109	鸟型杖 M13:8（9881）金相组织	（140）
图 3-110	鸟型杖 M13:8（9881）扫描电镜二次电子像	（141）
图 3-111	铜剑 M7:4（9882）金相组织	（141）
图 3-112	铜剑 M7:4（9882）扫描电镜背散射电子像	（142）
图 3-113	鸟型杖 M13:7（9883）金相组织	（142）
图 3-114	靴形钺 M22:2（9874）金相组织	（143）
图 3-115	剑鞘（9801）金相组织	（145）
图 3-116	铜剑（9802）金相组织	（146）
图 3-117	铜剑（9802）扫描电镜背散射电子像	（146）
图 3-118	铜镯（9804）金相组织	（147）
图 3-119	铜矛（9805）金相组织	（147）
图 3-120	铜矛（9805）金相组织	（148）
图 3-121	矛（9902）金相组织	（150）
图 3-122	剑（9906）金相组织	（150）
图 3-123	剑（9906）扫描电镜背散射电子像	（151）
图 3-124	剑（DX1）金相组织	（151）
图 4-1	洱海地区分析的金属器材质类型比例	（153）

图 4-2　洱海地区分析的金属器红铜材质样品中各器物
　　　　类型比例 …………………………………………（154）
图 4-3　洱海地区分析的金属器锡青铜样品中各器物类型
　　　　比例 ………………………………………………（155）
图 4-4　战国中期各类材质金属器所占比例 ……………（157）
图 4-5　战国晚期至西汉早期各类金属器所占比例 ……（158）
图 4-6　各类铜器制作工艺所占比例 ……………………（159）
图 4-7　红铜样品中各类制作工艺所占比例 ……………（160）
图 4-8　铜锡合金中各类制作工艺所占比例 ……………（161）
图 4-9　不同合金类型兵器加工方式比例 ………………（169）
图 4-10　洱海地区出土的铜矛 …………………………（175）
图 4-11　洱海地区出土的典型铜钺 ……………………（176）
图 4-12　洱海地区出土的另一些典型铜钺 ……………（178）
图 4-13　洱海地区出土的铜锄 …………………………（179）
图 4-14　洱海地区出土的镀锡铜矛 ……………………（190）
图 5-1　洱海地区出土的无格剑 …………………………（195）
图 5-2　洱海地区出土的三叉格剑 ………………………（195）
图 5-3　洱海地区出土的双圆饼茎首剑 …………………（196）
图 5-4　洱海地区出土的曲柄剑 …………………………（197）
图 5-5　大理海东金锁岛铜铁复合器剑柄拓本 …………（203）
图 5-6　南诏风情岛铜柄铁剑及其铜柄铸范 ……………（203）
图 5-7　云南滇池地区出土的铜柄铁剑 …………………（206）
图 5-8　四川出土的铜柄铁剑 ……………………………（206）
图 5-9　洱海地区出土的铜钺 ……………………………（210）
图 5-10　滇西地区龙陵大花石出土的石斧 ……………（210）
图 5-11　滇西地区出土的不对称形石器 ………………（210）
图 5-12　南诏风情岛双刃钺 ……………………………（211）
图 5-13　大理喜洲伞形钺 ………………………………（211）
图 5-14　滇西地区不对形钺与伞形钺 …………………（212）

图 5-15	滇池地区不对称形铜钺	(213)
图 5-16	滇南红河流域出土铜钺	(214)
图 5-17	洱海地区出土的铸范及相应器物	(221)
图 5-18	合家山出土的石戈范	(223)
图 5-19	合家山出土的陶矛、短剑范	(223)
图 5-20	越南同登遗址石铜镞范	(223)
图 5-21	中国云南剑川鳌凤山石质斧范	(223)
图 5-22	柬埔寨姆鲁普雷遗址斧范	(223)
图 6-1	楚雄万家坝 M72 出土铜矛	(230)
图 6-2	呈贡天子庙 M41 出土铜矛	(230)
图 6-3	楚雄万家坝 M63 出土三叉格铜剑	(230)
图 6-4	剑川鳌凤山出土三叉格铜剑	(230)
图 6-5	云南剑川海门口遗址长方形双孔石刀	(232)
图 6-6	陕西西安马王村龙山文化长方形双孔石刀	(232)
图 6-7	云南维西戈登遗址长方形单孔石刀	(233)
图 6-8	甘肃宁定长方形单孔石刀	(233)
图 6-9	云南宾川白羊村半月形双孔石刀	(233)
图 6-10	吉林西团山半月形双孔石刀	(233)
图 6-11	云南、甘肃、四川出土的新石器时代单耳陶罐	(234)
图 6-12	云南、甘肃、四川出土的新石器时代双耳陶罐	(235)
图 6-13	云南、甘肃、四川出土的新石器时代旋涡纹陶罐	(236)
图 6-14	中国滇西地区石器	(240)
图 6-15	越南前东山文化石器	(241)
图 6-16	泰国班清遗址旋涡纹陶罐	(241)
图 6-17	越南前东山文化陶罐	(242)
图 6-18	中国临沧那蚌遗址陶罐	(242)
图 6-19	泰国班清文化遗址出土的典型器物	(245)
图 6-20	中国洱海地区出土的铜器（Ⅰ）	(246)

图 6-21　泰国班清文化出土的铜器 …………………………（247）
图 6-22　泰国班清文化管銎条形斧 …………………………（247）
图 6-23　塞伊玛-图尔宾诺文化管銎条形斧 …………………（248）
图 6-24　中国德钦永芝条形斧 ………………………………（248）
图 6-25　越南与中国出土的早期石戈 ………………………（250）
图 6-26　越南与中国云南洱海地区出土的陶罐 ……………（250）
图 6-27　中国云南洱海地区出土的铜器（Ⅱ） ………………（253）
图 6-28　越南前东山文化铜器 ………………………………（253）
图 6-29　中国洱海地区与越南东山文化环钮编钟 …………（254）
图 6-30　中国洱海地区与越南东山文化羊角钮钟 …………（255）
图 6-31　中国洱海地区与越南东山文化三角援直内戈 ……（255）
图 6-32　中国洱海地区与越南东山文化不对称形铜钺 ………（256）

表格目录

表1-1　洱海地区主要墓葬和遗址出土金属器
　　　　（不完全统计） ……………………………（19）
表1-2　《古矿录》所载云南的铜铁等矿产资源 ………（31）
表1-3　滇西地区主要地质矿产资源 ……………………（33）
表2-1　洱海地区各墓葬采样情况 ………………………（54）
表2-2　分析样品的年代分期统计 ………………………（56）
表3-1　海门口第三次发掘出土铜器的成分和金相
　　　　观察结果 …………………………………………（58）
表3-2　铁镯（9911）夹杂物成分分析结果 ……………（65）
表3-3　剑川鳌凤山出土铜器成分分析和金相鉴定结果 ………（66）
表3-4　祥云检村出土铜器的成分及金相鉴定结果 ……（70）
表3-5　祥云红土坡墓葬群出土金属器的化学成分分析及
　　　　金相观察结果 ……………………………………（82）
表3-6　祥云红土坡墓葬群出土金饰品的合金成分与金相
　　　　组织观察结果 ……………………………………（96）
表3-7　楚雄张家屯墓葬群出土铜器的成分分析及金相鉴定
　　　　结果 ………………………………………………（97）
表3-8　弥渡苴力墓葬群出土铜器的化学成分和金相观察
　　　　结果 ………………………………………………（104）

· 1 ·

表 3 – 9	弥渡合家山窖藏遗址出土金属器的成分分析和金相观察结果	（110）
表 3 – 10	德钦永芝墓葬群出土金属器的成分分析和金相观察结果	（120）
表 3 – 11	德钦纳古墓葬群出土铜器的成分分析和金相观察结果	（126）
表 3 – 12	德钦石底墓葬出土铜器的成分分析和金相观察结果	（128）
表 3 – 13	宁蒗大兴镇墓葬群出土铜器的成分及金相鉴定结果	（130）
表 3 – 14	南诏风情岛墓葬群出土铜器的成分及金相鉴定结果	（134）
表 3 – 15	洱源北山土坑墓出土铜器的成分及金相鉴定结果	（144）
表 3 – 16	香格里拉石棺墓出土铜器的成分分析和金相观察结果	（148）
表 4 – 1	洱海地区分析的金属器材质分类	（152）
表 4 – 2	洱海地区分析的金属器铜锡合金锡含量分类统计	（155）
表 4 – 3	洱海地区不同时期金属器材质统计	（157）
表 4 – 4	洱海地区铜器制作技术统计	（159）
表 4 – 5	不同时期红铜样品的加工方式	（160）
表 4 – 6	不同时期铜锡合金样品的加工方式	（161）
表 4 – 7	不同时期铜锡铅合金的加工方式	（162）
表 4 – 8	不同时期含砷合金的加工方式	（162）
表 4 – 9	不同时期含锑合金的加工方式	（163）
表 4 – 10	器物种类与材质分类	（166）
表 4 – 11	红铜、锡青铜兵器出土情况	（168）
表 4 – 12	铜质兵器合金类型与加工方式关系	（169）
表 4 – 13	不同时期不同材质生产工具统计	（170）

表4-14	生产工具合金类型和加工方式关系	(171)
表4-15	不同时期不同材质装饰品统计	(171)
表4-16	装饰品合金类型和加工方式关系	(172)
表4-17	铜质生活用具材质和加工方式关系	(173)
表4-18	铜矛材质与加工方式关系	(175)
表4-19	铜钺材质与加工方式关系	(177)
表4-20	剑材质统计	(178)
表4-21	锄材质与加工方式关系	(180)
表4-22	镯材质统计	(181)
表4-23	洱海地区分析铁器统计	(183)
表5-1	洱海地区出土铜铁复合器统计	(204)
表5-2	洱海地区出土铜质生产工具统计	(217)

引　言

人类使用金属从自然金和自然铜开始，经过矿冶技术创造出许多金属合金材料，冶金是人类文明和社会发展的物质基础。矿冶技术史是人类文明史、科学技术史的重要组成部分。①

云南地处中国西南云贵高原地区，山高谷深、地势险峻，自古就形成了具有浓郁地域和民族特征的文化因素，其中青铜文化就极具代表性。云南青铜文化既具有独立于中原文化之外的发展特点，又表现出与周边不同文化区的联系。云南是中国著名的金属产地，蕴藏着丰富的矿产资源，早在3000多年前，云南古代民族就初步掌握了青铜器的冶铸技术，对中国内地的青铜冶铸业曾产生过一定的影响。

1938年开始的大理苍洱区域的田野考察和发掘工作揭开了云南考古工作的序幕，云南青铜时代的考古调查、发掘和研究，是1949年以来才开始的一项工作。云南青铜文化以丰富多彩的内容，生动活泼的表现形式，精湛的铸造工艺和独特的民族风格著称，它可以作为研究云南古代文化的一部无文字记录的历史书。② 目前，云南青铜时代遗存在滇池地区的发掘较多，研究较多。北京科技大学冶金与材料史研究所对古滇地区出土的金属器进行了全面、系统的技术研究，对于全面研究云南古代青铜文化基础打下了基础。

---

① 韩汝玢、柯俊：《中国科学技术史（矿冶卷）》，科学出版社2007年版，第1页。
② 张增祺：《云南青铜文化研究》，云南省博物馆主编《云南青铜文化论集》，云南人民出版社1991年版，第17—45页。

滇西洱海地区青铜时代的文化代表了云南较早的一种地方文化。出土的青铜器，造型独特、内涵丰富，为了解云南早期青铜文化面貌提供了重要的实物资料。洱海地区在青铜时代先后出现过多种民族和不同类型的文化，有较复杂的文化背景，由滇族所代表的滇池地区青铜时代鼎盛时期的文化，就是在此基础上再接受内地及周边文化的影响而发展起来的。另外，洱海地区其特殊的地理位置连接着中原和东南亚地区，民族融合和技术交流都将在这一地区有充分的体现。揭示这一地区青铜器技术特征和文化技术交流，能够进一步了解洱海与滇池地区青铜文化之间的关系、云南青铜文化与东南亚及内地青铜文化的关系。对进一步了解云南科技史、云南古代文明也将有一定的启示。以往的研究多以个案为主，目前尚缺少对这一地区青铜技术和文化的综合性研究。

数十年来，洱海地区遗址和墓葬发掘出土的数量众多的青铜器、铁器、金银器以及冶炼遗物，为综合研究洱海地区青铜时代金属技术提供了契机。本研究选择洱海地区的 14 个遗址和墓葬出土的金属器，对其成分、金相组织、夹杂物以及制作工艺等进行分析研究，阐明洱海地区金属器的技术特征；同时将实验研究和历史文献相结合，通过与邻近地区青铜文化的比较研究，深入探讨了这一地区金属制作技术的传播、发展以及与其他地区的交流情况，研究结果为洱海地区存在本土冶铸活动提供了技术上的依据；结合技术分析和考古学的研究成果，梳理了具有北方文化因素的器物及相应技术在洱海地区的发展脉络，以及洱海地区与东南亚青铜文化的关系。

第一章

洱海地区概论

第一节 洱海地区地理历史概况

洱海地区位于云南西部，与现在的大理白族自治州相当，以洱海沿岸为中心，包括大理、漾濞、祥云、宾川、弥渡、南涧、巍山、永平、云龙、洱源、剑川与鹤庆诸地区，其自然地貌处于喜马拉雅山脉从东西转向南北走向的部位，在横断山脉南端，大部分是金沙江、澜沧江和怒江所构成的西南峡谷区。洱海形似人耳，北起洱源县江尾乡，南止于大理市下关镇，南北长41.5千米，东西宽3—9千米，属澜沧江水系，为云南第二大高原淡水构造湖，是因地壳运动、产生断裂凹陷而形成，在古文献中曾被称为"叶榆泽""昆弥川""西洱河""西二河"等。洱海地区气候温和湿润、日照充足、干湿季分明，大理州的气候特征是河谷热、坝区暖、山区凉、高山寒。[1] 根据花粉分析结果与考古、史料记载的综合研究，距今约5590年，洱海地区已有早期人类活动[2]（见图1-1）。

公元前109年，汉武帝设"叶榆县"，大理始列入中国版图，又名紫城、叶榆，简称"榆城"，为滇西交通孔道。在此之前，这一地区的历史并没有文献记载，只有通过考古资料对汉以前洱海地区不同时期的

---

[1] 大理白族自治州地方志编纂委员会：《大理白族自治州志》，云南人民出版社1998年版，第112—113页。
[2] 羊向东：《云南洱海盆地早期人类活动的花粉证据》，《科学通报》2005年第2期。

文化进行考证。《史记·西南夷列传》中有相关的记载："西自桐师（今保山）以东，北至叶榆（今大理），名为昆明，皆编发，随畜迁徙，毋常处，毋君长，地方可数千里；自嶲以东北，君长以什数，徙、筰最大……皆氐类也，此皆巴、蜀西南外夷也"。其范围所指的乃是云南的西北部，即保山与大理之间、北至四川盐源一带"可数千里"的巴蜀徼外文化圈，虽涉及洱海地区，但视之为边缘地带，并不把洱海作为中心。"嶲昆明"文化圈是"随畜迁徙，毋常处，毋君长"的人们，以畜牧经济为主的草原文化。然而，就洱海地区的史前文化而言，白羊村遗址出土的文物反映了早在新石器时代晚期，这里就已进入原始农耕社会。

图1-1 洱海地区地理位置示意图①

---

① 该地图根据云南省测绘地理信息局标准地图服务下载的云南省地图（无水系线划版），比例尺为1∶1000万（审图号：云S（2017）057号）绘制而成。

据《汉书·地理志》《后汉书·郡国志》及《水经·榆河注》等文献的记载，"斯榆蛮"（"楪榆蛮"）是洱海地区的古老民族，洱海亦称"楪榆泽"，直至隋、唐时期，洱海沿岸仍有"斯榆蛮"。《蛮书》及《新唐书·吐蕃传》上所说的"西洱蛮"即"斯榆蛮"，"西洱河"亦即"楪榆泽"。"西洱""楪榆""斯榆"乃一音之转。据《史记·司马相如列传》，"斯榆"也应是金沙江以南洱海地区的少数民族。由此可见，"斯榆蛮"是洱海地区的主要民族，他们和"昆明蛮"等其他民族共同创造了当地繁荣的青铜文化。

洱海地区青铜文化的范围有广义和狭义之分。广者，如童恩正在论述这一地区青铜剑时所言："这一地区以洱海为中心，包括滇西北的澜沧江、金沙江流域在内。包括大理、祥云、姚安、永胜、宁蒗、德钦等地。"① 张增祺认为："包括怒江以东，禄丰、武定以西、金沙江以南（部分青铜器亦见于金沙江以北），保山、临沧以北的广阔地区。"② 狭者，如李昆声认为：以洱海为中心，北起剑川县沙溪与滇西北地区青铜文化交界。③ 本研究在使用洱海地区名称时，取其广义，即以洱海为中心，分布在东到禄丰、西至德钦、南到弥渡、北达宁蒗的范围之内。

第二节　洱海地区主要考古发现

1938 年，吴金鼎对洱海地区进行了考古调查，"在苍洱境内，凡发现遗址 32 处，勘定古迹 6 处，共 38 处。又发现古墓 17 座，皆南诏及南诏以后物。"④ 他认为，苍洱境之历史始见于白子国，但都是"片段记载，难以征信"，"故苍洱境之有史期，实自蒙诏时始，至于此境之史前文化，赖此次考察所发现者，知其为同一文化而包含早、中、

---

① 童恩正：《我国西南地区青铜剑的研究》，《考古学报》1977 年第 2 期。
② 张增祺：《云南青铜文化的类型与族属问题》，云南省博物馆主编《云南青铜文化论集》，云南人民出版社 1991 年版，第 220—243 页。
③ 李昆声：《云南文物考古四十五年——纪念云南省博物馆建馆 45 周年（1951—1996）》，《云南文物》1996 年第 2 期。
④ 吴金鼎：《云南苍洱境考古报告》，《国立中央研究院专刊》1942 年第 1 期。

晚三期,其晚期与有史期衔接。"他所说的苍洱境"史前文化",是指包括南诏文化之前的新石器时代、青铜时代和铁器时代的一部分。

1957年3月,剑川海门口遗址的发掘,拉开了洱海地区青铜文化考古工作的序幕。1964年以后,发掘规模加快,截至2017年1月,已发现的洱海地区青铜文化遗存有:墓葬38处、遗址8处,青铜器出土地点21处。[①] 各主要遗址和墓葬的分布图(见图1-2)。

图1-2 洱海地区墓葬和遗址分布示意图[②]

■代表洱海地区青铜文化墓葬和遗址

---

① 国家文物局:《中国文物地图集(云南分册)》,云南科技出版社2003年版,第55页。
② 该地图根据云南省测绘地理信息局标准地图服务下载的云南省地图(无水系线划版),比例尺为1∶1000万(审图号:云S(2017)057号)绘制而成。

一 考古发现概况

（1）剑川海门口遗址

海门口遗址位于剑川县甸南乡海门口村东南约0.5千米的海尾河北岸，现存遗址东西长250余米，南北宽40余米，为当地农业社耕地，周围水草丰美，河中鱼虾繁多，是人类居住和生产劳动的较好场所。[①]

1957年云南省博物馆进行第一次清理，器物多分布在桩柱之间，桩柱排列不规则，每隔一段即成一排，可能为房屋间隔，共获铜器14件，有铜斧、铜钺、铜刀、铜凿、铜环、铜鱼钩、铜饰品还发现，砂岩制作的铜钺范1件，范纹和铜钺范纹相同，表明这批铜器可能是本地铸造的，有4个地方还发现了炭化的谷物。考古工作者将剑川海门口遗址的年代定为"新石器时代晚期"。[②] 1978年4月进行了第二次发掘，共获铜器12件，此外还出土了铜器残片1件、铜矿石1块；发现了炭化的稻谷、稗子以及一些保留着砍伐痕迹的木桩，这次发掘者认为海门口遗址属于青铜时代初期。[③] 两次出土铜器的种类如下：斧、钺、锛、镰、刀、鱼钩、凿、锥、镯、梨形饰件、夹形饰件、椭圆形饰件、铲形器；共出土铁器22件，有刀、凿、钩、镰、方形铁条等。然而，这两次发掘的地层和文化遗址的资料有缺失。2007年12月，云南省文物考古研究所对海门口遗址进行第三次考古发掘[④]，依据地层关系和出土遗物的基本特征，将该遗址划分为10层，共获金属器19件，包括铜器18件，有铜镯、铜凿、铜块、铜环、铜针、铜钻头、铜刀、铜箭镞、铜铃、铜锥、铜条、铁镯等，还有铁器1件，并首次发现了炭化麦，连同此前发现的大批炭化稻、炭化粟和北方常见的耕作工具木耜、木耙等器物，为早期南北文化的交流提供了

[①] 何超雄：《1978年剑川海门口遗址第一探方的发掘》，《云南文物》1993年第35期。
[②] 云南省博物馆：《剑川海门口古文化遗址清理简报》，《考古通讯》1958年第6期。
[③] 云南省博物馆：《云南剑川海门口青铜时代早期遗址》，《考古》1995年第9期。
[④] 闵锐：《剑川县海门口遗址第三次考古发掘情况》，《大理学院学报》2008年第7期。

证据。2016年10月，云南省文物考古研究所与四川大学考古学系对遗址进行了第四次考古发掘，出土的青铜器以镞、锥等小件器物为主。这次发掘是对遗址分期体系的重要补充。前三次发掘所获资料以青铜时代以及其后时期遗存为主，新石器时代遗存仅有少量发现，而这次发掘出土的早期陶器，从整体上看与宾川白羊村、大理银梭岛、永平新光等遗址的新石器时代遗存比较接近，年代也应大致相仿。遗址前三次发掘都在河滨区，第四次发掘核心区在一级台地前缘。发掘表明这一区域新石器时期遗存非常丰富，文化堆积并不厚但层位多、遗迹现象复杂，这充分反映出该区域是这一时期人类居住、活动的核心区。结合以往发掘的情况，可以大致认为，遗址新石器时期人群主要居住于一级台地区域，其后主要生活区逐步向河滨区发展。结合第三次发掘的碳十四测年的结果，海门口遗址距今超过3500年，遗址的大概年代范围为公元前1800—前1200年持续到公元前400—前100年。大量猪、鹿、牛等动物骨骼的出土，在地层中发现稻、麦、粟、稗以及大量箭镞的出土，说明当时该遗址人们的生活以种植、狩猎、打鱼、捞蚌壳等为主。作为南北文化的一个重要交汇点，当时这里的环境特别适合人类居住。

（2）剑川鳌凤山古墓[①]

鳌凤山位于剑川县城南30公里处，南北长20公里、东西宽10公里，四周为高山环抱，中央有一南北走向长条形小丘。1978年5月，云南省文物考古研究所经调查确认此处系一青铜文化墓地。墓葬分布于鳌凤山顶及其西坡，上层为瓮棺葬和火葬墓，下层为土坑墓。土坑墓又分为A、B两类：A类为下层土坑墓，B类多分布在A类墓周围，为上层土坑墓，共217座，出土器物429件，按质地分为铜、陶、石器，玛瑙、海贝、料珠和绿松石等，以铜器数量最多，达216件，大多制作精致，保存较完整。铜器中有削3件、剑10件、钺5

[①] 云南省文物考古研究所：《剑川鳌凤山古墓发掘报告》，《考古学报》1990年第2期。

件、戈1件、镞2件、臂甲1件、剑鞘7件、镯133件、簪5件、发箍4件、戒指7件、耳坠6件、铃3件。还有一些饰品多出于死者头部，或为头饰、耳坠的附件。其他金属器物还有镶铜玉饰牌1件；铁器1件锈蚀严重，难以辨明器形。此外，还发现了3合石范，为斧、钺范，两两扣合，整体呈长方形。瓮棺葬和火葬墓遍布鳌凤山山顶，山坡边缘则逐渐减少。火葬墓的葬具一般较小，瓮棺葬的葬具则普遍较大。瓮棺葬与火葬墓中，有随葬器物的仅有W91，随葬铜镯2件。在217座土坑墓中，有随葬器物的93座，随葬器物以铜质兵器和装饰品为主。除带有地方特色的陶器和铜器外，绝大多数铜器与晋宁石寨山和江川李家山早期器物相近。根据墓中人骨碳十四年代测定和考古类型学研究，鳌凤山土坑墓的时代大致在战国末至西汉初期。

（3）祥云大波那墓葬群

祥云古为云南县，是白族先民的活动中心之一，"大波那"是今人所记的白语地名，在历史上应为"大勃弄"，早在《隋书·史万岁传》中就有对这一地名的记载："经弄栋，次大勃弄、小勃弄，至于南中。"《新唐书·南蛮传》也有记"小勃弄酋长"的内容。

a. 祥云大波那木椁铜棺墓（M1）[①]：大波那村位于祥云县城东南30公里的云南驿坝子内，是汉族、白族杂居的大村落。1961年在该村后石头山爆取石材时，于东南面山脚缓坡上发现两座古墓。1964年3月对其中的铜棺墓进行发掘。随葬的铜器中生产工具有锄8件、锛1件、刀状器2件；兵器有矛3件、剑2件、鹦鹉形啄4件、钺3件、镦2件；生活用具有尊2件、杯2件、勺2件、豆2件、釜1件、匕5件、箸3件、杖1件，这根杖被认为是云南最古老的一根古代权杖，此铜棺葬主可能是白子国的重要人物。[②] 出土的匕和豆，与中原文化同类器物形制相同。乐器有铜鼓1件、葫芦笙2件、钟1件。其

[①] 云南省文物工作队：《云南祥云大波那木椁铜棺墓清理简报》，《考古》1964年第12期。

[②] 张政业：《白子国国王张乐进求及其家世评述》，《云南民族学院学报》（哲学社会科学版）2001年第9期。

他铜器有门形长方镂空器 2 件、蟾蜍圆牌饰 3 件、半圆形空心器 1 件、螺形饰物 2 件、小铃 1 件、卅字形及十字形器物 3 件、圆环 25 件、残铜器 4 件。从技术角度看，青铜器器壁砂眼较少，许多器物很光洁。随葬器物中，家畜和家禽模型所占比例较大，其次为生活用具和生产工具。生产工具以锄类为最多，一部分有使用过的痕迹，为实用器；生活用具中有杯、尊等酒器出现。此外还有"干栏"式的房屋模型。这些情况表明当时已经处于定居的农业社会。有学者对铜棺墓的年代进行了分析，认为该墓要晚于海门口而早于石寨山，年代在战国时期。[①] 木椁样品的碳十四测年结果为距今 2350+75 年，应属战国前期或中期。[②]

b. 祥云大波那木椁墓（M2）[③]：1977 年 6 月，大理州文管所、祥云县文化馆对大波那村的另一座战国时期的木椁墓进行发掘，出土的铜器有：锄 14 件；靴形钺 1 件；斧 2 件；矛 3 件；剑 1 件（"山"字形格）；镈 3 件；豆 2 件；杯 1 件；匕 2 件；纺织工具梭口刀与卷经杆，2 件为一套（大波那铜棺墓 M1 与江川李家山古墓中均有出土）；带扣 1 件；杖首 2 件；箸 3 支。另外还有 4 件锡器，均为镯。此墓出土铜器的形制大部分与祥云大波那木椁铜棺墓（M1）中的一致，考古工作者认为其年代与祥云大波那木椁铜棺墓相近。

(4) 祥云检村墓葬群

此墓葬群可以分为石椁墓和石棺墓两种。

a. 祥云检村石椁墓[④]：1976 年 12 月，当时的祥云县和甸公社检村大队社员在修田取土时，掘出铜矛、铜钺、鸡形铜杖头等文物。当地文物部门进行了发掘，共发现 3 座石椁墓。发掘出土及采集的铜器中，

---

① 李家瑞：《云南祥云大波那铜棺墓的上下限》，《考古》1965 年第 9 期。
② 中国科学院考古研究所实验室：《放射性碳素测定年代报告》，《考古》1977 年第 3 期。
③ 大理州文管所、祥云县文化馆：《云南祥云大波那木椁墓》，《文物》1986 年第 7 期。
④ 大理州文物管理所、祥云县文化馆：《云南祥云检村石椁墓》，《文物》1983 年第 5 期。

兵器有钺5件、矛9件、镈2件；生产工具中有锄23件、凿2件、犁1件、锸1件；生活用具中有刀2件、豆1件、尊1件、镯6件、桦2件、锥状器5件、铜铃14件、编钟3件；铜饰品中有星状饰片6件、"夫"字形饰片3件、葫芦形饰片13件、圆形饰片3件、石榴形饰品9件、椭圆形饰牌1件、三角形饰品1件、牛头形饰1件、鸡形杖头11件、鱼脊形杖头3件、铜镜2件，此外还有"十"字形器1件。祥云检村3座石椁墓中所出土的铜钺、铜尊、心叶形铜锄及铜刀与祥云大波那木椁铜棺墓中所出土的相似。① 祥云检村石椁墓中的铜牌饰又与云南德钦永芝石棺墓出土的相似，后者的时代大约在西汉早期。② 考古工作者认为，祥云检村石椁墓的时代，其上限为战国中期，下限可至西汉早期。出土的青铜器中，铜矛、心叶形铜锄、条形平刃铜锄、铜钺、鸡形杖头铜饰等均与滇池晋宁石寨山出土同类器物相似或一致，说明滇池地区的青铜文化与洱海地区的青铜文化有着密切的联系。

b. 祥云检村石棺墓③：1980年1月，当时的祥云县禾甸公社检村大队社员在祥云检村西面小山包的斜坡上开挖公路时，发现1座石棺墓。该墓共计出土铜器15件，其中铜锄1件、铜钺1件、锥形杖头3件、鸟形杖头5件、铜铃4件、残铜片1件。"几"字形纹铜钺、尖叶形铜锄等器物与祥云县大波那木椁铜棺墓出土的相同④，考古工作者认为该石棺墓的年代约在战国晚期至西汉早期。

（5）祥云红土坡墓葬群

1987年2月至10月，大理州博物馆文物队和大理白族自治州文物管理所两次对红土坡古墓进行抢救性清理发掘，共发掘了74座石棺墓和3座火坑墓；2003年10月，祥云县文物管理所又进行了第三次清

---

① 云南省文物工作队：《云南祥云大波那木椁铜棺墓清理简报》，《考古》1964年第12期。
② 云南省博物馆文物工作队：《云南德钦永芝发现的古墓群》，《考古》1975年第4期。
③ 大理州文物管理所：《云南祥云县检村石棺墓》，《考古》1984年第12期。
④ 云南省文物工作队：《云南祥云大波那木椁铜棺墓清理简报》，《考古》1964年第12期。

理，共发掘154座石棺墓和5座火葬墓。出土的铜器有长条形锄、尖叶形锄、阔叶形矛、柳叶形矛、双耳曲刃矛、钺、斧、饰牌、葫芦笙、铜铃、铜鸟型杖首、鱼鹰铜杖首、六畜模型，铁器有剑、环、夹，此外还出土有金饰片。据统计，有青铜农具100多件，包括长条形平刃锄52件，尖叶形锄57件，镰3件，斧2件。在出土的铜锄中，大多数为形制较小的明器，其中有7件形体较大，且有明显的使用痕迹。铁器出土50多件，主要是兵器和生活用具，是滇西地区青铜文化墓葬发现铁器数量最多者，金器也是滇西地区墓葬中的首次发现。考古工作者结合碳十四年代和该墓葬出土的铁器和金器，认为该葬群的年代为战国中期至东汉早期。① 在洱海地区，鱼鹰在渔文化中承载着重要的内容，祥云红土坡墓葬群的石棺墓中出土有2件鱼鹰铜杖手，还有大量铜牛、铜羊、铜马、铜猪、铜犬、铜鸡等六畜铜像，说明早在战国至西汉时期，这里就有了鱼鹰，有可能同牛、羊、马、猪、狗、鸡等一样，很早就经过驯化而进入了当时的生产活动和日常生活中。②

（6）楚雄万家坝古墓群③

1957年发掘，共计清理墓葬79座，均为竖穴墓土坑，有54座出有随葬品，共计1078件，以青铜器占绝大多数，共898件，可分为兵器、生产工具、生活用具、乐器、装饰品五类。其中兵器有矛（附镦）、戈、剑、镞、臂甲、盾饰等，共591件。生产工具有锄、斧、凿三种，共147件。生活用具中有3件铜釜。乐器有铜鼓（5具）、编钟、铃等，共26件。装饰品中的铜器有铜牌饰1件，较完整者的铜镯130件。从墓葬形制，以及铜钺④和铜鼓⑤的类型比较结果来看，

---

① 李晓岑、员雅丽：《云南祥云红土坡古墓群出土金属器的初步分析》，《文物》2011年第1期。
② 大理白族自治州博物馆：《云南祥云红土坡14号墓清理简报》，《文物》2011年第1期。
③ 云南省文物工作队：《楚雄万家坝古墓群发掘报告》，《考古学报》1983年第3期。
④ 韩汝玢、柯俊：《中国科学技术史（矿冶卷）》，科学出版社2007年版，第1页。
⑤ 云南省文物工作队：《云南祥云大波那木椁铜棺墓清理简报》，《考古》1964年第12期。

该墓群的年代可以定在春秋中晚期至战国前期。

（7）楚雄张家屯墓葬①

1986年2月，当地农民在挖鱼塘时发现两座土坑木棺墓，棺木系用独木刳挖而成，形体笨重，制作原始。两墓出土随葬品总数达250多件，其中青铜器206件。兵器有剑、矛、镦、钺、臂甲，共108件；生产工具有锄、斧等共15件；生活用具有镯、簪、铜饰牌、盾饰等共82件。铜器制作粗糙，许多器壁上有砂眼。鸟喙状铜臂甲、卷云纹铜饰牌、三叉铜簪、孔雀羽卷云纹Ⅳ型矛等，均是典型的云南特色青铜文物。

（8）弥渡苴力战国石墓②

1981年1月，云南省文物工作队清理墓葬10座，包括崐雌江东岸青石湾1座、石洞山8座、西岸新民村1座。有8座墓葬出土了随葬器物，共73件，铜器有37件。其中兵器和生产工具器形很小，均为明器，有剑1件、矛2件、斧2件、削3件、锄6件、杖头3件、镦2件、纺织工具3件1组、有少量装饰品，包括铃3件、簪3件、镯4件、鸟喙形饰5件。弥渡苴力发现的这批石墓，墓室的构筑方法及埋葬习俗，与祥云检村相同；从出土的铜器来看，虽然是明器，形制和祥云大波那古墓葬所出者极为相似。③原发掘报告认为弥渡苴力石墓的年代，可能与祥云大波那木椁铜棺墓的年代相当或稍晚，约为战国早中期，或可延续到晚期。

（9）弥渡合家山窖藏遗址④

合家山地处弥渡县红岩乡东部，1995年12月，弥渡县文物管理所进行发掘。出土器物中有石范、陶范共23件，大多基本完好，包括甲范、戈范、矛、短剑范、曲刃矛范、条形锄范、尖叶形锄范、凿

---

① 张家华：《楚雄张家屯出土青铜器初探》，《云南文物》1994年第9期。
② 云南省文物工作队：《弥渡苴力战国石墓》，《云南文物》1982年第12期。
③ 云南省文物工作队：《云南祥云大波那木椁铜棺墓清理简报》，《考古》1964年第12期。
④ 弥渡县文物管理所：《云南弥渡合家山出土古代陶范和青铜器》，《文物》2000年第11期。

范、斧范、铃范，心形锄范。出土铜器44件，有尖叶形锄、心形锄、条形锄、弧刃直銎斧、钺、琢、镦、帽饰、铃、坠饰、纺坠等。这批器物的形制、纹饰与楚雄万家坝、祥云大波那和弥渡苴力石墓出土器物相近。[①] 发掘报告认为这批器物的年代不会晚于战国中期。

（10）德钦永芝古墓葬[②]

德钦县位于云南省西北部横断山脉地段，青藏高原南缘滇、川、藏三省（区）结合部。德钦之地，远在春秋时代，就有土著先民在境内金沙江、澜沧江两岸活动。[③] 1974年9月当地文物部门清理共发现石棺墓2座和土坑墓1座，出土铜器13件，计有剑、矛、刀、斧、镯、饰牌。其中剑、镯、戈呈红褐色，与祥云大波那铜棺墓出土的铜器相似。[④] 剑5件、矛1件、弧背刀1件、斧1件、戈1件、镯2件、牌饰1件、泡饰1件。剑多为花蒂形格和缠缑纹茎，另有格作花蒂形格而茎无纹饰的剑1件及无格剑1件。银饰4件，发现于M2头骨处，似为死者头部装饰品。发掘者认为墓地的年代可能在战国末至西汉早期。

（11）德钦纳古古墓葬[⑤]

1977年8月，云南省博物馆文物队清理石棺墓23座，后经调查发现，德钦纳古古墓地主要为石棺墓地，范围相当大，有的还类似于四川牟托发现的积石冢。[⑥] 出土器物有铜器、陶器、石器、海贝等。铜器有柳叶形矛3件、曲茎剑1件、双圆饼形茎首剑（采集）1件，

[①] 张增祺：《云南青铜文化研究》，云南省博物馆主编《云南青铜文化论集》，云南人民出版社1991年版，第17—45页；王大道：《云南青铜文化及其与越南东山文化泰国班清文化的关系》，《考古》1990年第6期；王大道：《楚雄万家坝古墓群时代及分期的再探索》，云南省博物馆主编《云南省博物馆建馆三十周年文集》，云南人民出版社1981年版，第56—64页。

[②] 云南省博物馆文物工作队：《云南德钦永芝发现的古墓群》，《考古》1975年第4期。

[③] 《德钦县志》编纂委员会：《德钦县志》，云南民族出版社1997年版，第1—2页。

[④] 云南省文物工作队：《云南祥云大波那木椁铜棺墓清理简报》，《考古》1964年第12期。

[⑤] 云南省博物馆文物工作队：《云南德钦县纳古石棺墓》，《考古》1983年第3期。

[⑥] 杨帆、万扬、胡长城：《云南考古（1979—2009）》，云南人民出版社2009年版，第211页。

这种曲茎剑和双圆柄首剑与永芝县发现的类似①，双柄圆首剑又与内蒙古和林格尔范家堡子及河北怀来北辛堡发现的也有相似之处②。还有铜饰2件、铜镯3件、脚饰1件、铜圆形饰牌3件。这批石棺墓分布密集，埋葬范围广，并有打破关系，说明它可能是长期形成的同一部族的公共墓地。随葬品虽少，但已显现出贫富差距，如M22随葬铜矛、铜剑、陶罐各1个，制作精巧的串珠600余粒，M6亦如此；而M14、M19等全无随葬品，其余墓葬也仅随葬零星几件陶罐。铜矛、铜镯与江川李家山早期墓所出的Ⅱ型铜矛、铜镯等相同③，铜圆饰牌与楚雄万家坝所出相似④。考古工作者判断德钦纳古古墓葬的年代可能处于战国晚期到西汉早期。⑤

（12）德钦石底古墓葬⑥

1977年8月，德钦县燕门公社石底大队在象头山平整土地时，出土一批青铜器并清理竖穴土坑墓2座。墓地位于象头山顶部，出土15件铜器和2件双耳罐。铜器包括铜剑2件、铜镦1件、铜矛1件、铜刀1件、铜杖头饰2件、铜圆形扣饰1件、铜环1件、铜匕1件、铜模型2件、铜椭圆管1件。这批文物，大多数的器型与德钦永芝出土的器物相近。⑦ 石底与永芝相距不远，可能属于同一文化类型，发掘者认为该墓葬与永芝发现的墓葬年代相当。

（13）云龙三岔村遗址

位于大理州云龙县苗伟乡表村村民委员会三岔自然村东南二级台地上。2015年10月至2016年2月，云南省考古研究所联合大理州文物管理所、云龙县文物管理所等单位组成考古队对三岔村遗址进行考

---

① 童恩正：《我国西南地区青铜剑的研究》，《考古学报》1977年第2期。
② 李逸友：《内蒙古和林格尔县出土的铜器》，《文物》1959年第6期；刘来成：《河北怀来北辛堡战国墓》，《考古》1966年第5期。
③ 云南省博物馆：《云南江川李家山古墓群发掘报告》，《考古学报》1975年第2期。
④ 云南省文物工作队：《楚雄万家坝古墓群发掘报告》，《考古学报》1983年第3期。
⑤ 郭继艳：《云南地区石棺葬的分区研究》，《四川文物》2002年第2期。
⑥ 云南省博物馆文物工作队：《云南德钦县石底古墓》，《考古》1983年第3期。
⑦ 云南省博物馆文物工作队：《云南德钦永芝发现的古墓群》，《考古》1975年第4期。

古发掘。出土遗物以陶片最多，出土小件器物 22 件。其中陶器 7 件、石器 7 件、铜器 7 件、铁器 1 件。铜器基本出土于墓葬中，以小件饰品为主多见，为耳环、手镯；铁器仅见一件，出土于 TN06E06 方第六层，由于锈蚀严重且残碎严重，无法辨识其器型。通过同澜沧江流域上游已知考古材料进行对比，遗址所具有的青铜时代特征与德钦永芝、纳古等石棺墓群所反映的青铜时代文化有着紧密的联系。三岔村青铜时代遗址中出土有大量器耳与西南地区石棺葬中有代表性的大鋬耳陶罐、甘青地区青铜时代的齐家文化、辛店文化种常见的大鋬耳陶罐形制较为相近之器物，M6 随葬猪下颌骨的习俗也表明了三岔村青铜时代遗址与西北地区的齐家、辛店文化有一定联系。三岔村青铜时代遗址的主人，可能属于古代氐羌系统的民族。①

（14）宁蒗大兴镇古墓葬

云南省博物馆文物工作队于 1979 年 4 月对该墓地进行了清理。出土随葬器物共 66 件，主要是铜兵器和陶罐。铜器中有三叉格剑 2 件、双圆饼茎首铜柄铁剑 1 件、斧 3 件、矛 4 件、削 2 件、牌饰 1 件，均较轻薄，大部分已经腐蚀残破。② 早期楚雄万家坝所出者，茎上为凸起的螺旋纹③；大理鹿鹅山所出晚期类型者，茎部在平底上有米点纹组成的螺旋纹④。大兴镇所出的青铜剑与大波那所出者极似，茎部在凸起的螺旋纹上饰米点纹，处于楚雄万家坝和大理鹿鹅山等地所出青铜剑之间。铜圆牌饰也与大波那所出者相似。⑤ 综合这些现象，宁蒗大兴镇墓葬的年代晚于楚雄万家坝，而较大理鹿鹅山等地早，约与大波那墓葬年代相当。根据碳十四测年结果，上限不早于春秋晚期，下限不晚于西汉。⑥

---

① 根据云南考古官方网站提供资料整理。
② 云南省博物馆文物工作队：《云南宁蒗县大兴镇古墓葬》，《考古》1983 年第 3 期。
③ 云南省文物工作队：《楚雄万家坝古墓群发掘报告》，《考古学报》1983 年第 3 期。
④ 大理县文化馆：《云南大理收集到的一批铜器》，《考古》1966 年第 4 期。
⑤ 云南省文物工作队：《云南祥云大波那木椁铜棺墓清理简报》，《考古》1964 年第 12 期。
⑥ 中国科学院考古研究所实验室：《放射性碳素测定年代报告（四）》，《考古》1977 年第 3 期。

(15) 宁蒗干坝子墓地

干坝子墓地位于丽江市宁蒗县大兴镇红旗社区干坝子居民小组，西临宁蒗河，墓地所在区域属于宁蒗河东的一级台地，墓地面积十余万平方米。2013年10月至2014年1月，云南省考古研究所对该墓地进行了主动性发掘。出土随葬器物丰富，共计千余件（套）。其中，铜器可分为兵器、生产工具、生活用具、护具、装饰品。其中兵器数量最多，包括剑、矛、斧、钺、戈、镦、箭镞等。生产工具有削和凿。护具主要为臂甲和腹甲。装饰品有头饰、镯、"干"型器、杖头饰等。生活用具为一面铜釜和一盏铜灯；铜铁合制器主要为铜柄铁剑和铜骹铁矛；铁器数量较少，仅见一柄铁矛；金器数量较少，仅两个墓有发现，器型为珠饰、钏和镯，属于装饰品，所出金器的总重量近500克。金属器以及玉石器多位于墓底或墓主生前佩戴的位置。宁蒗干坝子墓地是目前发掘的为数不多的大型土坑墓墓地，其中出土的很多器物与滇西北石棺墓出土的器物相似，但无论是器物本身还是葬式葬俗也存在一定的差异。[①]

(16) 洱源南诏风情岛古墓葬

南诏风情岛原名赤文岛，位于洱源县东南端的双廊乡境内，在洱海的东北部，面积不到2000平方米。在南诏风情岛的旅游开发中，发现了一些竖穴土坑墓，出土的金属器有铜柄铁刃剑、铜剑、靴形钺、三叉格剑、豆、铜鸟形杖首以及多个小圆环套在一起使用的臂钏。据发掘者初步判断，这些墓葬的年代为战国至西汉早期。[②]

(17) 洱源北山土坑墓

在距离赤文岛不远的洱源县北山（现属大理）发现一处竖穴土坑墓，出土较多的双耳罐和单耳罐，并有类似于剑川鳌凤山的青铜剑鞘头。[③]

[①] 根据云南考古官方网站提供资料整理。
[②] 据大理州文管所杨德文先生相告，材料未发表。
[③] 同上。

（18）银梭岛遗址①

银梭岛位于洱海东岸，遗址地处洱海东南靠海边的小岛上，这是一处堆积丰富的贝丘遗址。2002年、2006年对该遗址进行了两次考古发掘，发掘面积共625平方米。出土遗物有铜渣、铜器残件、铜鱼钩、铜矿石、铜镯、铜锥残件等，根据伴出物及器物特征，发掘者认为出土铜器地层的绝对年代为从公元前1200年至公元前400年。

（19）大理洱海东岸收集的铜器②

1964年11月，云南省文物工作队和大理县文化馆配合，在洱海东岸挖色、海东两区的鹿鹅山、大墓坪、金梭岛、五指山等处，收集到铜器35件，包括铜剑、铜矛、铜犁、铜叉、铜钺，另外还有圆形炼渣1块，铜矿石数块。这批铜器的形制、纹饰与祥云大波那铜棺墓中出土的剑、矛等很相似。③原发掘报告认为这批铜器的年代为西汉中晚期到东汉早期。

（20）香格里拉县石棺墓④

1988年，相关文物部门发现5处石棺葬墓地，并对其中3处共计43座石棺墓进行了清理。在清理的墓葬中仅13座墓中有随葬器物，共计20件。有铜器、陶器、骨器、石珠、海贝、有机材料镯。2件铜器为无格短剑，陶器均为夹砂陶，器壁薄，器表大都磨光，无纹饰。年代同云南德钦纳古古墓葬、四川巴塘扎金顶石棺墓相近。

除上述墓地和遗址外，弥渡红岩、宾川古底、鹤庆黄坪、禄丰黑井、牟定琅井、昌宁新街、巍山营盘山、永胜金官⑤、永胜堆子、永胜枣子坪、大理龙泉⑥等地也有铜器零星出土，从形制、纹饰来看，

---

① 云南省文物考古研究所、大理市博物馆、大理市文物管理所、大理州文物管理所：《云南大理市海东银梭岛遗址发掘简报》，《考古》2009年第8期。
② 大理县文化馆：《云南大理收集到的一批铜器》，《考古》1966年第4期。
③ 云南省文物工作队：《云南祥云大波那木椁铜棺墓清理简报》，《考古》1964年第12期。
④ 杨帆、万扬、胡长城：《云南考古（1979—2009）》，云南人民出版社2009年版，第211页。
⑤ 同上。
⑥ 根据云南考古官方网站提供资料整理。

与滇西青铜文化的特征器物有相似之处。① 各主要墓葬和遗址出土金属器的情况如下表（见表1-1）。

表1-1　　　　　洱海地区主要墓葬和遗址出土金属器
　　　　　　　　　　　（不完全统计）　　　　　　　　　单位：件

遗址名称	铜器种类及数量		铁器及数量	其他	年代
剑川海门口遗址②	生产工具	锛1、镰1、凿2、锥8、刀2、铲形器1、斧1、铜钻头1、鱼钩1	23件（铁镯、刀、凿、钩、镰、方形铁条）	铜矿石1	从公元前1800—前1200年持续到公元前400—前100年（出土金属器地层的年代）
	兵器	钺3、箭镞2			
	生活用具	铜针2、铜铃1、铜环1、镯6			
	其他	梨形饰件1、夹形饰件1、椭圆形饰件1、铜器残片1、铜块3、铜条1			
剑川鳌凤山古墓③	生产工具	削3、凿2	残铁器1	镶铜玉饰牌1	战国末至西汉初期（土坑墓）
	兵器	剑10、钺5、戈1、矛4、镞2、臂甲1、剑鞘7			
	装饰品	镯133、簪5、发箍4、戒指7、耳坠6			
	其他	半圆形铜片1、泡钉形铜片1、扁平不规则形铜片17、双圆连珠形铜片3、铃3			

---

①　阚勇：《滇西青铜文化浅谈》，云南省博物馆主编《云南青铜文化论集》，云南人民出版社1991年版，第46—67页。
②　云南省博物馆：《剑川海门口古文化遗址清理简报》，《考古通讯》1958年第6期；云南省博物馆：《云南剑川海门口青铜时代早期遗址》，《考古》1995年第9期；闵锐：《剑川县海门口遗址第三次考古发掘情况》，《大理学院学报》2008年第7期。
③　云南省文物考古研究所：《剑川鳌凤山古墓发掘报告》，《考古学报》1990年第2期。

续表

遗址名称	铜器种类及数量		铁器及数量	其他	年代
祥云大波那木椁铜棺墓①	纺织工具	梭口刀1、卷径杆1			战国
	兵器	矛3、剑2、鹦鹉形啄4、钺3、樽2			
	生活用具	尊2、杯2、勺2、豆2、釜1、匕5、箸3、杖1			
	生产工具	锄8、锛1			
	乐器	铜鼓1、葫芦笙2、钟1			
	模型	房屋2、牛4、马2、羊2、猪2、狗2、鸡3			
	其他	铜棺1、"冂"形长方镂空器2、蟾蜍圆牌饰3、半圆形空心器1、鎏金螺形饰物2、小铃1、"卅"字形及十字形器物3、圆环25、残铜器4			
祥云大波那木椁墓②	生产工具	锄14、斧2		锡器：镯4	战国
	纺织工具	梭口刀1、卷经杆1			
	兵器	钺1、矛3、剑1、镈3			
	生活用具	豆2、杯1、匕2、箸3			
	其他	带扣1、杖首2			
祥云检村石椁墓③	生产工具	锄23、凿2、犁1、锸1	残铁镯2		战国中期至西汉早期
	兵器	钺5、矛9、镈2、刀2			
	生活用具	豆1、尊1、镯6、笄2、锥形器5、铜铃14、编钟3			
	铜饰品	星状饰片6、"夫"字形饰片3、葫芦形饰片13、圆形饰片3、石榴形饰品9、椭圆形饰牌1、三角形饰品1、牛头形饰1、鸡形杖头11、鱼脊形杖头3、铜镜2			
	其他	"十"字形器1			

① 云南省文物工作队：《云南祥云大波那木椁铜棺墓清理简报》，《考古》1964年第12期。
② 大理州文物管理所、祥云县文化馆：《云南祥云检村石椁墓》，《文物》1983年第5期。
③ 大理州文物管理所、祥云县文化馆：《云南祥云大波那木椁墓》，《文物》1986年第7期。

第一章 洱海地区概论

续表

遗址名称	铜器种类及数量		铁器及数量	其他	年代
祥云检村石棺墓①	生产工具	铜锄1			战国晚期至西汉早期
	兵器	钺1			
	其他	锥形杖头3、鸟形杖头5、铜铃4、残铜片1			
祥云红土坡墓葬群②	生产工具	铜锄43、斧2	铁器50余件，兵器（铁剑）、生产工具（铁环、铁夹）	金饰片3	战国中期至东汉早期（该墓葬群共有228座石棺墓，8座火葬墓，由于发掘材料不全，仅以出土器物较多的M14作为统计）
	生活用具	尊3、削1、勺1、锅1			
	兵器	钺18、矛95、刀2			
	杖首	鸟杖首160、鸡杖首37			
	装饰品	钗6、指环5			
	动物模型	铜牛22、铜马36、铜羊29、铜猪16、铜狗6			
	乐器	葫芦笙2、铃21			
	其他	铜器2			
楚雄万家坝古墓群③	兵器	戈8、矛442、镦48、剑15、钺5、镞87、臂甲5、盾饰7		圆形镂孔锡饰片5、锡片13、锡管36	Ⅰ类墓春秋中晚期；Ⅱ类墓战国前期
	生产工具	锄100、斧44、凿5、锥4			
	生活用具	铜釜3			
	乐器	铜鼓5、编钟6、铜铃20			
	装饰品	镂空铜饰牌1、铜片4、铜箔器物38、铜镯130、铜器柄1			
楚雄张家屯古墓群④	兵器	矛111、戈3、剑7、镦4、盾饰1、镞12、臂甲2			战国中期至战国晚期
	生产工具	锄46、斧11、锛2			
	生活用具	镯83、簪、扣饰1			
	乐器	铜鼓1			

① 大理州文物管理所：《云南祥云县检村石棺墓》，《考古》1984年第12期。
② 大理白族白治州博物馆：《云南祥云红土坡14号墓清理简报》，《文物》2011年第1期。
③ 云南省文物工作队：《楚雄万家坝古墓群发掘报告》，《考古学报》1983年第3期。
④ 张家华：《楚雄张家屯出土青铜器初探》，《云南文物》1994年第9期。

续表

遗址名称	铜器种类及数量		铁器及数量	其他	年代
弥渡苴力战国石墓①	兵器	剑1、矛2、镦2			战国中期至晚期
	生产工具	斧2、削3、锄6			
	纺织工具	卷布杆1、卷经杆2			
	其他	杖头3、铃3、簪2、镯4、鸟啄形饰5			
弥渡合家山窖藏遗址②	生产工具	尖叶形锄1、心形锄12、条形锄9、弧刃直銎斧2			战国中期
	兵器	钺11、镦1			
	其他	琢2、帽饰1、铃1、坠饰3、纺坠1			
德钦永芝古墓群③	兵器	剑5、矛1、戈1		银饰4	战国末到西汉早期
	生产工具	刀1、斧1			
	其他	镯2、饰牌1（似牌饰）、泡饰1			
德钦纳古古墓葬④	兵器	矛3、短剑1			战国末到西汉早期
	其他	藁末铜饰2、铜镯3、脚饰1、铜圆形饰牌3			
德钦石底古墓葬⑤	兵器	剑1、镦1、矛1			战国末至西汉早期
	生产工具	刀1			
	生活用具	杯1、匕1			
	其他	铜杖头饰1、铜圆形扣饰1、铜模型2、铜椭圆管1			
云龙三岔村遗址⑥	装饰品	耳环、手镯7	铁器1		战国至西汉时期

---

① 云南省文物工作队：《弥渡苴力战国石墓》，《云南文物》1982年第12期。

② 弥渡县文物管理所：《云南弥渡合家山出土古代陶范和青铜器》，《文物》2000年第11期。

③ 云南省博物馆文物工作队：《云南德钦永芝发现的古墓群》，《考古》1975年第4期。

④ 云南省博物馆文物工作队：《云南德钦县纳古石棺墓》，《考古》1983年第3期。

⑤ 云南省博物馆文物工作队：《云南德钦县石底古墓》，《考古》1983年第3期。

⑥ 根据云南考古官方网站提供资料整理。

续表

遗址名称	铜器种类及数量		铁器及数量	其他	年代
宁蒗大兴镇古墓葬①	兵器	剑3、矛4	铜柄铁刀1		战国末至西汉初
	生产工具	斧4、削2			
	其他	牌饰1			
宁蒗干坝子墓地②	兵器	剑、矛、斧、钺、戈、镦、箭镞	铜铁复合器：铜柄铁剑、铜骹铁矛；铁器：铁矛	金器：珠饰、钏和镯	战国中晚期至西汉中前期
	生产工具	削、凿			
	生活用具	釜、灯			
	护具	臂甲、腹甲			
	装饰品	头饰、镯、"干"形器、杖头饰			
洱源南诏风情岛古墓葬③	兵器	铜柄铁剑、铜剑、靴形钺、三叉格剑			该墓葬群没有发掘简报发表，出土器物数量还不明确
	生活用具	豆			
	装饰品	鸟形杖首、臂钏			
洱源北山土坑墓④	兵器	剑鞘头			
银梭岛遗址⑤	工具	锥、鱼钩			公元前1200—前900持续到公元前900—前400（出土金属器年代）
	兵器	镞			
	其他	铜条、铜渣			
大理鹿鹅山⑥	生产工具	斧1、锄1		炼渣1块、铜矿石数块	西汉中晚期至东汉早期
	兵器	剑1、矛5			
大理大墓坪⑦	生产工具	锄1	铜柄铁剑1		西汉中晚期至东汉早期
	兵器	剑4、矛9			

---

① 云南省博物馆文物工作队：《云南宁蒗县大兴镇古墓葬》，《考古》1983年第3期。
② 根据云南考古官方网站提供资料整理。
③ 据大理州文管所杨德文先生相告，材料未发表。
④ 据大理州文管所杨德文先生相告，材料未发表。
⑤ 云南省文物考古研究所、大理市博物馆、大理市文物管理所、大理州文物管理所：《云南大理市海东银梭岛遗址发掘简报》，《考古》2009年第8期。
⑥ 中国科学院考古研究所实验室：《放射性碳素测定年代报告（四）》，《考古》1977年第3期。
⑦ 大理县文化馆：《云南大理收集到的一批铜器》，《考古》1966年第4期。

续表

遗址名称	铜器种类及数量		铁器及数量	其他	年代
大理金梭岛①	生产工具	斧2			西汉中晚期至东汉早期
	兵器	剑1			
大理五指山②	生产工具	斧1			西汉中晚期
	兵器	剑1、矛1			
永胜金官龙潭③	生产工具	斧19、锄1、凿1	铜骹铁矛3、铁矛1		春秋到西汉中期
	兵器	剑136、矛55、戈72、钺1			
	装饰品	圆形铜牌饰1			
香格里拉县石棺墓④	兵器	无格短剑3			战国末到西汉早期

二 墓葬与随葬器物特点

洱海地区的墓葬类型，主要是石棺墓和竖穴土坑墓，另外还有火葬墓和瓮棺墓等。在众多被发掘的墓葬中，有大型的贵族墓葬，如祥云大波那的铜棺墓，铜棺是用七块铜板斗合而成，其外壁布满纹饰、工艺复杂，出土了形制较大、造型精美的青铜器；还有众多的平民墓葬，这些墓葬的随葬器物形制简单，纹饰朴素，主要为生产工具、生活工具和兵器等实用器。

从随葬器物的种类来看，洱海地区青铜文化的铜器以兵器居多，如剑、矛、戈、钺等；生产工具以斧、锄为典型器物，一部分有使用过的痕迹，为实用器；生活用具中有釜、杯、尊等；装饰品以手镯、发簪最多；乐器有鼓和编钟。此外还有家畜和家禽模型、"干栏"式的房屋模型，这些情况表明当时已处于定居的农业社会。

考古工作者对出土器物材质进行了初步判断，主要是红铜和青

---

① 大理县文化馆：《云南大理收集到的一批铜器》，《考古》1966年第4期。
② 同上。
③ 杨帆、万扬、胡长城：《云南考古（1979—2009）》，云南人民出版社2009年版，第211页。
④ 同上书，第216—218页。

铜，在晚期的墓葬中，则出现有铜铁制作的复合兵器，如大理大墓坪、永胜金官龙潭、南诏风情岛出土的铜柄铁剑和铜柄铁矛。另外还有一些铅器、锡器出土。

三 典型金属器

洱海地区青铜文化遗址出土的器物，大部分集中在云南北部及中部偏西的禄丰、楚雄以西，洱海以东，金沙江以南，哀牢山以北的范围内[①]，以祥云大波那木椁铜棺墓地和剑川海门口遗址为代表。主要器类是铜器，另外还有铁器、锡器、玛瑙、料珠、绿松石、海贝、镶铜玉饰牌等，在海门口、大理鹿鹅山和海东一带还收集到炼渣、铜矿石数块。出土青铜器数量众多、种类丰富，大致可分为生产工具、生活用具、兵器、乐器，装饰与工艺品五大类，共80余种。[②] 通过对洱海地区各遗址出土金属器的初步统计，发现兵器所占比例最大，达到50%，其次是装饰品、生产工具和生活用具等（见图1-3）。

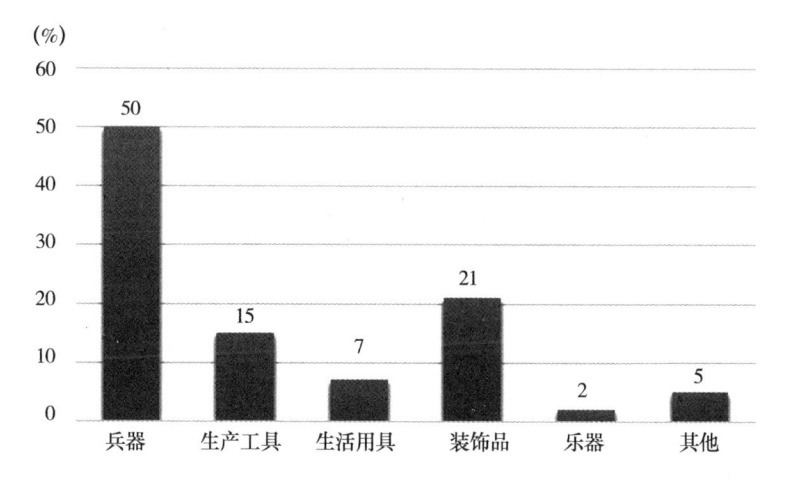

图1-3 洱海地区出土各类金属器比例

[①] 王大道：《云南青铜文化及其与越南东山文化泰国班清文化的关系》，《考古》1990年第6期。

[②] 张增祺：《云南青铜文化研究》，云南省博物馆主编《云南青铜文化论集》，云南人民出版社1991年版，第17—45页。

生产工具有斧（见图1-4，a）、锸（见图1-4，b）、凿（见图1-4，c）、锄（见图1-4，d）、鱼钩（见图1-4，e）、纺织工具、铲、犁、锛、镰等，从器物形制和使用情况来看，有明器和实用器两种。楚雄万家坝、张家屯，祥云红土坡、检村都出土了大量的铜质农具，以铜锄和铜斧为典型。另外，纺织工具也是洱海地区较为有特色的生产工具，如祥云大波那墓葬和永胜金官龙潭遗址等出土了卷经杆（见图1-4，f）、梭口刀、陶纺轮等纺织工具。

图1-4 洱海地区出土的青铜工具

a. 单耳铜斧（祥云红土坡，战国晚期） b. 铜锸（祥云检村出土，战国晚期，长9.4厘米、宽11.5厘米） c. 铜凿（弥渡出土，战国晚期，长4.6厘米、宽1.6厘米） d. 圆刃铜锄（祥云大波那出土，战国时期） e. 铜鱼钩（剑川海门口出土，商晚期至春秋早期，长5厘米、宽2厘米） f. 铜卷经杆（祥云大波那出土，战国时期，长22.5厘米）

第一章 洱海地区概论

兵器有剑（见图1-5，a）、矛（见图1-5，b）、戈（见图1-5，c）、钺（见图1-5，d）、镞、啄、臂甲、盾饰、镦等，除这些兵器外，还在大理大墓坪、风情岛、宁蒗大兴镇、德钦永芝和永胜金官龙潭发现了铜柄铁剑（见图1-6，a）和铜柄铁矛。[①] 此外，一些北方地区的常见器物，如曲柄青铜短剑（见图1-6，b）、双圆饼首青铜短剑（见图1-6，c），在德钦纳古、永胜金官龙潭、剑川沙溪以及陆良板桥均有发现，在德钦永芝墓和宁蒗大兴镇墓地还发现了弧背铜刀，与我国辽宁、山西北部及苏联贝加尔湖等地出土的同类器物相似。[②]

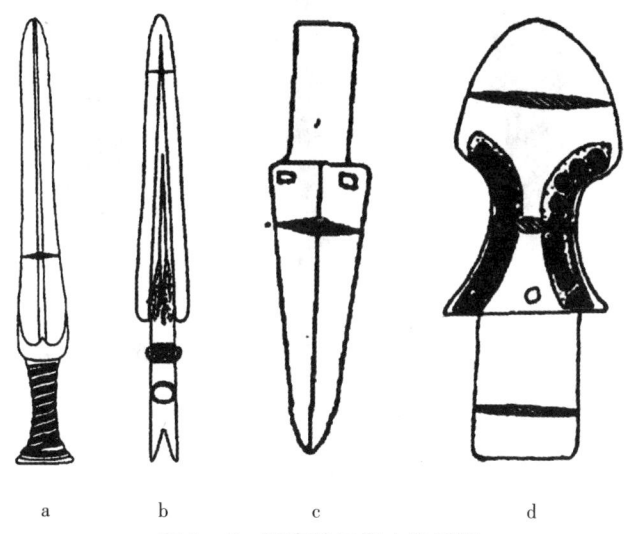

图1-5 洱海地区出土的兵器

a. 螺旋纹山字格剑（德钦永芝，战国末至西汉早期） b. 铜矛（德钦石底，战国末至西汉早期） c. 铜钺（永胜金官龙潭，西汉初期） d. 铜钺（剑川沙溪鳌凤山，战国晚期）

[①] 云南省博物馆文物工作队：《云南宁蒗县大兴镇古墓葬》，《考古》1983年第3期；张增祺：《滇西青铜文化初探》，云南青铜器论丛编辑组主编《云南青铜器论丛》，文物出版社1981年版，第92—107页。

[②] 云南省博物馆文物工作队：《云南德钦永芝发现的古墓群》，《考古》1975年第4期；李昆声：《云南文物考古四十五年——纪念云南省博物馆建馆45周年（1951—1996）》，《云南文物》1996年第2期；大理县文化馆：《云南大理收集到的一批铜器》，《考古》1966年第4期；Kaplan, S. M., Some Observation on Chi-Chia and Lifan, *Harvard Journal of Asiatic Studies*, 1948, 11 (1)。

生活用具不仅具有本地特征，而且还体现了中原文化的风格，器物主要包括杯（见图1-7，a）、豆（见图1-7，b）、釜（见图1-7，c)、尊、勺、匕、箸、杖、刀、榫、锥形器等，这些青铜器数量众多、种类丰富。其中，铜釜的形制似倒置的铜鼓，且器形古朴、制作粗糙。

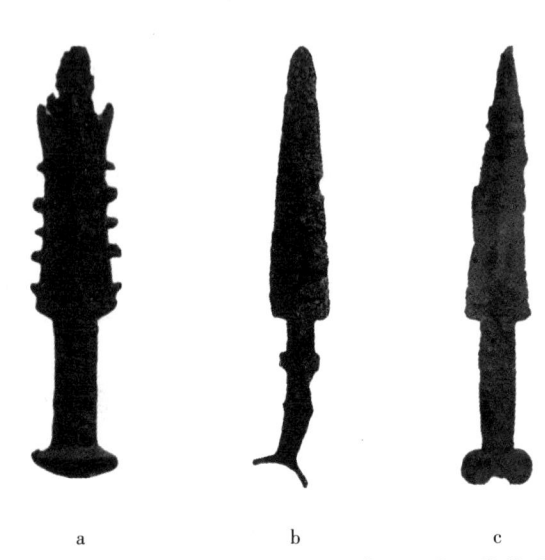

图1-6 洱海地区出土的具有北方草原文化风格的兵器

a. 铜柄铁剑（大理海东，战国晚期到西汉初期，长24厘米，宽5厘米）

b. 曲柄短剑（丽江永胜，战国晚期到西汉初期，长34.2厘米，宽4.5厘米）

c. 双圆柄首剑（丽江永胜，战国晚期到西汉初期，长34厘米）

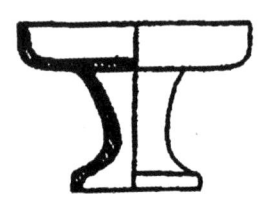

图1-7 洱海地区出土的生活用具

a. 铜杯（祥云大波那，战国，高10.5厘米，直径12厘米）

b. 铜豆（祥云大波那，战国，高7.5厘米，宽6.3厘米）

c. 铜釜（永平仁德，战国至西汉，高30厘米，直径34.5厘米）

乐器主要有鼓（见图1-8，a）、钟（见图1-8，b）、铃、葫芦笙（见图1-8，c）等，铜鼓主要是"万家坝"类型的，这类铜鼓制作粗糙、形制古拙，鼓身明显分为胴（胸）、腰、足三段，鼓面小。楚雄万家坝出土的5具铜鼓，器身似釜，鼓面多有烟痕，系作炊具用，并且5件鼓出土时鼓面朝下，鼓内壁铸有纹饰者3件，2件鼓的纹饰为"菱形网状纹"。其中万家坝铜釜（M1:1）系铜鼓改制而成。尽管这些铜鼓简朴浑重，但已经具备平面、曲腰、圆底、四耳的基本形态，万家坝型铜鼓处于铜鼓的原始阶段，既可以用作乐器，又可以用作炊具，具有两种功能。①

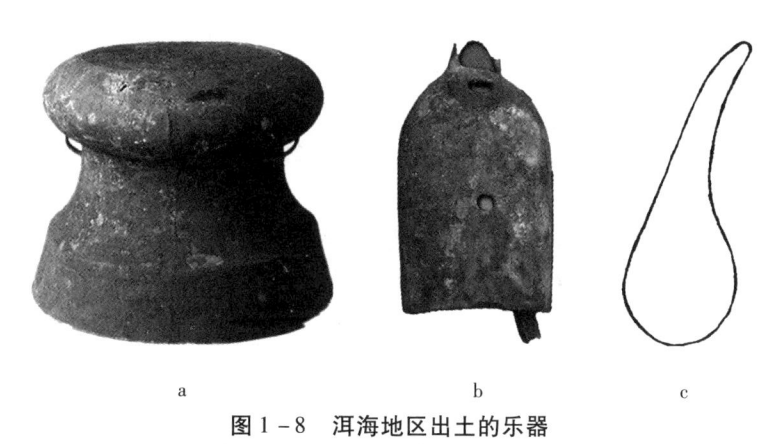

a　　　　　　　　　b　　　　　　　c
图1-8　洱海地区出土的乐器
a. 铜鼓（楚雄万家坝，战国晚期，高34厘米，足径44厘米）　b. 铜铃（祥云大波那，战国）　c. 铜葫芦笙（祥云红土坡，战国中期至西汉早期，高16.7厘米）

装饰品主要有镯（见图1-9，a）、饰牌（见图1-9，b）、头箍（见图1-9，c）、杖首（见图1-9，d）、带钩、簪、帽饰、剑饰、房屋模型、佣、饰片等。德钦永芝、剑川海门口、祥云大波那、楚雄万家坝等遗址或墓葬中均有铜镯出土，少数为单范铸，多数为长条形铜片弯曲而成，无纹饰，制作粗糙。有学者认为部分装饰品与外来文化有某种联系。②

---

① 云南省文物工作队：《楚雄万家坝古墓群发掘报告》，《考古学报》1983年第3期。
② 张增祺：《滇西青铜文化初探》，云南青铜器论丛编辑组主编《云南青铜器论丛》，文物出版社1981年版，第92—107页。

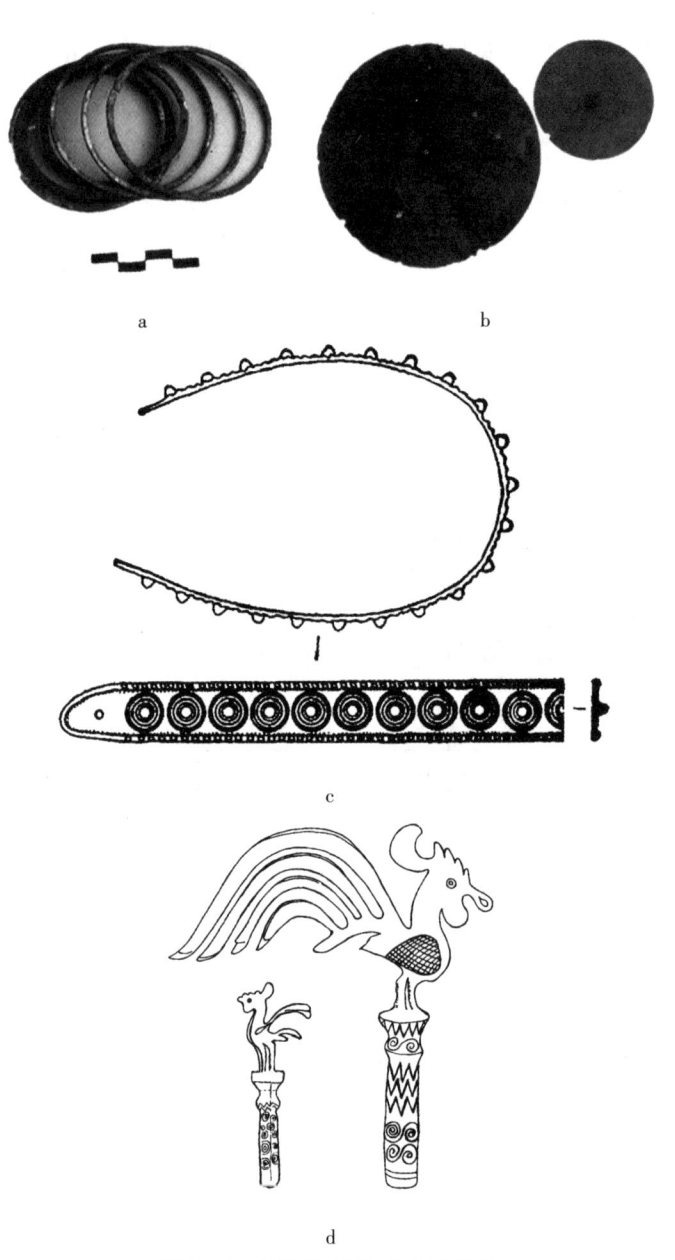

◆◆◆ 云南洱海地区出土青铜时代金属器的技术研究

图1-9 洱海地区出土的装饰品

a. 铜镯（大理大墓坪27号墓，西汉中期） b. 圆形铜盾饰牌（楚雄23号墓，战国前期，左：直径27.5厘米；右：直径14厘米） c. 铜头箍（剑川鳌凤山，战国晚期，长23厘米，宽14厘米） d. 鸟形杖首（祥云红土坡，战国中期到西汉早期，高9厘米）

第二节 地质矿产资料

云南境内蕴藏着丰富的铜、铁、锡、铅、金、锑等矿产资源，很多矿产在古代就已被开采。表1-2列出了在《古矿录》中涉及云南出产铜矿、铁矿的情况[①]，在今易门、玉溪、陆良、文山、晋宁、大理、保山、建水、曲靖、元江、丽江、武定、会泽、蒙自、楚雄等地都出产铜、铁、锡等矿产，特别是大理、蒙化和武定县还出产自然铜。云南铜矿储量非常大，据《清史稿》记载，康熙、乾隆时期为了解决钱荒，就在云南开山取铜铸钱以供应全国。云南的锡矿更是名闻天下，个旧锡矿是我国最重要的锡业生产基地。

全国地质资料馆中关于云南的矿产记录有4000条以上，限于篇幅，表1-3对与本研究所涉地区有关的矿产资源进行了部分统计。查询现代地质档案表明，在洱海地区，有储量丰富且至今仍易开采的各类铜、铁、锡、金、银、铅、锑、砷等矿产资源，其中也不乏伴生矿。

表1-2　　　《古矿录》所载云南的铜铁等矿产资源

地名	矿产类型	出处
俞元（今昆阳易门南及玉溪）	铜	《汉书·地理志》《后汉书·郡国志》
律高（今陆良东）西石室山	锡	《汉书·地理志》
贲古（今建水东南）北	锡、铜	《汉书·地理志》《后汉书·郡国志》
南乌山	锡	《汉书·地理志》《后汉书·郡国志》
来唯（今文山西或蒙自县）	铜	《汉书·地理志》
益州郡滇池（今晋宁东）	铁	《后汉书·郡国志》
永昌郡不韦（今保山北三十里）	铁	《后汉书·郡国志》
哀牢夷（今保山与永平二县）	铜、铁、铅、锡、金、银	《后汉书·西南夷传》
大理	铜	《元史·食货志》

---

① 章鸿钊：《古矿录（卷五·云南）》，地质出版社1954年版。

续表

地名	矿产类型	出处
中庆（今昆明）、大理、金齿、临安、曲靖等	铁	《元史·食货志》
纳楼茶甸司（今在建水西南）羚羊洞	银、铁	《明史·地理志》
今路南、新舆	铜	《明史·地理志》《云南通志》（清光绪二十年刻本）
今永平花桥山	铁	《明史·地理志》《清一统志》
腾越州西北光明山	铜、银	《明史·地理志》
昆明、易门	铁	《明一统志》《清一统志》
河西（今县）、峨山县	铁	《明一统志》
路南县苍龙山	山石可以炼铜	《明一统志》
玉溪县	铁	《明一统志》
蒙化府（今蒙化）	石黄及铁	《明一统志》
永宁府（今永宁）	金、铜	《明一统志》
曲靖陆良	铁	《明一统志》
永昌军民府（今保山）	铜、铁	《明一统志》
东川军民府（明属四川泽县）	铜、铁	《明一统志》
今镇雄及贵州威宁	铁、铜	《明一统志》
大理府太和（今大理）、今蒙化	自然铜	《清一统志》《云南通志》（清光绪二十年刻本）
蒙自县麒麟山	银、锡诸矿	《清一统志》
滇略磨些族地（今丽江）	铁	《清一统志》
威远同知（今景谷）	盐、铁	《清一统志》
大理、楚雄（引《天工开物》）	锡	《云南通志》（清光绪二十年刻本）
蒙自县	铜、铁、锡	《云南通志》（清光绪二十年刻本）
镇南县、曲靖县、马龙县	铁	《云南通志》（清光绪二十年刻本）
平彝县	铜	《云南通志》（清光绪二十年刻本）
今会泽凉山	银、铜诸矿	《云南通志》（清光绪二十年刻本）
梁水县（今黎县西）	铜	《云南通志》（清光绪二十年刻本）
武定县	红铜	《云南通志》（清光绪二十年刻本）
元江县秀水山	铜	《云南通志》（清光绪二十年刻本）

表 1-3　　　　　滇西地区主要地质矿产资源

矿产地	类型	档案号	来源
迪庆香格里拉中甸地区	铜、铅、锌、银、金，铜多金属矿（化）体，达工业品位	600002735	全国地质资料馆
迪庆维西，怒江兰坪	大宝山铜矿区位于叶枝雪龙山断层以东，铜矿、伴生黄铁矿化分布连续、稳定	600002879	
丽江	拉巴铜矿区发现铜矿体7个，铁金矿体2个；楚波金矿区发现三条北西向碳酸盐黄铁矿化蚀变带	600002773	
德宏	含锌磁铁矿体，深部见到铜矿体，矿石类型为硫化矽卡岩型铁铜矿石	600003394	
思矛地区、西双版纳、临沧地区	铜银金属矿	600003396	
思矛地区澜沧，西双版纳勐海	锑矿、金矿、银矿。上允—南角河银锑金矿，银资源量472.74吨，铅资源量123052吨，锌资源量78525吨，锑资源量100063吨	600001458	全国地质资料馆
思矛地区澜沧，西双版纳勐海	锑矿、金矿、银矿	104091	
大理州	铜矿、锑矿、金矿紫金山—笔架山金—锑—砷—汞流体子系统，水泄—新民—拥翠铜—钴—金流体子系统	600000241	
今保山地区保山	铜矿、锑矿	0086	
昆明宜良、红河弥勒、昆明石林	黄铜矿、黄铁矿、斑铜矿、铜兰等	0088	
大理	铁矿、褐铁矿，储量为54万吨	0016	
鹤庆	赤铁矿黄铁矿矿脉，脉厚1.7米；磁铁矿脉，含矿率15%—20%	0003	云南地质资料
永平	矿物有辉铜矿、斑铜矿、黄铜矿、孔雀石等。铜品位平均为2.2%	1703	
祥云	铜矿、钼矿、贵金属矿、金矿、银矿。铜平均品位0.83%，平均厚度8.13米	7038	
永胜、宾川、大姚	黄铜矿等，平均品位为1.4%—2.5%	1782	
大理弥渡	各类铜矿，部分地区铜矿的品位为0.6%—1.6%	1526	
大理永平	铜矿，含矿平均品位1.4%	2093	
大理洱源	铜矿，保有铜金属量3295.39吨，矿石平均品位1.33%	7589	云南地质资料

续表

矿产地	类型	档案号	来源
大理剑川	铜矿（黄铜矿及孔雀石、含铜石英脉，铜平均品位 0.95%—2.08%）	2023	
丽江地区丽江、大理鹤庆	铁矿、钨矿、铅矿、锌矿、镍矿、铬矿	1903	
大理巍山	主要为铜，次为铅矿	2097	云南地质资料

第三节　分期与族属

一　分期及年代

根据考古发现，学术界有观点认为，剑川海门口遗址是洱海地区青铜文化发源地之一。1957 年第一次发掘出土木桩所做的碳十四为距今 3115＋90 年，1978 年第二次发掘出土木桩的碳十四数据为距今 2595＋75 年。但由于种种原因，前两次发掘时层位关系混乱，因此在 2008 年第三次发掘时，发掘单位将海门口遗址的层位关系进行了梳理，从上至下根据遗址的堆积情况和出土遗物的基本特征，共划分为四期。第一期出土的主要是陶器、牙器、骨器、角器以及炭化稻和粟，年代属于云南地区的新石器时代晚期，距今 5300—3900 年；第二期出土物主要是陶器、石器，同时铜器在该期较晚的地层中开始出现，另外还有骨器、角器以及稻、粟、麦等，年代属于云南青铜时代早期，距今 3800—3200 年；第三期出土器物也主要是陶器和石器，铜器的数量和种类都有所增加，另外动植物的遗骸也都增加，这一期的年代应属于云南青铜时代的早期、中期，距今 3100—2500 年；第四期出土器物主要有铁器以及火候较高的陶器，年代约在公元前 4 世纪—前 1 世纪。[①] 由此看来，这里的青铜文化经历了一个持续发展的过程，从第二期开始铜器逐步出现发展到第三期铜器数量和种类明显增加，到第四期已经有铁器出现。在剑川海门口遗址，铜器是从第二期才逐渐出现，根据该遗址出土的采用石

---

① 云南省文物考古研究所、大理州文物管理所、剑川县文物管理所：《云南剑川县海门口遗址》，《考古》2009 年第 7 期。

范和泥支钉铸造的初期铜器样式①，周邻的四川地区出土有商代青铜器等客观事实，剑川海门口遗址青铜时代开始的时间可以定在约为中原的商代晚期，这是有一定说服力的。大理洱海东南部的银梭岛遗址，是一处新石器时代中晚期至青铜时代早期的贝丘遗址，银梭岛第二、三、四期均出土了铜器，与剑川海门口遗址出土的小件铜器相似，出土铜器的地层年代从公元前1500年延续至公元前400年，青铜时代开始的时间与剑川海门口遗址基本处于同一时期。剑川海门口遗址和银梭岛遗址年代较早地层出土的铜器都较为简单，器形较小，从地层的发掘情况来看，均是由新石器时代逐渐发展到青铜时代的早期人类活动的遗址。

在剑川海门口遗址第一、二次发掘之后，有学者对剑川海门口遗址的年代上限做过分析。徐学书通过对比出土器物的形制和纹饰，认为剑川海门口遗址1978年出土的扁圆銎圆刃钺与祥云检村石椁墓、祥云大波那、晋宁石寨山、永胜金官龙潭水库所出同形钺相同；两肩作尖角后伸的圆弧刃斧及同形石斧范与剑川鳌凤山所出的圆弧刃铜斧及同形石斧范基本相同；铜镰与晋宁石寨山M7所出铜镰相似。另外，根据第一、二次均有铁器出土，可以认为该遗址上文化层已进入铁器时代，即为西汉吕后至武帝前期。② 科技考古工作者还对第一、二次出土的部分铜器进行了成分分析，发现其金属材质包括红铜、铜锡合金和铜铅合金三种，并且铜锡合金占多数。③ 由于第一、二次发掘地层关系混乱，当时学者所分析的这些铜器大多数可能来自该遗址的第三期，已经处于青铜时代的发展时期。关于洱海地区青铜文化的下限，根据目前的考古发现基本处于西汉中晚期。

张增祺在《滇西青铜文化初探》一文中将滇西青铜文化分为早、中、晚三期。早期以剑川海门口遗址为代表；中期以楚雄万家坝和祥云大波

---

① 王大道：《从现代石范铸造看云南青铜器铸造的几个问题》，《云南文物》1983年第6期。

② 徐学书：《关于滇文化和滇西青铜文化年代的再探讨》，《考古》2006年第7期。

③ 李晓岑、韩汝玢：《云南剑川县海门口遗址出土铜器的技术分析及其年代》，《考古》2006年第7期；崔剑锋、吴小红：《铅同位素考古与云南青铜器矿料产源研究》，文物出版社2008年版，第147—148页。

那为代表，出土青铜器的器形、纹饰、合金成分和这两处大致相同的还有：大理县鹿鹅山、昌宁县新街、德钦县永芝、姚安县白鹤水库、宁蒗县大兴镇、禄丰县黑井、妥安、牟定县琅井、巍山县营盘山、剑川县鳌凤山等处；晚期以大理金梭岛、大墓坪和永胜金官龙潭墓地为代表。滇西青铜文化时代大致是从公元前12世纪左右开始出现，至公元前4世纪、公元前5世纪进入鼎盛时期，公元前1世纪后跨入铁器时代，前后相继有1000年左右的时间。① 阚勇的《滇西青铜文化浅谈》一文，把滇西青铜文化分为三期。第一期，剑川海门口出土铜器类型简单，多无纹饰，为滇西青铜文化之最原始者；此外，德钦永芝、石底、纳古墓地出土的铜器，制作粗糙，纹饰简单，也归为这一时期，第一期文化约当始于商周之际，盛于春秋中期。第二期，大致包括宁蒗大兴镇、楚雄万家坝、祥云大波那、巍山营盘山、剑川鳌凤山和弥渡青石湾、石洞山、新民村墓地，这些铜器种类繁杂，数量众多，冶金技术娴熟，表明已经进入青铜文化的鼎盛阶段，但尚无铜铁合制器和纯铁器发现；第二期文化的时代上限与第一期文化衔接，约当春秋晚期至战国初期；第三期，在大理金梭岛、五指山和永胜金官等地铜器器形发生明显变化，出土了铜铁合制器或纯铁器，根据云南地区西汉中期以后始有较多铁器出土的现象分析，第三期文化时代约当西汉中、晚期。② 根据目前的考古发现和以上的研究可以初步确定，洱海地区青铜文化共分为三期。第一期以剑川海门口为代表；第二期以楚雄万家坝和祥云大波那为代表；第三期以大理金梭岛、五指山和永胜金官为代表，青铜文化从公元前1800—前1200年，持续到西汉晚期，前后跨度为1000多年。

二 族属

汪宁生认为，云南远古居民是濮人和越人，后来又有氐羌自西北地

---

① 张增祺：《滇西青铜文化初探》，云南青铜器论丛编辑组主编《云南青铜器论丛》，文物出版社1981年版，第92—107页。
② 阚勇：《滇西青铜文化浅谈》，云南省博物馆主编《云南青铜文化论集》，云南人民出版社1991年版，第46—67页。

区不断南迁。① 苍铭认为，在秦汉时，氐羌族群已大量迁至云南北半部地区，尤其是滇西北地区。关于云贵高原，在文献中虽然没有越人名称记录，但通过新石器考古并结合民族学及相关文献的研究考证，越人也是云贵高原上的古老居民之一，他们一般居住在河谷和平坝地区。到后来汉武帝在西南夷地区设置郡县时，又有大批汉人陆续迁入滇西地区（见图1-10）。②

图1-10 云南地区古代人种分布③

----

① 汪宁生：《云南考古》，云南人民出版社1980年版，第27、81页。
② 苍铭：《云南边地移民史》，民族出版社2004年版，第10—20页。
③ 该地图根据云南省测绘地理信息局标准地图服务下载的云南省地图（无水系线划版），比例尺为1∶1000万（审图号：云S（2017）057号）绘制而成。同时由笔者参照如下资料绘制。高路、董永利等：《云南16个少数民族群体的线粒体DNA多态性研究》，《遗传学报》2005年第2期；段丽波、龚卿：《中国西南氐羌民族溯源》，《广西民族大学学报》（哲学社会科学版）2007年第4期。

张增祺在《云南青铜文化的类型与族属问题》[1]一文中指出："滇西地区青铜文化主要是由'昆明'人创造的"，据《史记·西南夷列传》记载，"昆明"主要分布在"西自同师以东，北至楪榆"；从战国至西汉时期，滇西地区主要有"昆明"等少数民族，分布范围广达"数千里"。阚勇则认为：滇西青铜文化的主体民族分别属于氐族支系的筰都夷和僰人，他们同羌族支系的雟和昆明族交错杂居，创造了既有中原文化因素，又有民族特征的青铜文化。[2] 学术界目前对洱海地区比较认同的几个大的族属包括氐羌族系、百越族系和濮族系。洱海地区青铜文化的渊源以及与邻近地区族群的关系，还需要从洱海地区金属器的制作技术、时代特征等方面进行更多、更深入的科学分析和研究。

第四节 青铜文化与技术研究现状

国内外科技史界、文物考古界都对云南青铜文化予以高度的关注，但学者们开始把更多的目光投向青铜文化高度繁荣的滇池地区，该地区出土的青铜器种类繁多、内容丰富、造型多样、铸造工艺精湛，因此涉及的课题也比较多。而青铜文化出现较早的洱海地区，由于所出青铜器种类相对较少，造型也相对简单，并没有引起学术界的足够关注，其研究价值也往往被忽略。近年来，洱海地区不断出土的大量金属器给学者提供了丰富的实物信息，对研究云南青铜技术的渊源以及与其他地区青铜技术的关系有重要作用，并逐渐引起了国内外学者的关注。但是，由于仍然缺乏系统和全面的研究，对金属器的分析仅仅集中在个别墓葬的少数器物。

---

[1] 张增祺：《云南青铜文化的类型与族属问题》，云南省博物馆主编《云南青铜文化论集》，云南人民出版社1991年版，第220—243页。

[2] 阚勇：《滇西青铜文化浅谈》，云南省博物馆主编《云南青铜文化论集》，云南人民出版社1991年版，第46—67页。

一 洱海地区青铜文化的综述性研究

这部分的综述内容涉及金属技术的研究,以及在此基础上与周边地区的文化与技术交流等问题,笔者在此选取有代表性者进行论述。

王大道对云南早期铜鼓、云南青铜文化的起源问题做过综合性研究,特别是对云南青铜文化与周边国外青铜文化——越南东山文化、泰国班清文化做过比较研究,认为洱海区域青铜文化与泰国班清文化的共同之处较少,而滇文化对洱海区域、红河流域及越南东山文化的影响较大。[①] 李伟卿对铜鼓的演变、分类以及纹饰的研究,为后来铜鼓的分类提供很好的借鉴。[②]

李晓岑对楚雄万家坝的29个铜器样品进行了化学分析。分析结果表明,这个古墓群刚刚进入青铜时代。通过与滇池地区青铜器器形的比较,他认为楚雄万家坝是滇文化的一个重要来源;他还认为泰国青铜文化的时代早于云南滇西青铜文化,云南滇西地区与泰国班清等地相似的青铜器物受泰国青铜文化的影响是很明显的。[③]

韩汝玢、李晓岑通过对鄂尔多斯地区、巴蜀地区、云南古滇地区出土青铜器表面镀锡技术的检测、分析与研究,认为青铜器表面镀锡技术是从鄂尔多斯草原到四川成都和峡江地区,再到云南古滇国地区的,其传播、应用与发展,与北方草原游牧民族氐羌族的一支进入滇池地区有很大的关系。[④]

李昆声、黄德荣对16面云南洱海地区早期铜鼓的形制、纹饰特征及社会用途进行了研究,从标型学和放射性碳十四测定两方面探讨

[①] 王大道:《云南出土青铜时代铸范及其铸造技术初论》,云南省文物考古研究所主编:《云南考古文集》,云南民族出版社1998年版,第114—128页。
[②] 李伟卿:《中国南方铜鼓的分类和断代》,《考古》1979年第1期。
[③] 李晓岑、韩汝玢:《古滇国金属技术研究》,科学出版社2011年版,第140—149、157—162页。
[④] 韩汝玢、李晓岑:《云南古滇地区的金属制作技术与北方草原青铜文化》,中国文化遗产研究院主编《文物科技研究5》,科学出版社2007年版,第1—10页。

了早期铜鼓的年代①，之后对云南早期铜鼓的分式及年代做了进一步的研究②。在《论万家坝铜鼓》一文中，他们认为滇中至滇西一线是古代铜鼓的起源地。万家坝型铜鼓在滇中至滇西一线产生后，很快即往东、北、南三个方向传播，而没有往西传播，基本上没有越过我国西部。③ 2007年他们又发表《再论万家坝型铜鼓》一文，对新发现的万家坝型铜鼓的分式、花纹都有了新的阐释，其中认为弥渡青石湾鼓鼓面上的箭头应是铸造铜鼓时的需要，为了拼范时方便而不致出错，体现了铸造技术的进步。④

肖明华发表《剑川海门口1978年发掘所获铜器及其有关问题》一文⑤，对铜器的年代及其与木桩、石器的关系进行了探讨，同时还对剑川海门口铜器文化在云南青铜文化中的地位提出了新的看法。

葛季芳的《云南出土铜葫芦笙探讨》⑥一文，对云南铜葫芦笙的出土情况、用途及起源问题进行了探讨，文中对云南祥云大波那村木椁铜棺墓出土的铜葫芦笙的时代及族属问题做了深入研究。阚勇发表《滇西青铜文化浅谈》一文⑦，对滇西青铜文化的考古发现及滇西青铜文化的分期、经济形态、渊源关系、族属问题进行了深入的研究。

谢崇安对我国云南、广西和越南北部地区上古青铜文化的考古发现做了较全面的学术总结，认为这三大区域的青铜文化是在中国商周文明、南亚哈拉巴文化、泰国班清文化的多重作用影响下起源和发展

---

① 李昆声、黄德荣：《论云南早期铜鼓》，云南省博物馆主编《云南青铜文化论集》，云南人民出版社1991年版，第366—373页。
② 李昆声、黄德荣：《再论云南早期铜鼓》，云南省博物馆主编《云南青铜文化论集》，云南人民出版社1991年版，第374—392页。
③ 李昆声、黄德荣：《论万家坝铜鼓》，《考古》1990年第5期。
④ 李昆声、黄德荣：《再论万家坝型铜鼓》，《考古学报》2007年第2期。
⑤ 肖明华：《剑川海门口1978年发掘所获铜器及其有关问题》，云南省博物馆主编《云南青铜文化论集》，云南人民出版社1991年版，第174—179页。
⑥ 葛季芳：《云南出土铜葫芦笙探讨》，《考古》1987年第9期。
⑦ 阚勇：《滇西青铜文化浅谈》，云南省博物馆主编《云南青铜文化论集》，云南人民出版社1991年版，第46—67页。

起来的青铜文明，这三地的青铜文化既有密切联系又有相互区别，是相对独立的青铜文化类型，是中国商周礼制文明的一种次生形态，经历了部落联盟制向酋邦制方国阶级社会的转变。①

慕容捷（Robert Edwin Murowchick）对洱海地区和滇池地区的青铜文化进行了对比研究，认为洱海地区的青铜文化相对原始和简单，同时受到了中国北方文化和中原文化的影响，古滇地区之所以出现了相对发达的青铜文化是与当时等级社会的权力和经济分不开的，社会统治阶层拥有了权力才可以控制和获得生产青铜器的原料和劳动力等。②

杨德文通过对洱海地区主要墓葬出土青铜农具的统计，认为在战国至西汉之际，锄是洱海地区农业生产中应用最为广泛的工具，这一时期滇西地区的石棺墓民族、土坑墓和土坑木椁墓民族已经是定居的农业民族，他们吸收滇池区域和内地的先进文化和技术，农业生产水平不断提高。③

查尔斯·海厄姆（Charles Higham）对云南青铜器的制作技术有简单的论述，如失蜡法、范型工艺、表面装饰、合金成分等，并且对洱海区域青铜文化的技术特征、文化特征进行了深入的研究。④

王光文通过器物类型学及考古学文化对比分析，认为位于横断山脉的洱海地区的青铜文化与新石器时代的白羊村类型地域分布大致相同，且出土器物的形制有很多相似之处，洱海地区青铜文化主要是在当地新石器晚期文化的基础上形成的。此外一些墓葬形制和出土器物

---

① 谢崇安：《滇桂地区与越南北部上古青铜文化及其族群研究》，民族出版社2010年版。

② Murowchick, Robert Edwin, The Political and Ritual Significance of Bronze Production and Use in Ancient Yunnan, *Journal of East Asian Archaeology*, 2001, 3 (1); Murowchick, Robert Edwin, *The Ancient Bronze Metallurgy of Yunnan and Its Environs: Development and Implications*, Harvard University Ph. D. dissertations, 1989, pp. 151 – 154, 250 – 256.

③ 杨德文：《从出土文物看战国至汉代滇西地区的锄耕农业》，《云南文物》1992年第12期。

④ Higham, C. F. W., *The Bronze Age of Southeast Asia*, Cambridge University, 1996, pp. 173 – 177, 309 – 331.

则受到了北方系青铜文化的影响。①

邱兹惠认为洱海地区海门口遗址青铜文化的产生受到了公元前2000年左右北方草原文化的影响，这些来自北方地区的文化和技术因素很可能是沿着金沙江顺着河谷一路传播到洱海地区的，并以同样的方式传播到了元江上游，在公元前1000年左右，云贵边界的金属制作活动开始活跃起来，同时与具有本地特色的滇池地区的青铜文化产生了相互影响。②

以上研究成果主要侧重于云南青铜文化的内涵、分类、文化渊源和族属，这有助于了解和掌握洱海地区青铜文化的背景和总体特征，虽然金属技术方面的分析研究还很少，但为进一步开展科学分析工作提供了重要研究背景。

二 铜器合金成分与金相学研究

1964年《云南祥云大波那木椁铜棺墓清理报告》③公布了昆明工学院冶金系化学室对祥云大波那木椁铜棺墓出土各类铜器11件所作的化学分析，结果表明，合金类型主要是铜锡合金和红铜。2010年，李晓岑、韩汝玢对祥云大波那出土的包括铜棺在内的9件铜器的成分进行了分析，显示有红铜6件、铜锡合金2件、铜锡铅合金1件，认为该墓葬处于青铜文化较早期的发展阶段。④

1979年，韩汝玢等对1957年剑川海门口出土的11件铜器进行了

---

① 王光文、翟国强：《试论中国西南地区青铜文化的地位》，《思想战线》2006年第6期。

② Tzehuey, C., Incipient Metallurgy in Yunnan: New Data for Old Debates, Mei, J., Rehren, Th., *Metallurgy and Civilisation: Eurasia and Beyond*, Archetype Publications Ltd, 2009, pp. 79 – 84; TzeHuey, C., Western Yunnan and Its Steppe Affinities, Mair, V. H. ed., *The Bronze Age and early Iron Age peoples of Eastern Central Asia*, Vol. 1, Institute for the Study of Man Inc., 1998, pp. 280 – 304.

③ 云南省文物工作队：《云南祥云大波那木椁铜棺墓清理简报》，《考古》1964年第12期。

④ 李晓岑、韩汝玢：《云南祥云县大波那木椁铜棺墓出土铜器的研究》，《考古》2010年第7期。

定性分析，首次发现剑川海门口的器物主要是锡青铜。2006年，李晓岑、韩汝玢对1957年、1978年出土的5件器物进行了化学成分和显微组织的分析，发现剑川海门口遗址的金属合金具有多样化的特点，有红铜、铜锡合金和铜铅合金三种，而且主要是铜锡合金，与滇池地区青铜文化主要是铜锡合金的特点相近。剑川海门口金属器物的制作表现出多样性的加工方式，有铸造、热锻、热锻后冷加工等。[①]

1981年，曹献民的《云南青铜铸造技术》[②]一文对陶范铸造铜器、失蜡法铸造铜器所使用的原料、工艺以及青铜器的合金配比等进行研究，认为云南青铜器表面发白的原因是由于锡的反偏析，文中公布了部分楚雄万家坝青铜器和祥云大波那5件青铜器的成分分析数据，认为当时的锡铅配比还没有形成一定的规律，难以适应各种器物的使用要求。

1983年，昆明冶金研究所和上海冶金研究所对楚雄万家坝出土的13种青铜器中的19件器物进行了化学成分分析，表明万家坝古墓出土的青铜器基本上是铜锡合金，其中含有铅、铁、砷等杂质，只有1件铜镯含有5.01%的铅，文中认为铅不可能是混入的杂质；此外还有数件铜器含铜量高达99.5%，当属红铜。当时已能认识加锡可以降低熔点、获得较好的青铜铸造性能并提高硬度。文中还对锡器进行了光谱分析，发现含锡量皆在90%以上，更发现有铜、铅、锑等元素，认为其矿石成分与冶炼白锡的矿石成分明显不同，很可能是从黝锡矿中提炼的，当时锡只是作为冶炼铜矿时收集的副产物，纯锡器在当时也只是作为少数奴隶主贵族使用的极为珍贵的奢侈品。[③]

1986年，孙淑云对广西、云南8种类型的100面铜鼓进行了成分分析，对55面铜鼓进行了金相研究，结果表明洱海地区的几面铜鼓

---

① 李晓岑、韩汝玢：《云南剑川县海门口遗址出土铜器的技术分析及其年代》，《考古》2006年第7期。
② 曹献民：《云南青铜器铸造技术》，《云南青铜器论丛》编辑组主编《云南青铜器论丛》，文物出版社1981年版，第203—209页。
③ 云南省文物工作队：《楚雄万家坝古墓群发掘报告》，《考古学报》1983年第3期。

以低铅锡的青铜及红铜器为主。①

1990年，李晓岑用铅同位素比值法对云南古代铜鼓和部分矿料进行研究，对6面洱海地区出土的万家坝型铜鼓的分析结果表明，铜鼓可能起源于滇西至滇中偏西地区。②

2003年，崔剑锋分析的弥渡青石湾鼓是唯一一件出土自洱海地区的万家坝型铜鼓。他认为该鼓属于铜锡铅鼓，大量铅的加入可以增加合金液的流动性和充型性，对于铸造大型器物来说尤为重要，该地区在万家坝三期的时候也许已经使用较高锡铅含量的合金来铸造铜鼓的技术。③

2004年，李晓岑对30件云南出土的青铜农具进行了成分分析和金相检测，其中有楚雄万家坝的8件、祥云大波那的4件，发现红铜比例达90%以上，说明当时农具的使用还处于初级阶段。④

2006年，崔剑锋、吴小红对中国云南、越南出土的6件万家坝型铜鼓进行了铅同位素比值测定和分析⑤，其结论也证实了铜鼓的起源地是滇中或偏西地区，并认为无论越南还是中国云南文山地区出土的万家坝型铜鼓，都是从楚雄、大理等地传播过去的。

2008年，李晓岑、韩汝玢、孙淑云发表《云南楚雄万家坝出土铜、锡器的分析及有关问题》一文⑥，对楚雄万家坝出土的铜器进行了成分分析和金相研究，结果表明M1有近90%的器物为红铜，具有早期铜器的特征，这是云南历史上接近红铜时代的一个古墓葬；M23

---

① 孙淑云等：《广西、云南铜鼓合金成分及金属材质的研究》，中国铜鼓研究会主编《中国铜鼓研究会第二次学术讨论会论文集》，文物出版社1986年版，第104—131页。
② 李晓岑等：《云南早期铜鼓矿料来源的铅同位素考证》，《考古》1992年第5期。
③ 崔剑锋、吴小红：《铅同位素考古与云南青铜器矿料产源研究》，文物出版社2008年版，第72—75页。
④ 李晓岑、韩汝玢：《古滇国金属技术研究》，科学出版社2011年版，第123—128页。
⑤ 崔剑锋、吴小红：《铅同位素考古与云南青铜器矿料产源研究》，文物出版社2008年版，第72—75页。
⑥ 李晓岑、韩汝玢、孙淑云：《云南楚雄万家坝出土铜、锡器的分析及有关问题》，《文物》2008年第9期。

的金属器除红铜外，还较多的铜锡合金，并出现了铜锡铅三元合金；制作技术有铸后冷加工、热锻、热锻后冷加工等多种工艺。该文认为楚雄万家坝古墓群的年代早于滇池地区的江川李家山和晋宁石寨山古墓群。

以上关于洱海地区出土金属器实验研究的论文，分析的样品大多是洱海地区早期墓葬及遗址出土的青铜器，取样数量与出土青铜器的数量还存在很大差距，涉及的墓葬或遗址有剑川海门口、楚雄万家坝、祥云大波那等。根据目前的分析数据，还很难对这一地区金属器的制作技术形成一个较为全面而系统的认识。

三 铸造技术研究

曹献民认为，祥云大波那铜棺在铸造时要求陶范具备较高的强度和较好的透气性，才能在浇铸时不被冲毁，注液后能顺利排气。[①]

1985—1986年，吴坤仪和孙淑云等对云南、广西的80余面铜鼓进行了制作技术[②]和铸造工艺的研究[③]，测量了这些铜鼓的尺寸，观察和记录了这些铜鼓的结构特征并分析了铜鼓的铸造工艺。

1988年，巴纳（Noel Barnard）对云南古代青铜器的金属铸造技术进行了分析，对楚雄万家坝铜鼓鼓耳的连接和铸造方法，剑川沙溪等地小件铜器的成型技术，大波那铜棺、铜斧、臂甲的纹饰技术都有细致的研究。[④]

1996年，李晓岑对云南青铜时代金属器进行制作工艺研究，认

[①] 曹献民：《云南青铜器铸造技术》，《云南青铜器论丛》编辑组主编《云南青铜器论丛》，文物出版社1981年版，第203—209页。
[②] 吴坤仪、孙淑云：《中国古代铜鼓的制作技术》，《自然科学史研究》1985年第1期。
[③] 吴坤仪：《广西、云南铜鼓铸造工艺初探》，中国铜鼓研究会《中国铜鼓研究会第二次学术研讨会论文集》，文物出版社1986年版，第74—103页。
[④] Banard, N., The Entry of Cire-perdue Investment Casting, and Certain Other Metallurgical Techniques (mainly metalworking) into South China and Their Progress, Bulbeck, F. D., Banard, N., *Ancient Chinese and Southeast Asian Bronze Age Cultures*, University of Washington, 1988, pp. 1 – 94.

为万家坝型铜鼓底部有明显的气孔和渣孔，采取顶浇注方式；祥云大波那出土铜棺是单面范铸造，剑川鳌凤山和剑川海门口出土的石范表明两地都采用双面范铸造；祥云检村编钟底部有明显的浇口痕迹，是倒立直浇而成，而万家坝出土的羊角钮编钟则是浑铸成型。①

1998年，王大道对云南早期铜器的铸造技术进行了研究，认为云南早期铜器在采用石范铸造时，同时采用泥支钉支撑的技术，云南的范铸技术是从石范铸造开始的，陶范铸造是继石范铸造而发展来的。②

以上研究侧重于铜鼓的铸造技术，对其他类型器物铸造工艺的研究不多。

四 其他金属技术的研究

林声认为，西汉时期"滇"人已较熟练地掌握了冶铁技术；云南古代居民最早使用的铁器可能是四川（可能有其他地区）输入的，汉武帝时期从外地学会了冶铁技术，开始了自制铁器的技术，此后虽还有外地铁器的输入，但主要已使用当地作坊制造的具有地方色彩的铁器了。③

童恩正认为，西汉时滇族已经掌握了锻造铁器的技术，到东汉才有冶铁业。④

张增祺指出祥云的石棺墓中出土的两件铁镯和宁蒗大兴镇的竖穴土坑墓中出土的铜柄铁刀，其时代都比"西汉中期"要早得多；认为云南最早使用铁器的时代在春秋末或战国初；远在西汉中期滇池地区出现大量铁器之前，当地的古代居民在生产实践中已经会制造铁器了。⑤ 他还探讨了铜柄铁剑的制作工艺，认为不同类型的剑采用不同

---

① 李晓岑：《云南古代的青铜制作技术》，《云南民族学院学报》（哲学社会科学版）1996年第4期。
② 王大道：《云南出土青铜时代铸范及其铸造技术初论》，云南省文物考古研究所主编《云南考古文集》，云南民族出版社1998年版，第114—128页。
③ 林声：《谈云南开始制造铁器的问题》，《考古》1963年第4期。
④ 童恩正：《对云南冶铁业产生时代的几点意见》，《考古》1964年第4期。
⑤ 张增祺：《云南开始用铁器时代及其来源问题》，《云南社会科学》1982年第6期。

的焊接工艺以及焊料。①

1981年,邱宣充、黄德荣,对楚雄万家坝出土的锡器进行了研究,认为早在春秋时期,这一地区锡器的含锡量都在90%以上。② 1991年,黄德荣认为,楚雄万家坝出土的鎏金铜器是目前我国出土的最早鎏金器物,年代为春秋中期。③

王昆林等对楚雄地区出土青铜戈的镀层及戈体的成分进行分析,结果表明外镀层的铅锡含量较高,戈内部含铜量相对较少,从结构、纹饰及腐蚀情况来看,推测其年代可能为春秋时期。④

2008年,李晓岑、韩汝玢、孙淑云对楚雄万家坝和楚雄张家屯出土的几件表面呈暗金黄色的铜器进行金相分析,认为发掘报告中所谓的"鎏金层"是铜锡合金,用于铜器外表的包装,不是鎏金技术,而是铜箔加工技术。此外对楚雄万家坝出土的几件锡器的分析,发现其纯度很高,锡含量均大于90%,是中国古代较早的锡器之一。⑤

2010年,赵文玉对云南境内出土铁器的统计研究显示,战国中晚期至西汉中后期铁器的使用越来越广泛,西汉时期中央在云南设郡县以后,中原与云南的交流更多,先进的铁器冶炼技术传入云南。⑥

以上研究主要集中在铁器和锡器等方面,多数是论述性的文章,实验检测数据较少。此外,有些特殊的技术现象仍没有涉及或得以解决,如金属器中的镀锡工艺的进一步确认、铁器的材质和冶炼技术、金银的技术特点等都是需要进一步研究的问题。

---

① 张增祺:《云南铜柄铁剑及其有关问题的初步探讨》,《考古》1982年第1期。
② 邱宣充、黄德荣:《楚雄万家坝出土锡器的初步研究——兼谈云南古代冶金的一些问题》,《云南省博物馆建馆三十周年纪念文集》,云南省博物馆1981年版,第106—111页。
③ 黄德荣:《云南楚雄万家坝出土的鎏金铜器——谈我国鎏金产生的年代及技术》,云南省博物馆主编《云南青铜文化论集》,云南人民出版社1991年版,第126—137页。
④ 王昆林:《云南楚雄出土春秋时期青铜戈的理化分析》,《云南师范大学学报》2003年第3期。
⑤ 李晓岑、韩汝玢、孙淑云:《云南楚雄万家坝出土铜、锡器的分析及有关问题》,《文物》2008年第9期。
⑥ 赵文玉:《云南早期铁器的初步研究》,《文学界》(理论版) 2010年第9期。

五 洱海地区与其他地区青铜文化关系的研究

（1）洱海地区与滇池、岷江上游青铜文化关系方面的研究

1999年，徐学书发表《关于滇文化和滇西青铜文化年代的再探讨》[①]，认为滇文化与滇西青铜文化是同时产生和并存的两种青铜文化。其兴起年代皆在西汉早期，至西汉晚期衰落。2001年，徐学书发表《岷江上游石棺葬文化与滇文化、滇西青铜文化关系探讨》[②]，认为在滇文化、滇西青铜文化中有大量同于、近似于岷江上游石棺葬文化、蜀文化以及北方草原文化的因素，皆系由岷江上游南迁的石棺葬文化民族的部落传入。铜鼓虽然产生于滇西青铜文化中，但作为铜鼓的祖型铜釜以及其生产技术仍然是通过岷江上游石棺葬文化传入。

亚当·史密思认为，在洱海地区、川西高原一带存在一个"金属器交换圈"，铜柄铁剑由西北传到云南地区之后，交换圈的作用使两地区的铜柄铁剑保持基本平行的发展，滇西青铜文化因素与岷江石棺葬文化因素在德钦一带共存，德钦是青铜时代两种文化因素分布的接触、交错地带。[③]

2004年，李晓岑对楚雄万家坝的29个铜器样品进行了化学分析，分析结果表明这个古墓群刚刚进入青铜时代。通过与滇池地区青铜器器形的比较，认为楚雄万家坝是滇文化的一个重要来源。[④]

（2）洱海地区与北方草原文化、中原文化关系的研究

1987年，张增祺发表《云南青铜时代的"动物纹"牌饰及北方

---

① 李晓岑、韩汝玢：《云南剑川县海门口遗址出土铜器的技术分析及其年代》，《考古》2006年第7期。

② 徐学书：《岷江上游石棺葬文化与滇文化、滇西青铜文化关系探讨》，《中华文化论坛》2001年第3期。

③ ［英］亚当·史密思：《川西、滇西北、藏东地区石棺葬文化研究》，北京大学，2001年，硕士学位论文，第79页。

④ 李晓岑、韩汝玢：《古滇国金属技术研究》，科学出版社2011年版，第140—149页。

草原文化遗物》一文①，通过对云南青铜时代所见中亚及北方草原文化遗物，如"动物纹"牌饰、双环首青铜短剑、曲柄青铜短剑、弧背青铜刀等的研究以及对云南古代民族的族属的分析，揭示出了云南青铜文化与北方草原文化之间的联系。

1991年，张增祺发表《再论云南青铜时代"斯基泰文化"的影响及其传播者》一文，通过对两地出土器物的对比分析，认为欧亚草原的斯基泰艺术曾对云南青铜文化有过一定的影响。②张增祺发表《从出土文物看战国至西汉时期云南和中原地区的密切联系》③，认为在战国至西汉时期，洱海区域出土的"山"字形剑格的青铜剑和钺形斧不仅在滇西广大地区出土，而且在四川的西昌、甘孜，以至川北、甘肃南部也有所发现。这一区域发现的石棺墓在西北、内蒙古草原及东北广大地区都曾发现过。通过对比研究，他认为云南出土的青铜器都在不同程度上带有中原地区的特征，有的是从内地传来的，有的是模仿内地同类型的器物制作的，还有一些器物既具有云南的地方和民族特色，又属于中原同类器物的变形，这些说明从战国至西汉时期，云南边疆和中原地区在政治、经济、文化等方面有紧密的联系。

2007年，崔剑锋、吴小红等发表《四川盐源出土的一件镀锡九节鱼纹鸡首杖》一文④，认为流行于西北草原文化的双环首短剑和流行于滇西北的山字格短剑同时在盐源地区出现，说明盐源地区可能是青铜时代西部少数民族南北交流的中心之一，这件镀锡青铜器填补了滇西北与北方草原文化"热镀锡技术"传播路线的一个缺环。

杨建华通过对西北地区和西南地区出土三叉式护手剑分布、形式

---

① 张增祺：《云南青铜时代的"动物纹"牌饰及北方草原文化遗物》，《考古》1987年第9期。

② 张增祺：《再论云南青铜时代"斯基泰文化"的影响及其传播者》，云南省博物馆主编《云南青铜文化论集》，云南人民出版社1991年版，第320—354页。

③ 张增祺：《从出土义物看战国至西汉时期云南和中原地区的密切联系》，《文物》1978年第10期。

④ 崔剑峰、吴小红、刘弘、唐亮：《四川盐源出土的一件镀锡九节鱼纹鸡首杖》，中国文化遗产研究院主编《文物科技研究5》，科学出版社2007年版，第18—23页。

和年代的对比分析，认为秦文化在西北地区三叉式护手剑对西南地区的影响过程中起着重要的传承作用，这种文化对西南地区的影响是一个持续不断的过程，不同阶段其传播路线也有不同，这类剑在西南地区也逐渐形成了自身的特色，在川西、洱海和滇池地区所起的作用有所不同。①

苏奎将西南夷地区包括岷江上游、雅砻江及金沙江流域、洱海和滇池地区发现的曲柄短剑、双圆饼首短剑和三叉格铜柄铁剑与北方系青铜文化区出土的同类器物进行对比研究，发现曲柄短剑和双圆饼首短剑均是受北方系青铜文化因素影响，在本地文化的基础上产生的，只有早期三叉格铜柄铁剑才是从北方系青铜文化区直接输入的。②

（3）洱海地区与东南亚青铜文化关系的研究

李·E. 威廉姆斯（Lea E. Williams）③ 认为，湄公河、红河等河道交通在东南亚青铜文化的交流过程中起到了重要的作用。

威廉·沃森（William Watson）④ 对中国云南和泰国青铜文化的联系进行了研究，认为早在公元前1000年，中国云南与泰国的联系是从陶器的交流开始的，到了青铜时代交流更加频繁，主要是通过湄公河的连接作用实现的，如中国云南的祥云和楚雄都是湄公河途径的地方。云南青铜文化表现出了吸收外来文化与本土文化相结合的特点。

王大道⑤将云南青铜文化分为五种类型，分别从器形和年代方面与东南亚青铜文化进行对比研究，认为洱海区域青铜文化与泰国班清文化的共同之处较少，而滇文化对洱海地区、红河流域及越南东山文

---

① 杨建华：《三叉式护手剑与中国西部文化交流的过程》，《考古》2010年第4期。
② 苏奎：《西南夷地区三种含北方系青铜文化因素短剑的研究》，四川大学，2005年，硕士学位论文。
③ Williams, L. E., *Southeast Asia: A History*, Oxford University Press, 1976, pp. 3 – 23.
④ William, W., Pre-Han Communication from West China to Thailand, Glover, I., Suchitta, P. and Villiers, J., *Early Metallurgy, Trade and Urban Centres in Thailand and Southeast Asia*, White Lotus, 1992, pp. 175 – 180.
⑤ 王大道：《云南青铜文化及其与越南东山文化泰国班清文化的关系》，《考古》1990年第6期。

化的影响较大。

李晓岑认为泰国青铜文化的时代早于中国云南滇西青铜文化,中国云南滇西地区与泰国班清等地相似的青铜器物受泰国的影响是很明显的。[1]

查尔斯·海厄姆(Charles Higham)[2]对东南亚地区从新石器时代到铁器时代的器物类型进行对比分析,认为这一地区的青铜文化是在本地区新石器时代文化的基础上发展起来的,同时受到中国云南青铜文化的影响,这种影响可能与社会生产方式有一定的联系。帕梅拉·古特曼(Pamela Gutman)、鲍勃·哈德逊(Bob Hudson)认为在缅甸东北部地区出土的铜镯、铜钺的形制与中国云南、泰国等地有相似之处。[3]阮克庶(Nguyen Khac Su)、范明惠(Pham Minh Huyen)等学者[4]认为越南北部东山文化与中国云南青铜时代的文化广泛的交流已经体现在墓葬形制上,如两地随葬兵器的形制相似和数量不断增多,说明由于争夺资源和文化冲突而导致战争频繁。

以上研究主要是文化异同和相互交流方面的内容,对了解洱海与周边青铜文化的关系有重要的作用,但对金属技术特征方面的比较研究还很少,因此还需要从技术角度进一步厘清洱海地区青铜文化与周边地区青铜文化之间的关系。

---

[1] 韩汝玢、李晓岑:《云南古滇地区的金属制作技术与北方草原青铜文化》,中国文化遗产研究院主编:《文物科技研究5》,科学出版社2007年版,第157—162页。

[2] Higham, C. F. W., Mainland Southeast Asia from the Neolithic to the Iron Age, Glover, I., Hudson, B., *Southeast Asia: From Prehistory to History*, Routledge Curzon, 2004, pp. 41–67.

[3] Gutman, P., Hudson, B., The Archaeology of Burma (Myanmar) from the Neolithic to Pagan, Glover, I., Hudson, B., *Southeast Asia: From Prehistory to History*, Routledge Curzon, 2004, pp. 149–176.

[4] Nguyen, K. S., Pham, M. H. and Tong, T., Northern Vietnam from the Neolithic to the Han Period, Glover, I., Hudson, B., *Southeast Asia: From Prehistory to History*, Routledge Curzon, 2004, pp. 177–208.

第二章

研究内容与实验方法

中国云南洱海地区所处的特殊地理位置是连接中国内地和东南亚地区的必经之路。洱海地区青铜文化不仅是云南古代文明中不可缺少的一环，而且在当时的中外文化交流过程中也起到了举足轻重的作用。洱海地区的自然环境适宜人类居住，距今5000年左右就已经出现了早期的人类活动，从考古发现出土的器物来看，在新石器时代就已经出现了与外界交流的迹象，特别是几个重要的青铜文化遗存——如剑川海门口、大理银梭岛遗址及其出土器物，更是记载着洱海地区从新石器时代到铜器时代不同阶段的生产、生活信息以及与外界交流的状况。洱海地区不仅出土了大量极具本地特色的器物，而且还发现了具有北方草原文化因素的兵器和装饰品、东南亚青铜文化的典型器物以及具有中原文化风格的生活用具。发现于这一地区的不同文化类型的器物，无论是直接输入还是模仿外来文化在本地制成，无一不证明了洱海地区在当时有着频繁的文化和技术交流活动。洱海地区因其独特的地理位置而成为当时云南青铜文化与外界交流、互动的枢纽，使得洱海地区青铜文化在云南甚至中国古代文明中都显得尤为重要。

洱海地区作为云南早期青铜文化之一，其金属制作技术是云南青铜文化的重要组成部分。对洱海地区出土金属器的制作技术进行深入分析和研究，对云南科学技术史的研究、探清滇西青铜文化面貌具有重要意义。

第一节 研究内容和方法

本研究对洱海地区出土金属器的制作技术进行系统、深入的研究，揭示金属器制作技术特点，在此基础上探讨洱海地区青铜文化和技术的来源、发展及其与外界的交流。通过金属制作技术以及器物类型的比较分析，综合相关历史背景，进一步探讨滇西与滇池青铜文化的关系，以及云南与中原及东南亚青铜文化的关系，初步阐述洱海地区青铜文化在云南古代文明中的地位及作用。

本研究采用多学科相结合的方式，以洱海地区出土金属器为研究对象，以科学检测为基本方法，揭示典型遗物的技术信息；充分利用现有的研究成果，探索古代洱海地区金属制作技术的区域特征，为历史研究提供科学依据。

坚持科学分析为考古学服务的原则，与考古学家密切合作，将实地调研与实验室研究相结合，具体的研究方法如下：

第一，文献搜集与整理。掌握研究对象的考古学背景和相关研究成果。

第二，调查研究的方法。对洱海地区出土的金属器和相关遗址、遗物进行实地考察，记录考古信息，初步获取金属器的制作技术信息，科学地采集金属样品。

第三，实验室检测分析。用光学金相显微镜进行金相分析，这是金属样品分析最为重要和基本的研究方法，观察金属的微观组织，夹杂物的分布、形态、锈蚀状态等重要的信息。利用带能谱的扫描电子显微镜分析样品的合金成分及微区成分。

第四，通过技术研究结果揭示洱海及周边地区青铜技术的区域特征和发展脉络，对比不同地区、不同时代的技术特点，试图揭示技术交流和文化传播的途径。

金属样品的制备，是先将样品镶嵌，再使用砂纸按粒度从粗到细的顺序磨样，然后使用抛光机进行抛光，抛光条件为：垂直压力200

牛顿，转圈200圈/分，抛光介质为金刚石抛光膏和水性润滑剂。

样品在未浸蚀状态下，先要对其形貌、锈蚀情况和夹杂物进行初步观察和照相，然后再用化学试剂进行浸蚀，观察组织结构。铜器样品用3%三氯化铁盐酸酒精溶液浸蚀，铁器样品用4%硝酸酒精溶液浸蚀，金器样品使用硝酸、盐酸和铬酸溶液浸蚀。样品浸蚀好后，采用奥林巴斯的 VANOX 和莱卡的 DMLM 金相显微镜进行金相学研究。上述样品进行金相观察、照相后，经喷碳处理，采用剑桥 S-360 扫描电子显微镜（配备 Tracor Northern 524 型 X 射线能谱仪）进行定性、定量成分分析，方法是在能谱仪显示的 X 射线能谱曲线上，扣除背底，将某元素特征 X 射线峰值面积与显示的各元素特征 X 射线峰值面积和之比值，定为该元素的百分含量，然后归一。在测量时，激发电压为20千伏，扫描时间为60秒，考虑到样品成分的偏析和组织结构的不同会引起成分的波动，样品的扫描面积应尽可能大，放大倍率尽可能小，在未锈蚀区域选择2~3个不同位置进行面扫描分析，然后取平均值作为样品的合金成分。

第二节　样品来源

在云南省考古研究所、云南省博物馆和大理白族自治州文物管理研究所等考古部门的大力支持和帮助下，本研究获得了剑川海门口、祥云检村等14个墓葬和遗址出土的金属样品，共计105件，样品来源如下表（见表2-1）。

表2-1　　　　　　　　洱海地区各墓葬采样情况　　　　　　　　单位：件

墓葬、遗址	样品种类及数量	时代	样品提供单位
剑川海门口	共1件，铜器1（铜块1）	公元前1800—前1200年	剑川县文物管理所
	共5件，铜器5（铜凿1、铜镯2、铜块2）	公元前1100—前500年	
	共1件，铁器1（铁镯1）	公元前400—前100年	

续表

墓葬、遗址	样品种类及数量	时代	样品提供单位
剑川沙溪鳌凤山	共3件，铜器3（兵器1、装饰品2）	战国末至西汉初期	云南省文物考古所
祥云检村	共17件，铜器17（兵器7、生产工具5、生活用具2、乐器3）	战国晚期至西汉早期	祥云县文物管理所
祥云红土坡	共11件，铜器11（兵器8、生产工具1、乐器1、装饰品1）	战国晚期至西汉早期	祥云县文物管理所
	共7件，铁器5、金器2	西汉中晚期	
楚雄张家屯	共6件，铜器6（兵器3、生产工具2、铜块1）	战国中期	云南省文物考古所
	共1件，铜器1（臂甲1）	战国末至西汉初	
弥渡苴力	共8件，铜器8（生产工具6、兵器1、装饰品2）	战国中期	云南省文物考古所
弥渡合家山	共8件，铜器8（生产工具4、兵器2、装饰品2）	战国中期	弥渡县文物管理所
德钦永芝	共6件，铜器5（兵器2、装饰品3），铜铁复合器1（铜柄铁刃剑）	战国末期至西汉早期	迪庆州博物馆
德钦纳古	共5件，铜器5（兵器1、装饰品4）	战国末到西汉早期	迪庆州博物馆
德钦石底	共1件，铜器1（生活用具1）	战国末到西汉早期	迪庆州博物馆
宁蒗大兴镇	共4件，铜器3（生产工具3），铜铁复合器（铜柄铁剑1）	战国晚期至西汉早期	云南省文物考古所
南诏风情岛	共12件，铜器10（兵器8、生活用具2），铜铁复合器2（铜柄铁剑1、铜柄铁矛1）	战国晚期至西汉早期	大理州文物管理所
洱源北山土坑墓	共6件，铜器6（兵器5、生活用具1）	战国末至西汉初期	大理州文物管理所
香格里拉	共3件，铜器3（兵器3）	战国末到西汉早期	迪庆州博物馆

取得的样品包括兵器、生产用具、生活用具、装饰品、乐器，基本涵盖了洱海地区出土青铜器的各个类别，样品的年代从公元前1800—前1200年持续到西汉中晚期，详细情况见表2-2。这些样品多取自兵器、工具的刃部或残断处，以便考察其加工和使用的情况，尽量不对文物造成损害。

表2-2　　　　　　　　　分析样品的年代分期统计　　　　　　　　单位：件

器物种类		剑川海门口遗址取样地层年代			其他墓葬考古相对年代			小计
		公元前1800—前1200年	公元前1100—前500年	公元前400—前100年	战国中期	战国末至西汉早期	西汉中晚期	
兵器	剑鞘					2		2
	剑					6		6
	刀					1		1
	箭镞				1			1
	钺				1	8		9
	矛				2	16		18
	戈					2		2
	镎					1		1
	臂甲					1		1
	镦				2			2
生产工具	锄				8	2		10
	斧					2		2
	锸				2	2		4
	凿		1			1		2
	锥					1		1
	削				1	1		2
生活用具	杖				1	2		3
	豆					1		1
	杯					1		1
乐器	葫芦笙					1		1
	编钟					3		3
装饰品	帽饰				1			1
	饰牌					2		2
	泡				1	1		2
	铜镯		2		1	8		11
其他	铁器			1			5	6
	铜铁复合器					4		4
	金器						2	2
	铜块	1	2		1			4
小计		1	5	1	22	69	7	105

说明：剑川海门口遗址共有10个文化层，年代跨度大，各取样地层有对应的年代分期，这与其他墓葬群根据考古类型学研究所得相对年代不能完全对应。故在此将剑川海门口遗址和其他墓葬的年代分别列出。

第三节 创新性

洱海地区青铜文化出现时间早，出土的青铜器种类较少，器形也比较简单，与青铜文化相对发达的滇池地区相比，一直未得到足够的重视。以往的研究工作侧重于文化和族属，对金属器物的分析仅仅集中在个别墓葬中的个别器物，缺乏系统和全面的审视，特别是对近些年新发现的金属器还很少涉及，诸多制作技术的细节问题都有待于进一步深化。

探明洱海地区青铜文化的基本情况，可以使云南地区青铜文化的渊源及相互之间的关系更加明晰，有助于从更宽广的视野去探索云南青铜文化的来源，再现青铜时代云南人民的生活和社会形态。探讨洱海地区青铜文化与其他地区青铜文化的关系，对了解它在云南乃至中国古代文明中的地位有重要的作用。因此，对洱海及周边地区出土金属器特别是青铜器的研究，对补充和丰富云南青铜文化都有重要意义。

首先，就已发表的资料来看，从科学分析的角度对洱海地区出土金属器特别是青铜器，尤其是近年来新发现的器物进行全面系统的研究，并系统揭示洱海地区金属器特别是青铜器的技术特征，在国内尚属首次，本研究将弥补洱海地区青铜时代冶金考古的不足。

其次，对一些重要技术和典型器物进行专题研究，如铜剑、铜铁复合器、铜钺、生产工具等，从技术角度结合器物类型进行分析研究，探索其来源、文化与技术内涵，在洱海地区金属器特别是青铜器研究方面也属新的尝试。

最后，本研究将对洱海地区金属器特别是青铜器制作技术进行与其他地区的青铜文化进行对比研究，这些研究结果可为进一步完善云南科技史增添新的一页。

第三章

洱海地区出土金属器的成分与金相检测

第一节 剑川海门口遗址

本研究对剑川海门口第三次发掘出土的 7 件金属器进行了取样分析，包括第三文化层的铁镯 1 件；第四文化层的铜镯 2 件、铜凿 1 件、铜块 1 件；第五文化层的铜块 1 件；第六文化层的铜块 1 件。这些器物出土时外观状态良好，表面极少锈蚀。表 3-1 是 6 件铜器样品的化学成分和金相鉴定结果，文物编号④、⑤、⑥代表第 4、第 5、第 6 文化层。

表 3-1　海门口第三次发掘出土铜器的成分和金相观察结果

实验编号	器物	文物编号	年代	合金成分（Wt%）铜	锡	铅	锑	金相组织	鉴定结果
9910	铜镯	2008JHAT1901④:2	公元前1100—前500年	93.6	4.9	0.2		等轴晶和孪晶组织，晶内有大量的滑移带	铜锡（铅）合金，热锻（见图3-1）
9914	铜镯	2008JHDT1304④:2	公元前1100—前500年	90.8	8.5			等轴晶和孪晶组织，晶内有滑移带	铜锡合金，热锻（见图3-4）
9912	铜凿	2008JHAT2104④:18	公元前1100—前500年	99.1	0.1			等轴晶和孪晶组织	铜（锡），热锻（见图3-2）

续表

实验编号	器物	文物编号	年代	合金成分（Wt%） 铜	锡	铅	锑	金相组织	鉴定结果
9915	铜块	2008JHAT2002④:2	公元前1100—前500年	98.7				红铜铸造组织，可见铜α晶粒	红铜，铸造（见图3-5）
9913	铜块	2008JHDT1103⑤:6	公元前1100—前500年	99.6				红铜铸造组织，可见铜α晶粒，局部有滑移带	红铜，铸后冷加工（见图3-3）
9916	铜块	2008JHAT2004⑥:4	公元前1800—前1200年	93.5			5.3	铸态组织，铜锑合金，α固溶体树枝晶，有铜锑相析出，含锑29%，铜67.7%，锡1.2%，有少量滑移带	铜锑合金，铸后冷加工（见图3-6）

6件铜器中有红铜3件、铜合金2件、铜锡锑合金1件。3件红铜包括1件铜凿和2个铜块，出自第四和第五文化层；2件铜锡合金是铜镯，均出自第四文化层，锡含量分别为4.9%和8.5%；铜锑合金是1件铜块，出自第六文化层，含锑5.3%；α固溶体呈树枝晶分布，有铜锑相析出，含锑29%、铜67.7%、锡1.2%。发掘者根据各地层出土器物和伴出物的情况，将第六文化层划为海门口遗址第二期，年代为距今3800—3200年，第四、五地层划为海门口遗址第三期，年代为距今3100—2500年。从第六到第五、四文化层，铜器的合金类型依次是铜锑合金、红铜和铜锡合金。这些器物较小，形制简单，合金配比也体现了早期金属技术的特点。

这6件铜器中，有2件铜镯、1件铜凿为热锻，3件铜块均为铸造（其中2件为铸后进行过轻微冷加工）。

铜镯（9910）和铜镯（9914）均出自第四文化层，金相组织为等轴晶和孪晶，热锻成形，晶内有大量滑移带。铜凿（9912）也出自第四文化层，金相组织均为等轴晶和孪晶，系热锻而成。铜块（9915）为第四文化层出土，金相组织显示为红铜铸造组织，未见后期加工痕迹。铜块（9913）为第五文化层出土，金相观察表明为铸态组织，局部有滑移带，说明经过了铸后冷加工。铜块（9916）为第六文化层出土，铸造铜锑合金α固溶体树枝晶，偏析明显，有小颗粒析出相，局部有锈蚀现象，晶内有少量滑移带，铸后进行了轻微冷加工（又见图3-1到图3-6）。

图3-1 铜镯（9910）金相组织

图3-2 铜凿（9912）金相组织

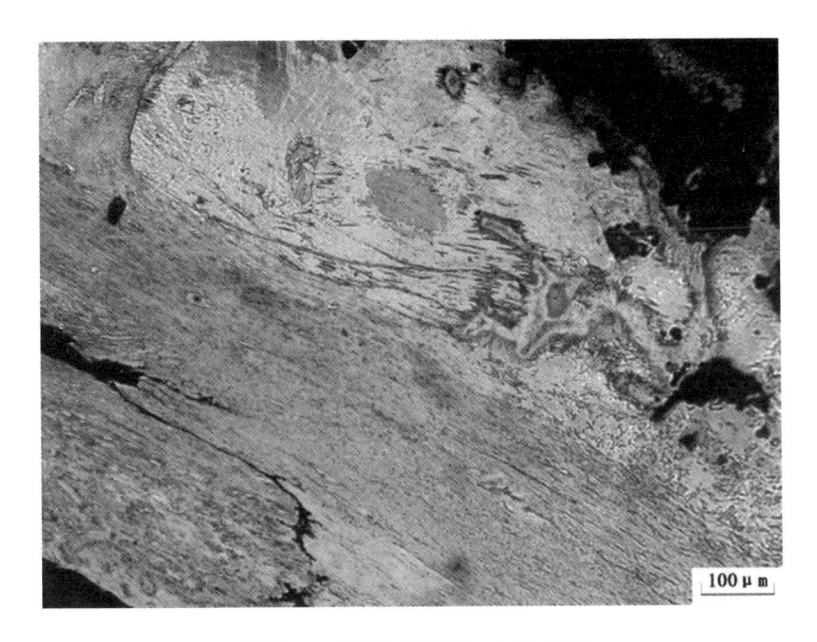

图3-3 铜块（9913）金相组织

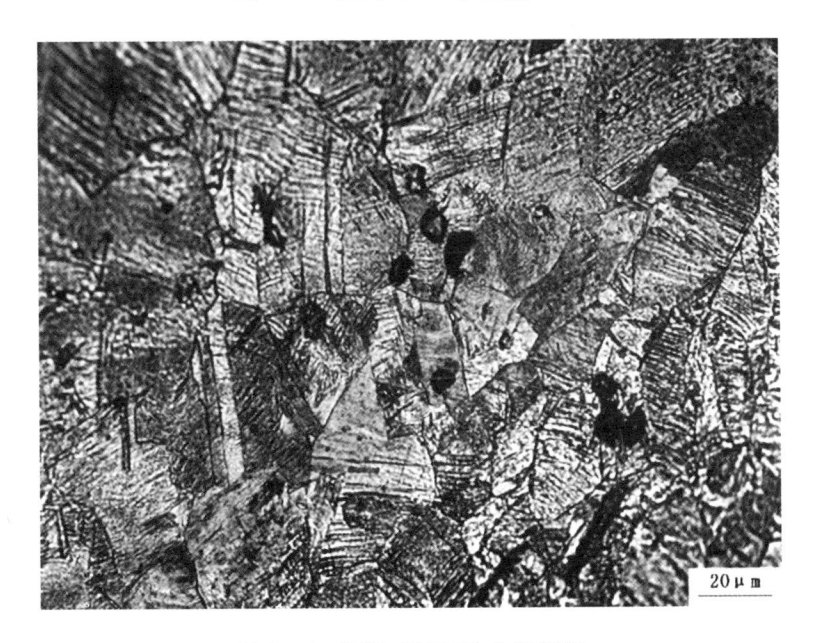

图3-4 铜镯（9914）金相组织

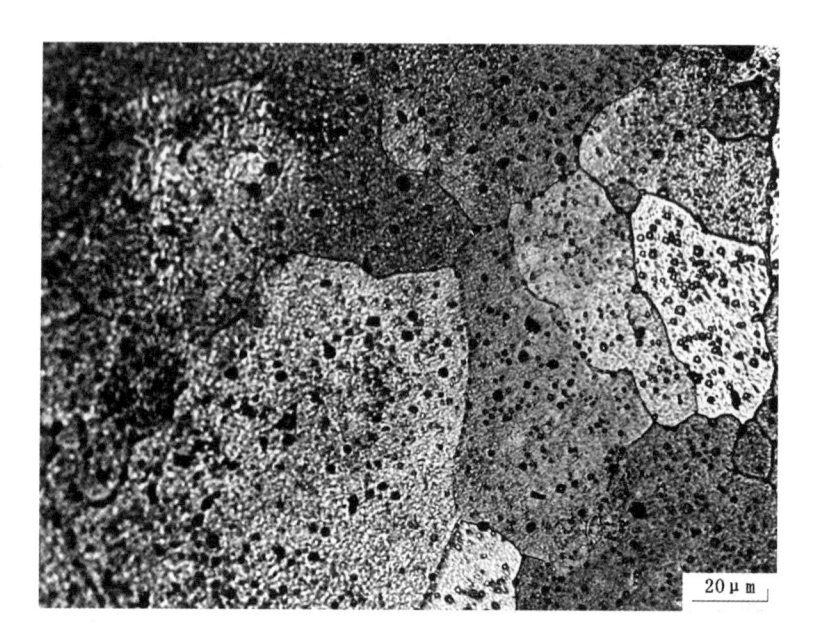

图 3-5 铜块（9915）金相组织

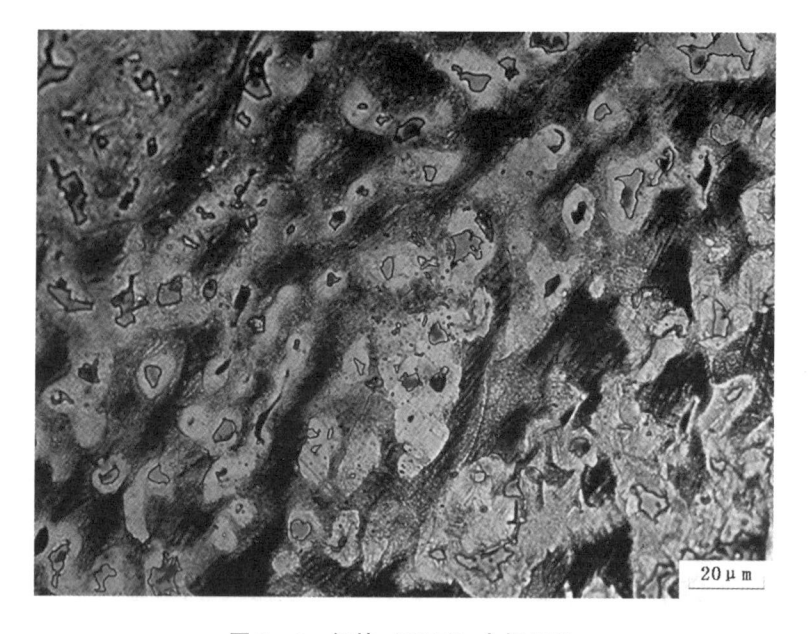

图 3-6 铜块（9916）金相组织

铁镯样品出自第三文化层（公元前400—前100年），含铁99.7%、硅0.3%。金相组织观察发现，基体为铁素体（见图3-7），经扫描电镜分析有呈带状分布的氧化亚铁和硅酸盐夹杂（见图3-8、图3-9），夹杂物成分分析结果见表3-2。各种元素含量不均匀，磷、钙、锰等元素有较大的波动，夹杂物沿加工方向延伸，其成分显示为铁高硅低。捷吉·皮亚斯科夫斯基（Jerzy Piaskowsky）[1]认为块炼铁中夹杂物一般较大，体积百分含量为3.5%或更高，硅和锰仅以微量元素出现，常常与其他元素结合在一起形成夹杂；块炼铁的金相组织为铁素体，组织较纯净，夹杂物有氧化亚铁，特征为所占体积较多、变形量小，硅酸盐基体上有圆球状的氧化亚铁颗粒，夹杂物元素成分铁高硅低，各种元素含量不均匀，特别是磷、钙、锰等元素有较大的波动，沿加工方向延伸。这件铁镯器形较小、形制简单、质地柔软，是经加热锻打、挤出夹杂物，改善机械性能而制成的块炼铁制品。

图3-7 铁镯（9911）金相组织

---

[1] Piaskowski, J., Distinguishing between Directly and Indirectly Smelted Iron and Steel, *Archaeomaterials*, 1992（6）.

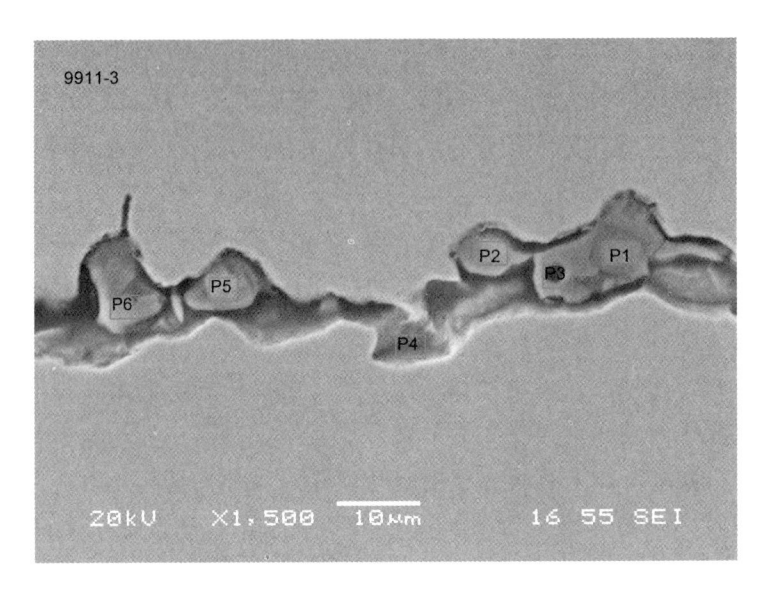

图3-8 铁镯夹杂物（9911—1）

扫描电镜二次电子像

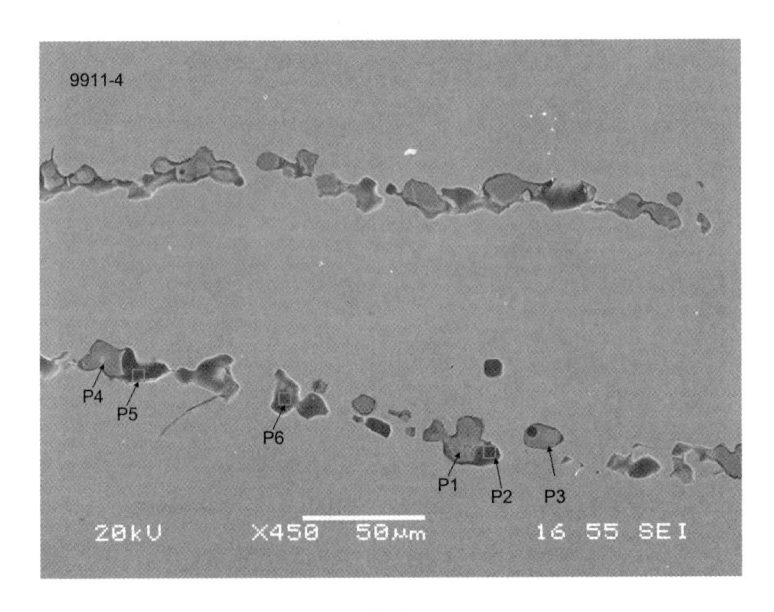

图3-9 铁镯夹杂物（9911—2）

扫描电镜二次电子像

表3-2　　　　　　铁镯（9911）夹杂物成分分析结果

分析区域	分析点	成分（Wt%）						
		铁	氧	硅	镁	铝	磷	钾	钙
9911—1	P1	39.9	32.1			28.1			
	P2	57.3	27.7	13.8		1.2			
	P3	75.4	10.5	14.1					
	P4	91.0	7.3	0.6					1.1
	P5	55.9	29.2	13.5			1.5		
	P6	56.5	28.8	13.2		0.5	1.0		
9911—2	P1	51.5	29.1	13.1	0.8	2.0	1.8	0.7	1.1
	P2	47.4	16.2	15.6	1.7	4.5	5.5	2.7	5.1
	P3	81.4	10.2	1.4	1.9				3.2
	P4	58.5	25.2	10.1		3.0	2.4	1.0	
	P5	50.8	28.5	13.2		2.9	2.4	1.1	1.0
	P6	84.3	9.6	1.6	2.3				2.2

第三次发掘地层关系明确，出土的金属器包括红铜、铜锡合金、铜锑合金、块炼铁，金属器中的块炼铁和铜锑合金是本次研究的新发现。

第二节　剑川鳌凤山古墓

剑川鳌凤山墓葬群分为上下两层，上层为瓮棺葬和火葬墓，下层为土坑墓。土坑墓又分为A、B两类：A类为下层土坑墓，B类多分布在A类墓周围，为上层土坑墓。本研究所取3件铜器样品，均出自土坑A类墓，包括镯2件，剑鞘头1件。表3-3是3件样品的合金成分和金相鉴定结果。

成分分析表明，有2件为铜锡铅合金，1件为铜锡合金。铜锡铅合金的锡含量分别为10.4%、14.7%，铅含量分别为6.2%、7.6%；铜锡合金的锡含量更高达20%以上，基体有自由铜颗粒沉积。这3件

表3-3　　剑川鳌凤山出土铜器成分分析和金相鉴定结果

实验室编号	名称	年代	合金成分（Wt%）铜	锡	铅	硫	金相鉴定结果
9830b	剑沙 M156:14，铜镯	战国末至西汉初期	79.1	20.4		0.4	铜锡合金，铸造，基体为α固溶体与（α+δ）共析体，部分共析体锈蚀，有铅颗粒分布及自由铜沉积（见图3-10）
9936	剑沙 M156:19，铜镯	战国末至西汉初期	77.7	14.7	7.6		铜锡铅合金，铸造，有铅颗粒分布和硫化物夹杂（见图3-13）
9833	剑沙 M50:4，剑鞘头	战国末至西汉初期	80.5	10.6	6.2		铜锡铅合金，铸后热锻+冷加工，有滑移带，有大量铅颗粒分布，有硫化物夹杂，基体砷分布不均匀（见图3-11、图3-12）

器物均含有少量的硫和铅颗粒夹杂，说明炼铜很可能使用了含硫的铜矿石。基体有部分共析体沿晶界锈蚀。剑鞘（9833）为铜锡铅合金，出土于土坑墓M50，该墓为合葬墓，有人骨两具，仰身直肢者系老年男性，面向上，下肢伸直并拢，上肢伸直放于身侧；侧肢微屈者在其西侧，系中年女性，下肢微屈，上肢屈于胸前。仰身直肢者头端和右肩随葬铜剑2件，铜剑鞘和铜钺各1件（见图3-14），可见兵器在墓主人生前的生活中起着重要的作用。另外，侧肢女性可能是陪葬，说明这一墓葬的等级相对较高。

2件铜镯均出于M156，铜镯（9830b）为高锡青铜，铜镯（9936）为铜锡铅合金，属于ＡⅠ式镯，用宽2—6厘米的铜片弯曲成扁平状制成，表面饰有点线纹和乳钉纹。两种不同类型的合金在同一墓葬中出现，可能暗示该地区青铜合金技术正逐步趋于多样化（又见图3-10、图3-13）。

金相检测表明，这3件器物中2件铜镯为铸造而成，基体组织为（α+δ）共析体；剑鞘（9833）金相组织中有大量等轴晶和孪晶，铅颗粒沿加工方向被拉长，孪晶颗粒内还有较多的滑移带，说明热锻后进行了冷加工。这种加工方式能提高兵器的硬度和延展性。3件铜器的制作技术已体现了相对成熟的特征（又见图3-11、图3-12）。

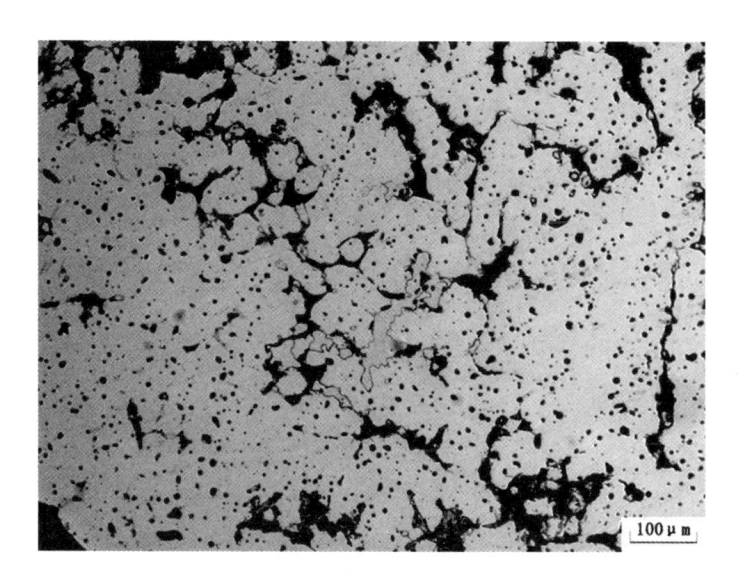

图3-10 铜镯（M156:14）9830b 金相组织

铜锡合金，铸造，有（α+δ）共析体，部分共析体锈蚀，
有自由铜和铅颗粒

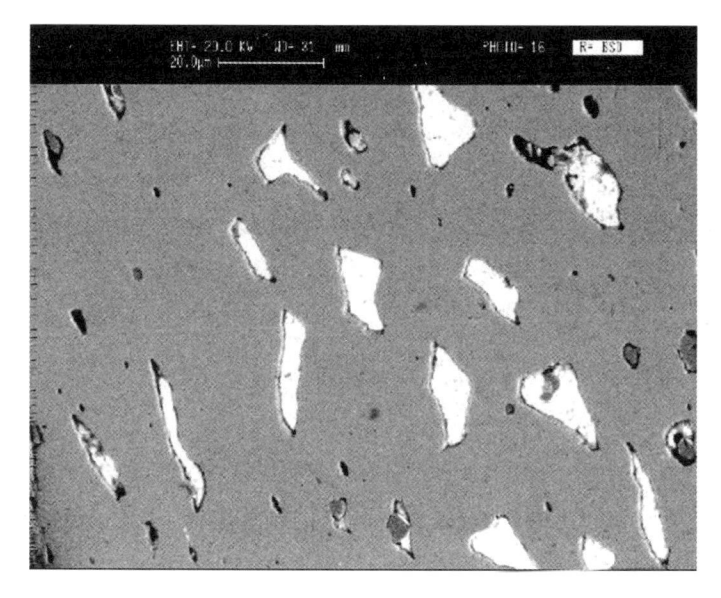

图3-11 剑鞘（9833）扫描电镜背散射电子像

铜锡铅合金，有大量铅颗粒分布

图3-12 剑鞘（9833）金相组织

铸后热锻+冷加工，有大量滑移带，有部分铅颗粒锈蚀

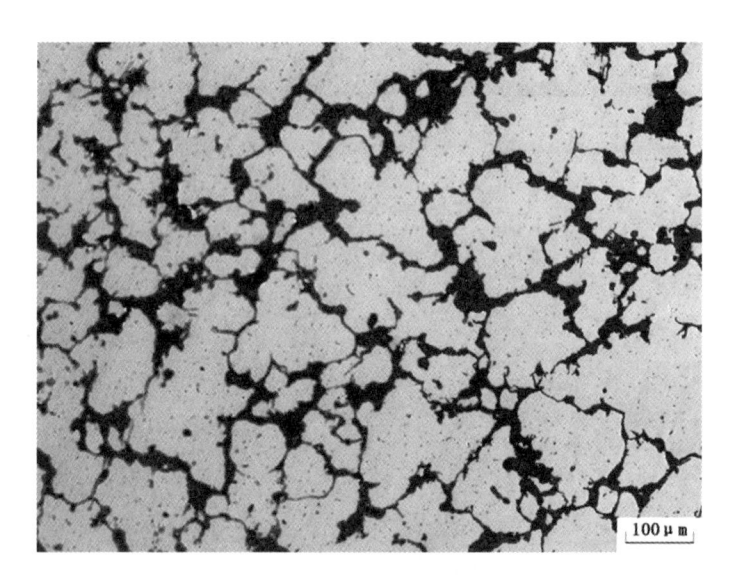

图3-13 铜镯（M156:19）9936金相组织

铜锡铅合金，铸造，($\alpha+\delta$）共析体沿晶界锈蚀

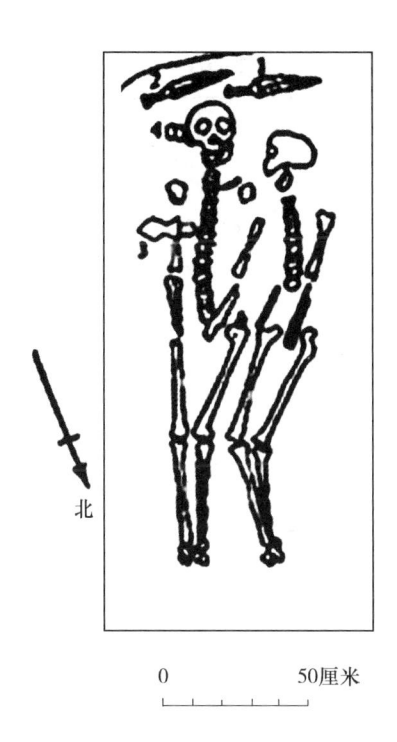

第三章　洱海地区出土金属器的成分与金相检测 ◆◆◆

图 3-14　剑川鳌凤山 M50 平面
1、2. 铜剑　3. 铜钺　4. 铜剑鞘①

第三节　祥云检村墓葬群

该墓葬群出土（含采集）的铜器有兵器、生产工具、生活用具、装饰品以及乐器。本研究共得到 17 件样品，包括兵器 7 件，均为矛；生产工具 5 件，有锥 1 件、锸 2 件、锄 1 件，凿 1 件；生活用具 2 件，包括 1 件镈和 1 件豆；乐器 3 件，均为编钟，基本代表了所出器物的种类。表 3-4 是这批样品的化学成分分析及金相观察结果。

---

① 云南省文物考古研究所：《剑川鳌凤山古墓发掘报告》，《考古学报》1990 年第 2 期。

表 3-4　　祥云检村出土铜器的成分及金相鉴定结果

实验编号	名称	年代	合金成分（Wt%） 铜	锡	铅	锑	铁	金相鉴定结果
9846	M5 矛 尖峰部	战国晚期至西汉早期	94.2	3.8				铜锡合金，基体为α固溶体与（α+δ）共析体，有大量滑移带。
9855	M1 矛 尖锋部		95.0	5.1				铜锡合金，基体为α固溶体与（α+δ）共析体，局部有滑移带，有铅颗粒、硫化物夹杂，有锡的氧化物分布（铜59.3%，锡30.5%，氧7.7%）（见图3-22、图3-30）
9851	M1 矛 刃部		99.9		0.1			铜（铅），铸造，局部有滑移带，有硫化物和铅颗粒夹杂，有锡的氧化物分布（铜26.7%，锡64%，氧9.2%）（见图3-20、图3-29）
9853	M1 矛 銎尾部		93.9	6.2				铜锡合金，基体为α固溶体与（α+δ）共析体，有硫化物和铅颗粒夹杂
9849	M3 矛 刃部		99.9		0.1			铜（铅），铸造，有硫化物和铅颗粒夹杂（见图3-19）
9854	M3 矛 尖峰部		99.1	1.0				铜（锡），铸造，有硫化物和铅颗粒夹杂，有铜锡化合物分布（铜66.6%，锡30%）
9840	M5 矛 刃部		99.6					铜（锡），铸造，局部有滑移带，有高锡相（SnO$_2$）（铜32.1%，锡56.1%，氧11.8%）分布（见图3-25）
9841	锥 尖峰部		98.7	0.6			0.3	铜（锡）（锑），铸后冷加工，有高锡相（铜7.9%，锡87.5%，铁4.5%）（见图3-15、图3-31）
9852	M1 锸 刃部		98.8	0.3	0.7		0.1	铜（锡）（锑），铸后局部冷加工，局部有锡偏析，有硫化物夹杂（见图3-21）

续表

实验编号	名称	年代	合金成分（Wt%） 铜	锡	铅	锑	铁	金相鉴定结果
9842	M31 锸 刃部	战国晚期至西汉早期	99.2	0.7				铜（锡），铸后冷加工，有含铜和锑的高锡相（铜7.9%，锑4.9%，锡86.6%）（见图3-26）
9844	M32 锄 刃部		99.8				0.2	红铜，铸造，有高铁相分布（铜25.3%，铁56.1%，氧18.7%）（见图3-27）
9845	M1 编钟2#钮底部		87.0	11.1	1.6			铜锡（铅）合金，基体为α固溶体与（α+δ）共析体，铸后冷加工，有滑移带，有硫化物和铅颗粒夹杂（见图3-16）
9847	M1 编钟1#钮部		91.5	6.0				铜锡合金，铸后冷加工。有硫化物、铅颗粒夹杂以及少量含砷的夹杂物（见图3-17）
9848	M1 编钟3#钮底部		81.1	14.9	1.7		0.3	铜锡（铅）合金，基体为α固溶体与（α+δ）共析体，铸后冷加工，局部有滑移带，含砷的硫化亚铁夹杂、硫化物和铅颗粒夹杂（见图3-18、图3-28）
9850	M19 凿 銎部		98.8	0.8			0.2	铜（锡），铸后冷加工
9856	M1 镈 颈部		99.9	0.1				铜（锡），红铜铸造组织，可见铜α晶粒，局部冷加工，有硫化物夹杂，有含锡的氧化物分布（铜8.7%，锡77.8%，氧13.5%）（见图3-23）
9857	M1 豆 底部		98.8	0.6	0.3		0.2	铜（锡）（锑），红铜铸造α固溶体晶粒，有含锡的析出相（铜89.7%，锡9.5%）（见图3-24）

从合金成分来看，主要是红铜，共11件，包括锸2件、铜矛4件，锥、锄、凿、镈、豆各1件，基体中含有微量的锡、铅、锑等元素；铜锡合金6件，包括3件编钟和3件铜矛，根据器物功能的不

同，这6件铜器的锡含量有差异，其中3件编钟的锡含量较高都在5%以上。5件生产工具，包括铜锥1件、铜锸2件、锄1件、凿1件，均为红铜。另外，分析的6件铜锡合金以及具有中原文化风格的铜镈、铜豆等器形相对复杂的器物均出自祥云检村1号墓，从技术上来看，该墓可能较之其他墓葬时间晚。

从器物类别来看，兵器共7件均为矛，红铜4件、铜锡合金3件，均出自祥云检村1号墓，锡含量分别为3.8%、5.1%和6.2%。兵器为红铜和低锡青铜两种材质并用。生产用具包括锥、锸、锄、凿，均为红铜制品，且表面有加工使用的痕迹，这些器物应是实用器，然而，对生产工具的制作还没有掌握好合金配比和用途的关系。生活用具镈和豆，也都为红铜。生产工具均为红铜，乐器和部分兵器为铜锡合金，这种现象，一方面，说明当时的合金技术已经发展到了青铜阶段；另一方面，铜锡合金的铸造还不普遍，绝大多数工具和兵器仍以红铜为主。

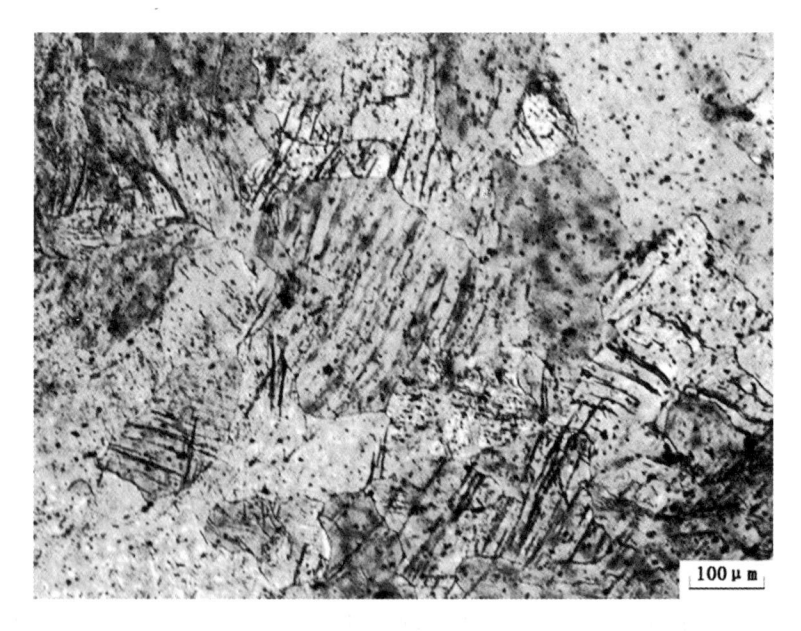

图3-15 锥（9841）金相组织

红铜，铸后冷加工，局部有滑移带

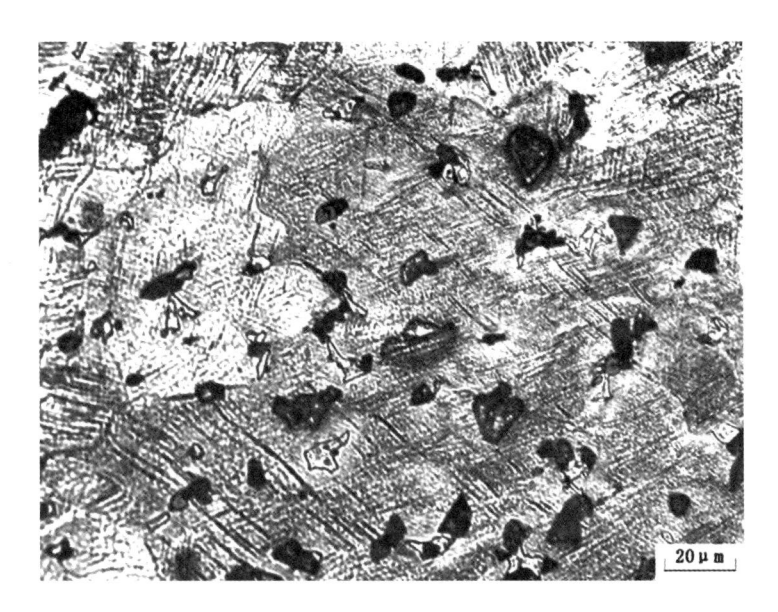

图 3-16 编钟 2# (9845) 金相组织

铜锡(铅)合金,铸后冷加工,有滑移带

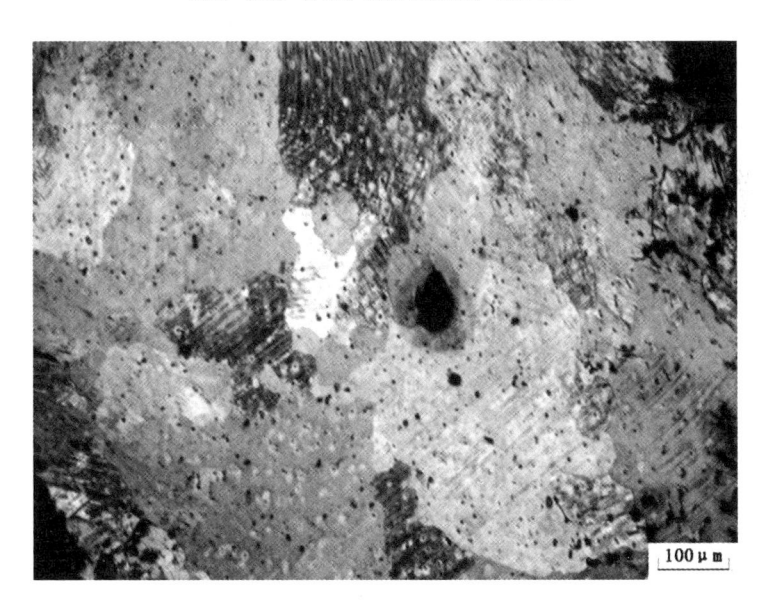

图 3-17 编钟 1# (9847) 金相组织

铜锡合金,铸后冷加工,有大量滑移带

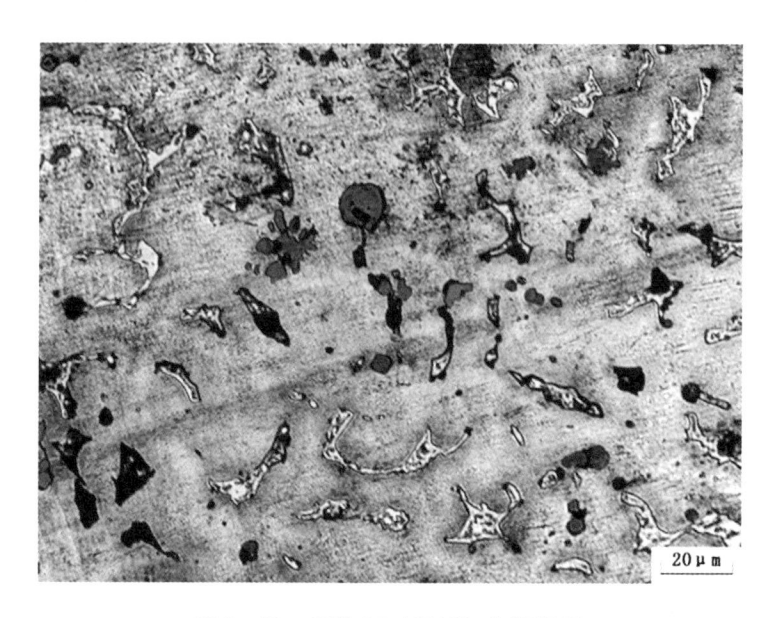

图 3-18 编钟 3# (9848) 金相组织

铜锡（铅）合金，铸后冷加工

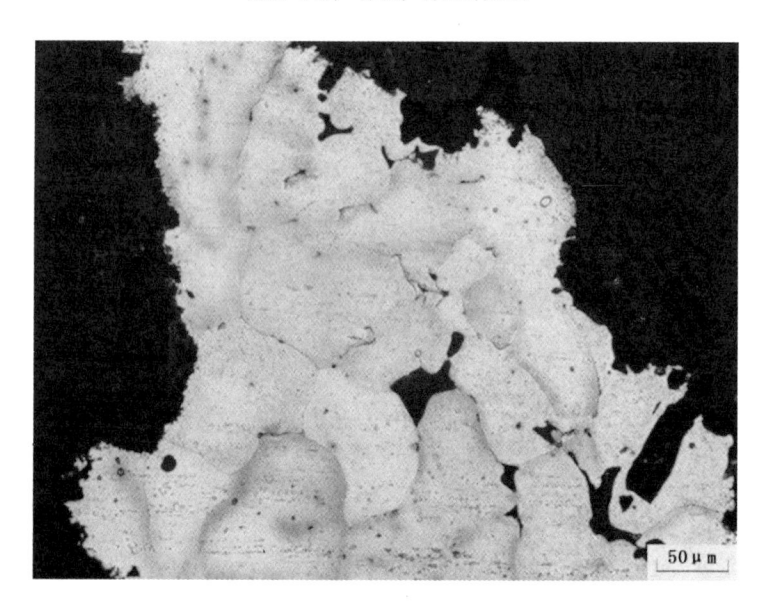

图 3-19 矛 M3 (9849) 金相组织

红铜，铸造

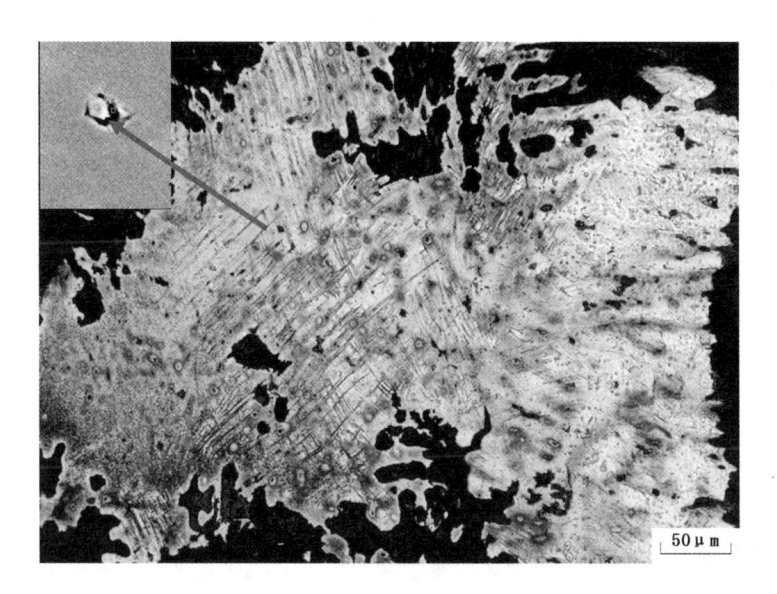

第三章 洱海地区出土金属器的成分与金相检测

图 3-20 矛 M1（9851）金相组织

红铜，铸造，局部有滑移带，高锡相

图 3-21 锸 M1（9852）金相组织

铜（锡、锑），铸造，局部有滑移带，可见锡的偏析

图3-22 矛M1（9855）金相组织

铜锡合金，铸后冷加工，局部有滑移带

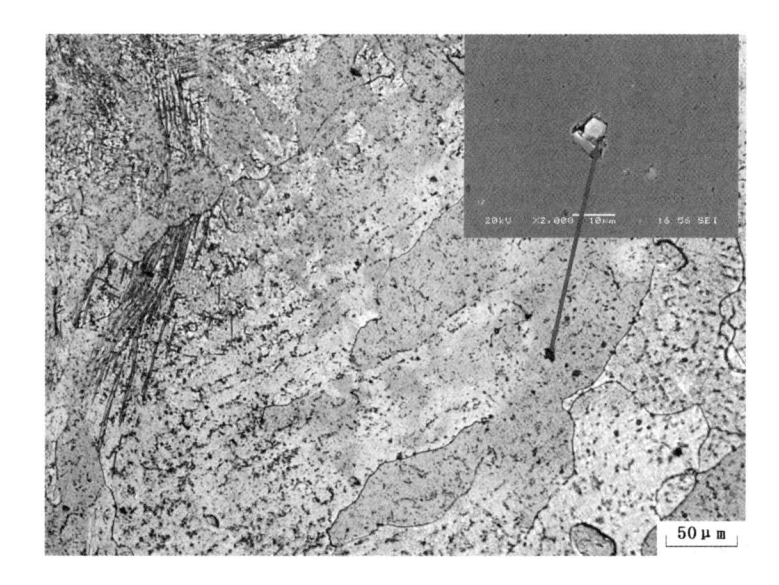

图3-23 镞M1（9856）金相组织

红铜，铸造，局部有滑移带，高锡相

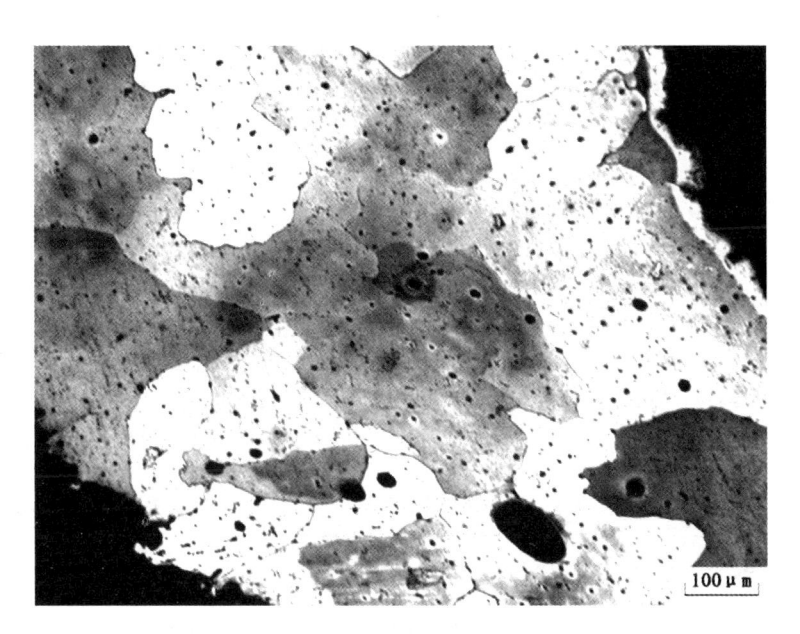

图 3-24 豆 M1（9857）金相组织

红铜，铸造

从加工工艺上来看，这 17 件器物均为铸造成形，12 件样品中有大量滑移带，包括矛 4 件，锸 2 件，编钟 3 件，凿、镈、锥各 1 件，说明进行了铸后冷加工，应是打磨修整或是使用过程中留下的痕迹。

夹杂物成分分析表明，有 8 件样品中有含锡的第二相分布，锡含量均较高，最高可达到 87.5%。根据其成分判断，有 5 件为铜锡化合物；3 件为二氧化锡（SnO_2）夹杂，这种现象说明当时的工匠可能在探索制作锡青铜，在纯铜中加入了少量的锡石，试图得到铜锡合金，当时的铸造水平应处于锡青铜铸造的初级阶段。有 1 件样品（9844）有高铁相，含铁 56.1%。另外，10 件样品中均检测到硫化物和铅颗粒夹杂。

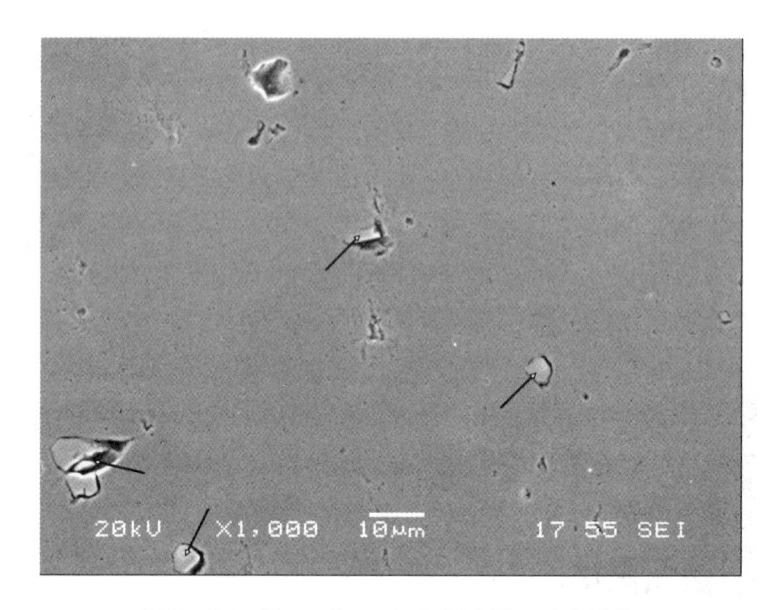

图 3-25 矛 M5（9840）扫描电镜二次电子像
高锡相

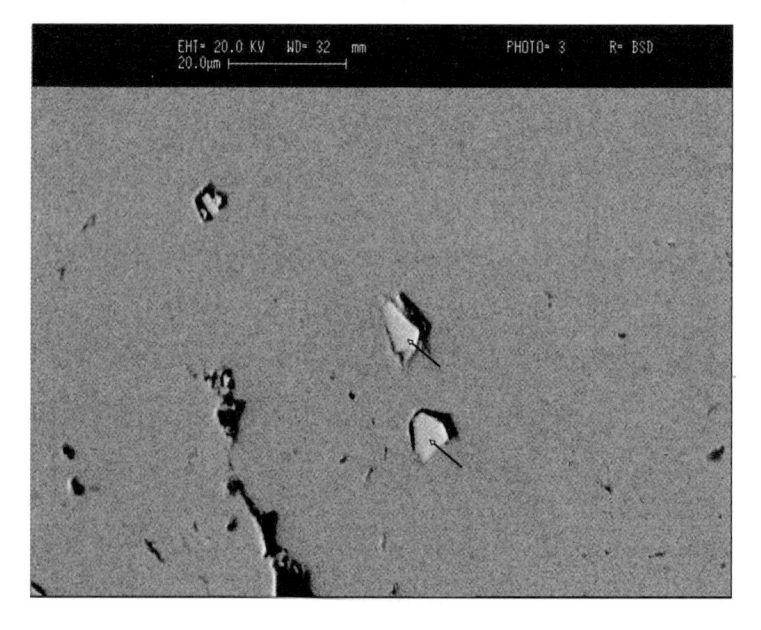

图 3-26 锸 M31（9842）扫描电镜背散射电子像
高锡相

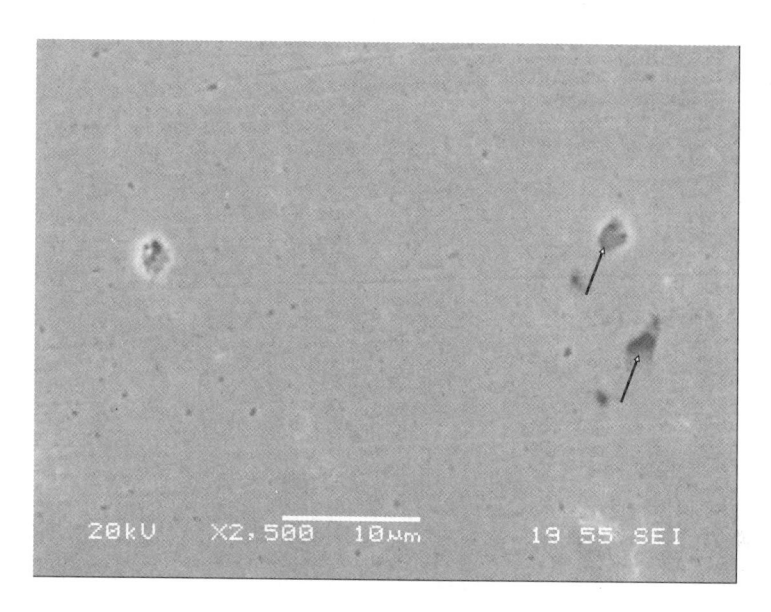

第三章 洱海地区出土金属器的成分与金相检测

图 3-27 锄 M32（9844）扫描电镜二次电子像

高铁相（含铁 56.1%）

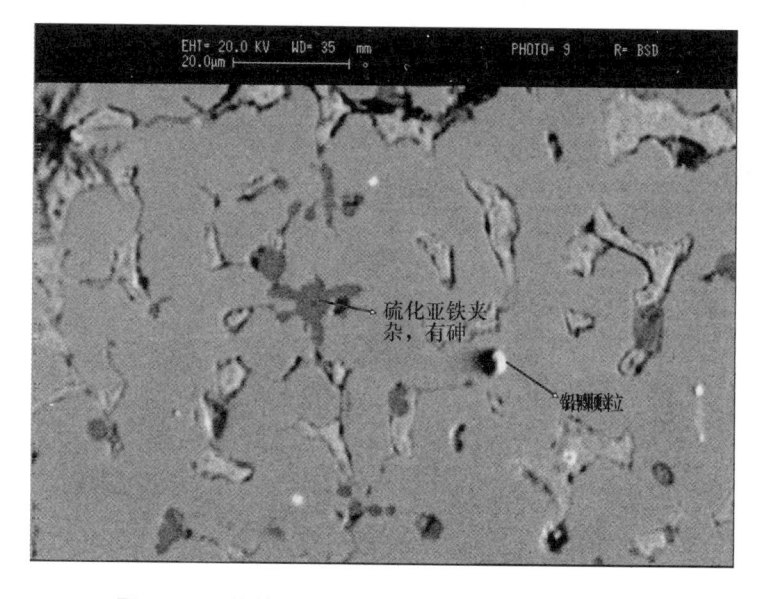

图 3-28 编钟 3#（9848）扫描电镜背散射电子像

含砷的硫化物夹杂、铅颗粒

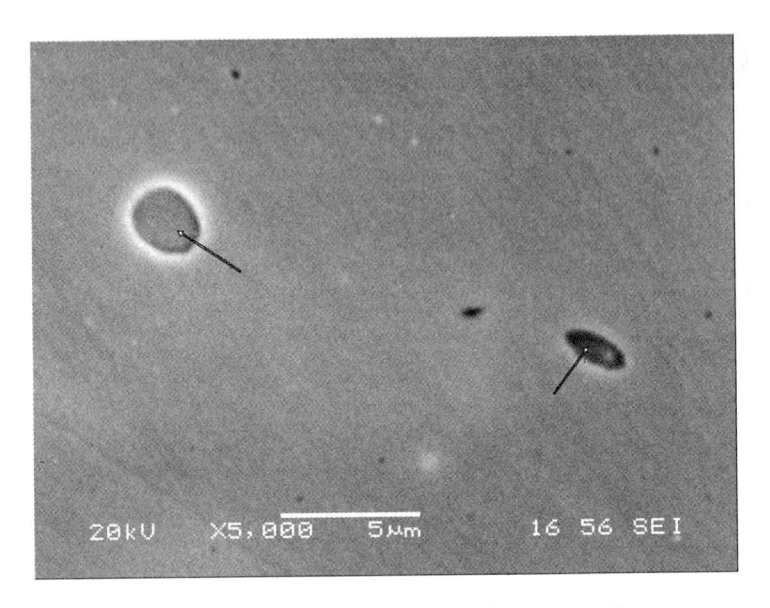

图 3-29 矛 M1（9851）扫描电镜二次电子像

硫化物夹杂

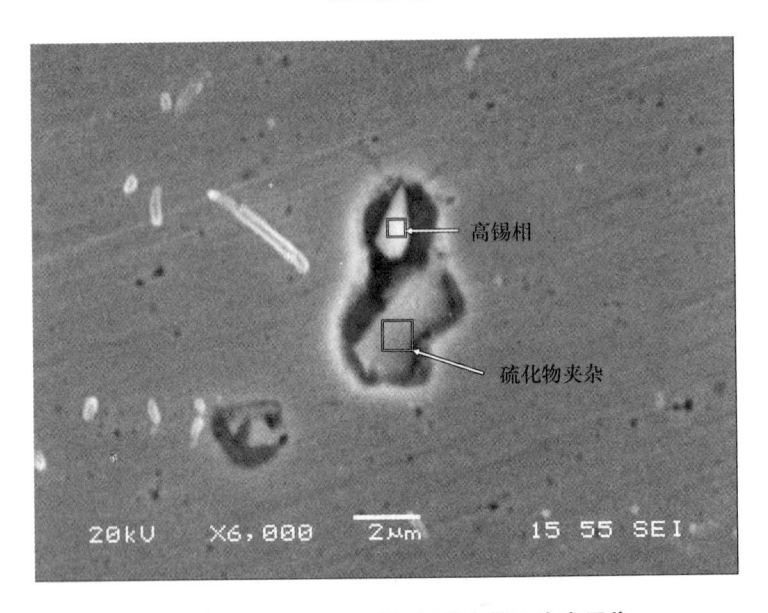

图 3-30 矛 M1（9855）扫描电镜二次电子像

高锡相、硫化物夹杂

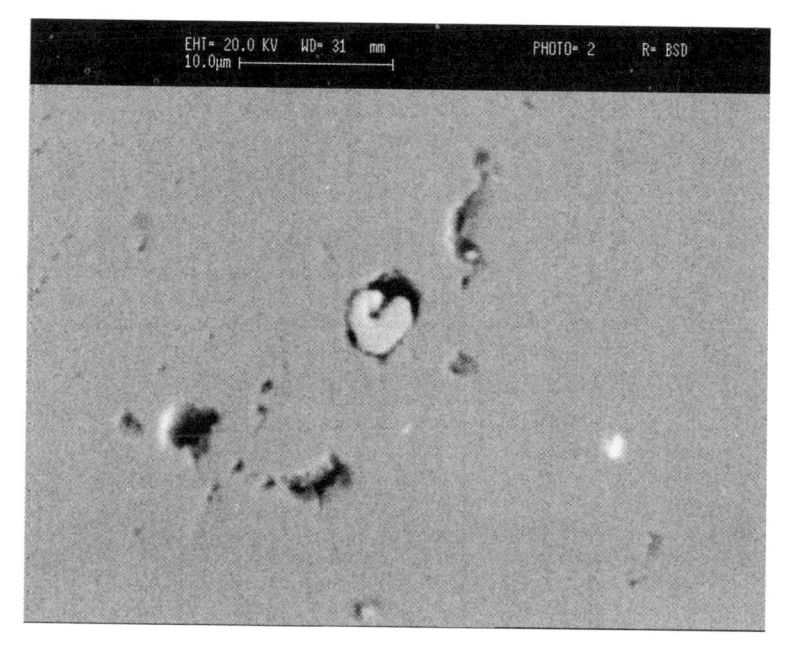

第三章 洱海地区出土金属器的成分与金相检测 ◆◆◆

图3-31 锥（9841）扫描电镜背散射电子像
高锡相

祥云检村分析的金属器种类相对较多，材质包括红铜11件，铜锡合金6件；均为铸造而成，其中有12件器物包括兵器、生产工具和乐器类器物有铸后冷加工的痕迹，且其形制较大，说明这些器物应是实用器。从器物类型和合金成分的关系来看，祥云检村墓葬群出土的铜器处在从红铜向锡青铜逐渐发展的过渡阶段。

第四节 祥云红土坡墓葬群

器物类型主要包括生产工具、生活用具、乐器和兵器四大类。本研究对18件器物进行取样，获得样品19件，包括铜矛7件、铜钺1件、铜锄1件、饰牌1件、葫芦笙1件、铁制品6件、金饰片2件，基本代表了该墓葬群出土器物的种类。表3-5是样品的合金成分分析和金相观察结果。

表3-5　　　祥云红土坡墓葬群出土金属器的化学
成分分析及金相观察结果

实验编号	名称	年代	分析方式	合金成分（Wt%）					金相鉴定结果
				铜	锡	铅	砷	铁	
9810	M56镀锡矛，鎏柄部	战国晚期至西汉早期	面扫描	98.9		0.5			基体为铜（铅），铸造，基体有受热组织，有5.7μm的镀锡层（见图3-32、图3-33、图3-38）
			微区1	38.2	61.8				
			微区2	60.6	39.4				
			微区3	70.8	10.8			18.4	
9821	M62镀锡矛刃部		面扫描	95.5	4.5				铜锡合金，基体为α固溶体与（α+δ）共析体，铸造，表面有镀锡层，有硫化物夹杂（见图3-34、3-35、3-40）
9813	M56矛柄部		面扫描	99.3					红铜，铸造，晶体沿加工方向变形，局部有树枝状砷偏析，边界有锈蚀层，基体有铜铁混合物和铜砷混合物，有铸造缩孔（见图3-36、3-37）
9811	矛刃部		面扫描	96.7	1.2	0.6			铜（锡）（铅），铸后冷加工，有滑移带，有铅颗粒
9822	矛刃部		面扫描	87.7	12.1				铜锡合金，基体为α固溶体与（α+δ）共析体，铸后冷加工，有大量滑移带，有硫化物夹杂（见图3-41）
9824	矛刃部		面扫描	91.9	8.2				铜锡合金，基体为α固溶体与（α+δ）共析体，铸后冷加工，有大量滑移带，有含锡和铁的硫化物夹杂（见图3-42、图3-43）
9825	矛鎏部		面扫描	89.9	10.2				铜锡合金，基体为α固溶体与（α+δ）共析体，铸后冷加工，局部有滑移带，有铅颗粒和硫化物夹杂

续表

实验编号	名称	年代	分析方式	合金成分（Wt%）					金相鉴定结果
				铜	锡	铅	砷	铁	
9812	钺刃部	战国晚期至西汉早期	面扫描	94.7	5.4				铜锡合金，基体为α固溶体与（α+δ）共析体，部分共析体锈蚀，有铅颗粒和硫化物夹杂，铸后冷加工，基体沿加工方向拉伸，局部有滑移带（见图3-39）
9817	M47 尖叶形锄刃部		面扫描	98.4				1.7	红铜，铸造组织，有含铜、铁的硫化物夹杂和铅颗粒夹杂
9826	饰牌		面扫描	91.4	7.2	0.8			铜锡合金，基体为α固溶体与（α+δ）共析体，有硫化物夹杂（见图3-44）
9827	葫芦笙		面扫描	93.2	6.1			0.1	铜锡合金，基体为α固溶体与（α+δ）共析体，局部有滑移带，硫化物夹杂（见图3-45）
9814	M65 铁剑刃	西汉中晚期	面扫描					98.4	基体锈蚀严重，有铜颗粒夹杂，有FeO和硅酸盐共晶夹杂（见图3-46）
9815a	M65 铁环断口处		面扫描					99.2	铁素体及晶界珠光体，折叠锻打，主要为硅酸盐夹杂（见图3-47）
9815b	M65 铁环环处		面扫描					99.6	珠光体和铁素体，折叠锻打，有大量孔洞，有硅酸盐夹杂（见图3-48、图3-49）
9816	M88 铁夹		面扫描					99.6	珠光体和网状铁素体，有硅酸盐夹杂（见图3-50、图3-51）
9819	M88 2# 铁夹		面扫描					98.3	铁素体基体，硅酸盐夹杂，低碳钢（见图3-52）
9820	M69 铁夹		面扫描					100	基体为铁素体，组织不均匀，局部有珠光体组织，有硅酸盐夹杂（见图3-53）

从材质来看，红铜4件，包括3件铜矛（其中1件为镀锡铜矛），1件尖叶形铜锄；铜锡合金7件，包括4件矛（其中1件为镀锡矛），1件钺、1件铜饰牌、1件葫芦笙。

铜矛 M56（9810）基体为红铜，表面呈银白色光泽，扫描电镜能谱分析发现，这件样品横断面有富锡层，与基体存在明显的分界，富锡层厚度平均为 5.7μm，在镀层中又有明显的分层现象，镀锡层分两层，内层颜色深，外层颜色浅，即铜含量 38.2%，外层锡含量 61.8%，对应于 η 相（Cu_6Sn_5）的成分铜 39%，锡 61%；内层锡含量 39.4%，铜含量 60.6%，对应于 ε 相（Cu_3Sn）的成分，铜 62%，锡 38%。η、ε 相是镀锡层与铜基体接触后互有扩散，基体中的铜溶解扩散至锡中形成的。这也是器物表面经热镀锡处理的直接证据[①]（又见图 3-32、图 3-33）。

铜矛 M62（9821）也发现与上述镀锡矛相同的金相学特征，其内部分层结构相同，镀层厚度为 5.2μm，在镀层与基体的接合处，有树枝状晶沿晶界锈蚀（又见图 3-34、图 3-35）。

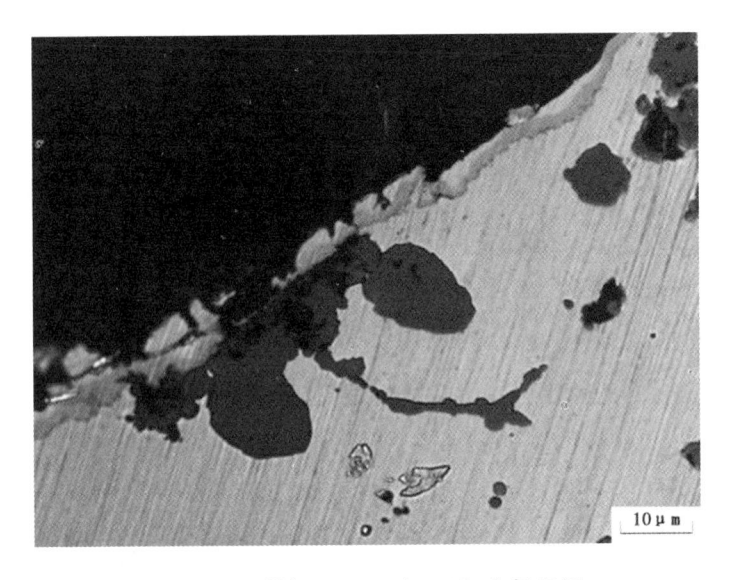

图 3-32 镀锡矛 M56（9810）金相组织
红铜表面镀锡

[①] 韩汝玢、孙淑云、李秀辉、潜伟：《中国古代铜器的显微组织》，北京科技大学冶金与材料史研究所、北京科技大学科学技术与文明研究中心主编《中国冶金史论文集（4）》，科学出版社 2006 年版，第 61—81 页。

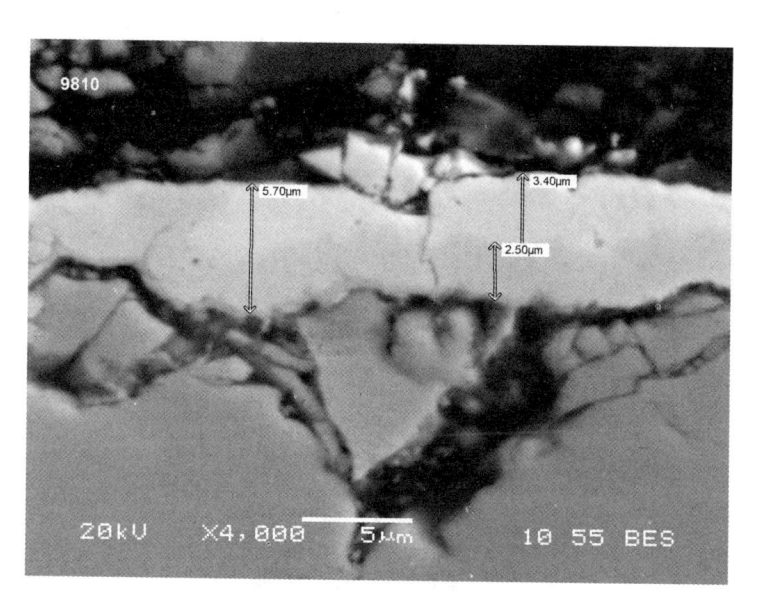

第三章 洱海地区出土金属器的成分与金相检测

图 3-33 镀锡矛 M56（9810）扫描电镜背散射电子像
镀锡层内部结构

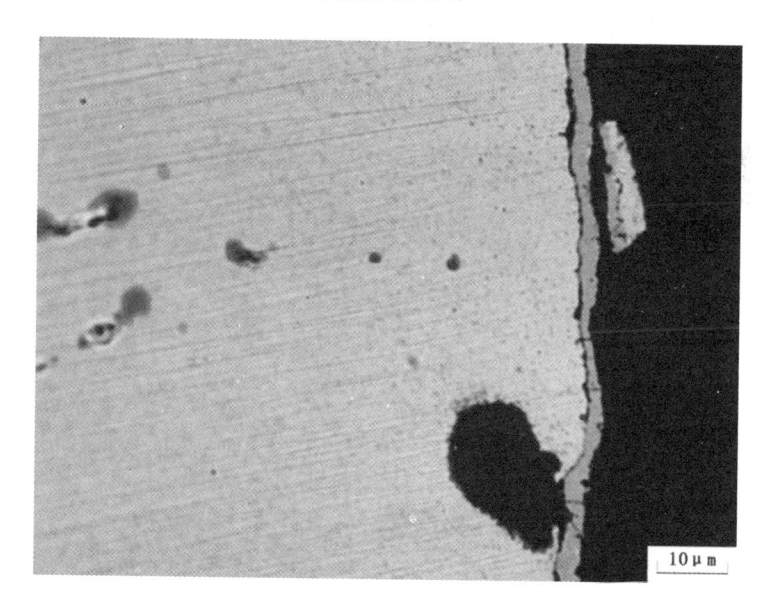

图 3-34 镀锡矛 M62（9821）金相组织
铜锡合金，表面有镀锡层

◆◆◆ 云南洱海地区出土青铜时代金属器的技术研究

图 3-35 镀锡矛 M62（9821）扫描电镜背散射电子像
镀层与基体结合处的腐蚀带

铜矛 M56（9813）基体为红铜，边界有锈蚀层，基体内有铜铁混合物以及铜砷混合物（平均铁含量 12.2%、平均砷含量 21.7%）（又见图 3-36、图 3-37）。

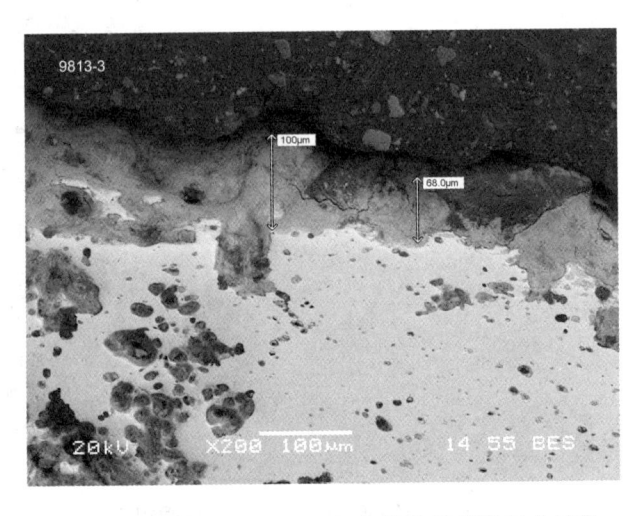

图 3-36 铜矛 M56（9813）扫描电镜背散射电子像
边界锈蚀层

· 86 ·

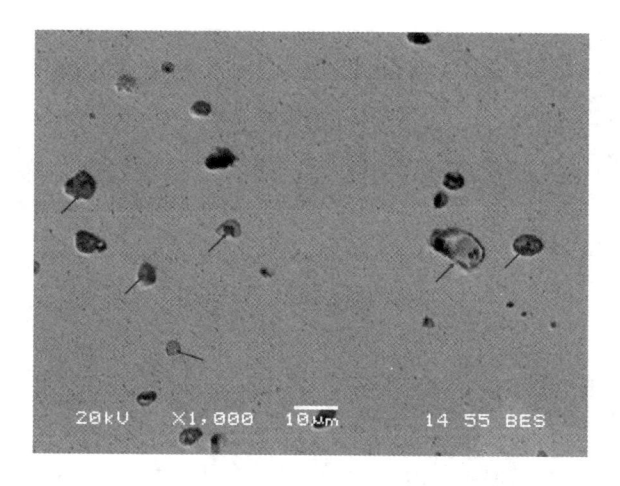

图 3-37　铜矛 M56（9813）扫描电镜背散射电子像

箭头所指均为铜砷混合物夹杂

11 件铜器中有 8 件是兵器（矛 7、钺 1），鉴定部位主要在刃部。从金相组织来看，4 件矛和 1 件钺经过了铸后冷加工，可以有效提高兵器和工具的机械性能（又见图 3-38 到图 3-43）。

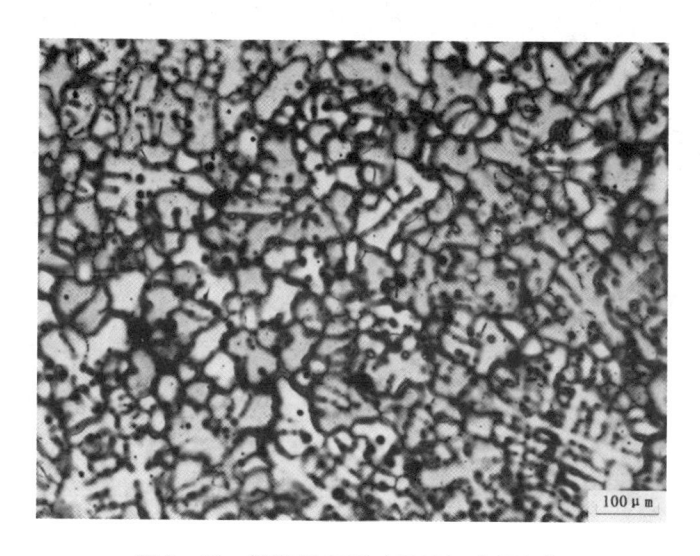

图 3-38　镀锡矛 M56（9810）金相组织

铜（铅），铸造，基体受热组织

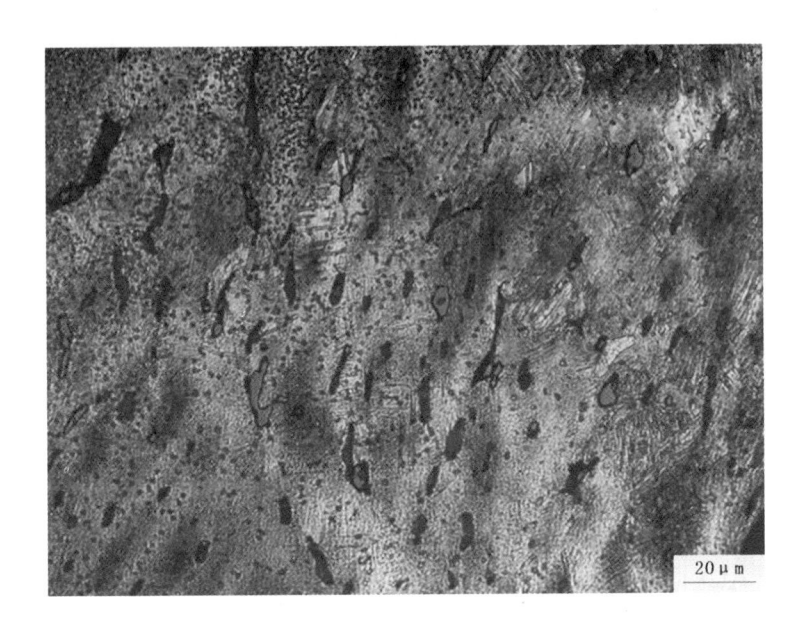

图 3-39 钺 M56（9812）金相组织

铜锡合金，铸后冷加工，有铅颗粒夹杂

图 3-40 镀锡矛 M62（9821）金相组织

铜锡合金，铸造

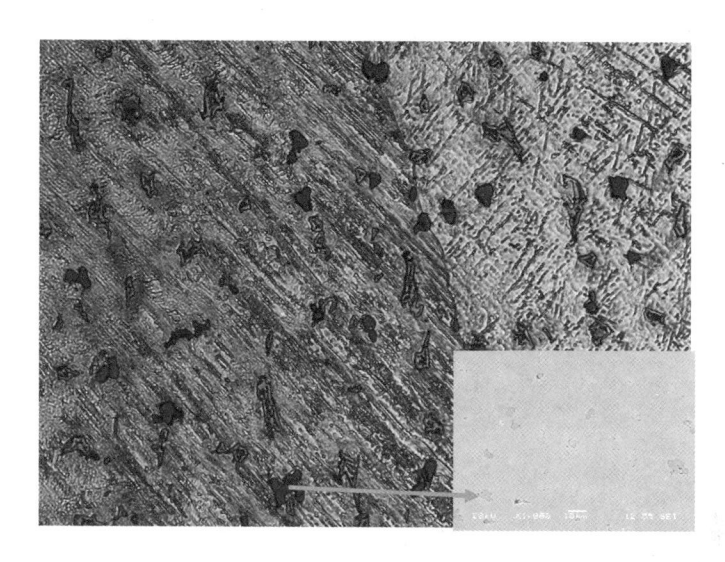

图3-41 矛M62(9822)金相组织

铜锡合金，铸后冷加工，有硫化物夹杂

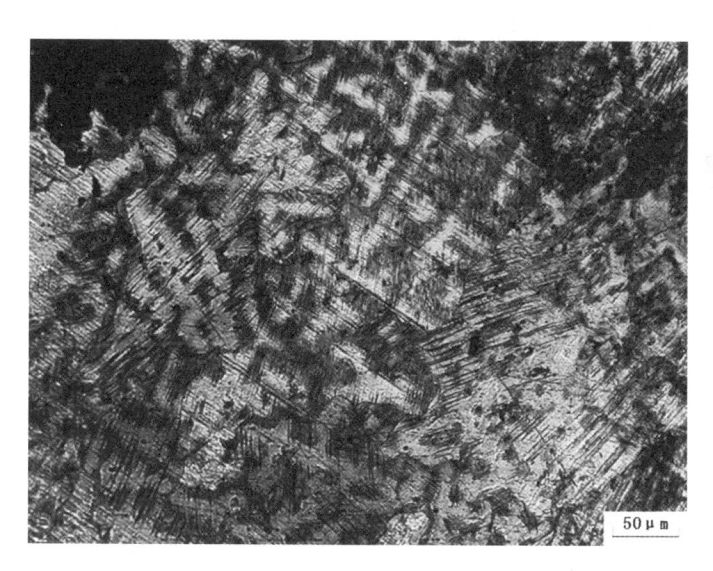

图3-42 镀锡矛M62(9824)金相组织

铜锡合金，铸造

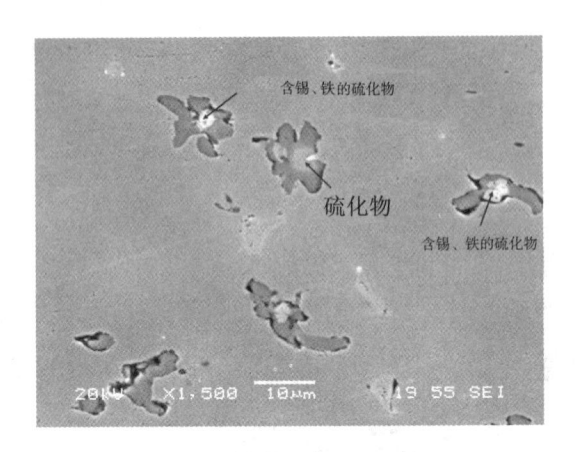

图 3-43　矛（9824）扫描电镜背散射电子像
含锡、铁的硫化物

锡青铜共有7件（4件矛、1件钺、1件饰牌、1件葫芦笙），锡含量分布在5.4%—12.1%，从成分及器形来看，5件兵器应是实用器，具有较好的使用性能。铜饰牌锡含量为7.2%，葫芦笙锡含量为6.1%，这样的合金配比可以改善其铸造性能。另外，对葫芦笙而言可能对其声学性能也有影响。这也是首次对洱海地区出土葫芦笙的分析鉴定（又见图3-44、图3-45）。

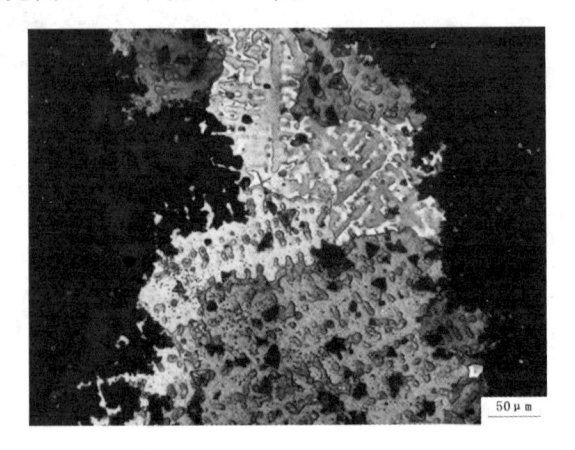

图 3-44　饰牌（9826）金相组织
铜锡合金，铸造

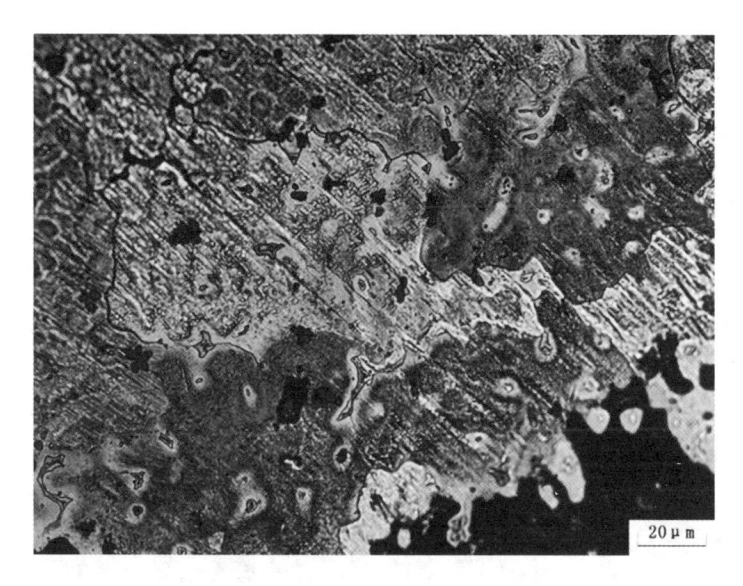

第三章 洱海地区出土金属器的成分与金相检测 ◆◆◆

图3-45 葫芦笙（9827）金相组织
铜锡合金，铸造，局部有滑移带

本次鉴定的1件尖叶形农具锄的刃部，基体为红铜组织，材质较软，刃部没有发现使用过的痕迹。红土坡出土的农具有100多件，绝大多数尺寸都很小，主要为明器。祥云大波那木椁铜棺墓曾出土8件战国早期的铜锄，尺寸较大，但其中4件为红铜，也应是随葬品。从红土坡出土的大量锄具来看，随着时代的推移，随葬农具由尺寸较大的实用器逐渐变为尺寸较小的明器，反映了丧葬习俗的演变。

采用金相显微镜和扫描电镜分析了5件铁制品，制得6个样品，有铁剑1、环2、夹3，其中铁环M65（9815）在不同的部位取了两个样品。基体中有氧化亚铁和硅酸盐共晶夹杂。因锈蚀严重，依据夹杂物的形貌分布，可以看出其进行了折叠锻打，但材质已无法判断（又见图3-46）。

铁环M65（9815a），基体为铁素体+珠光体，珠光体在铁素体晶粒间界处析出，含碳量约为0.2%，夹杂物为氧化亚铁和硅酸盐共晶，变形量较小，各种元素含量不均匀，钙、磷、锰等元素有较大的波动，为块炼渗碳钢锻打制成（又见图3-47）。

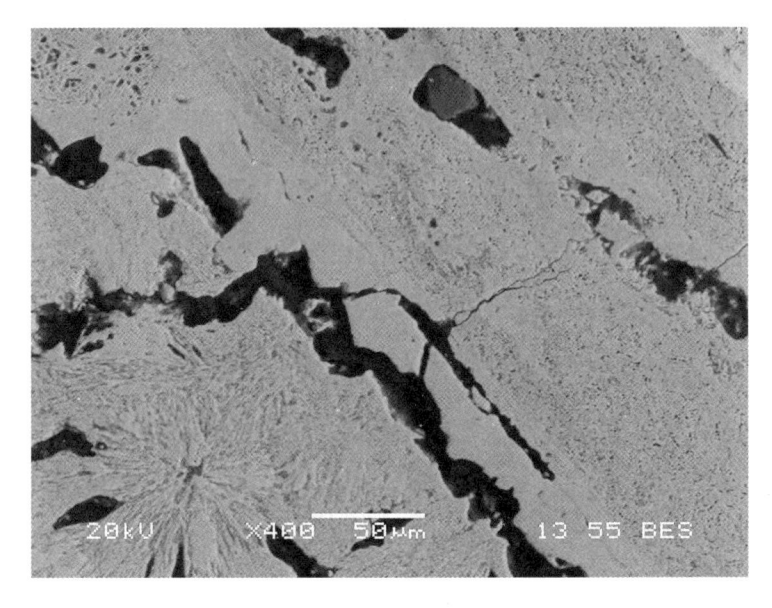

图 3-46　铁剑 M65（9814）扫描电镜背散射电子像

氧化亚铁和硅酸盐共晶夹杂

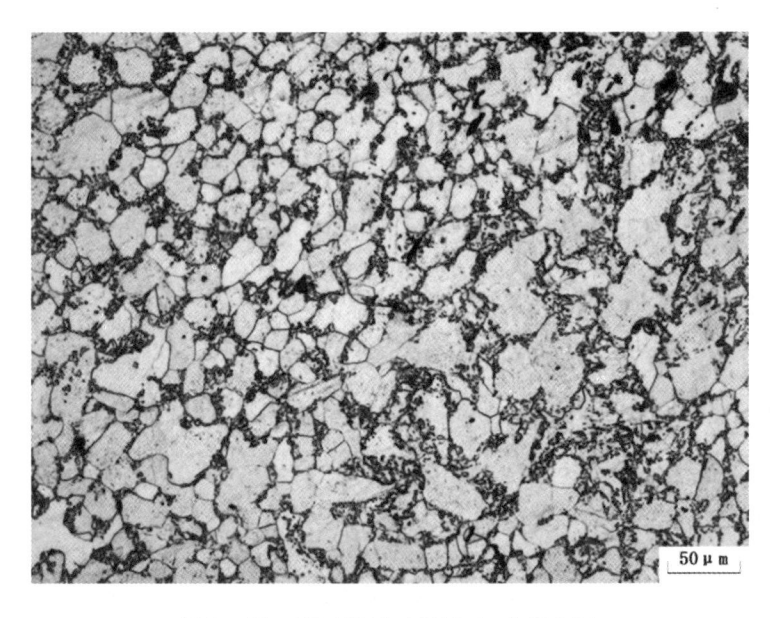

图 3-47　铁环 M65（9815a）金相组织

铁素体+珠光体

铁环 M65（9815b）与 M65（9815a）为同一铁环在圆环处的取样。基体为铁素体+珠光体，含碳量约为 0.2%，夹杂物沿加工方向拉伸变形，夹杂物元素成分显示铁高硅低，且各元素含量不均匀，有明显的分层现象（又见图 3-48、图 3-49）。

图 3-48　铁环 M65（9815b）金相组织

珠光体+铁素体

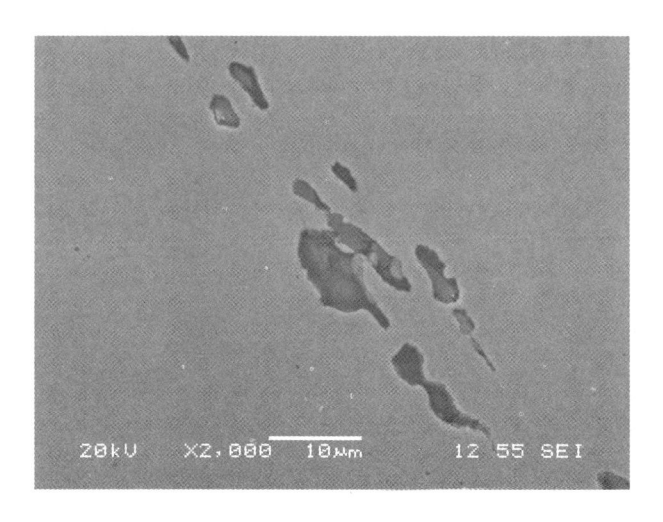

图 3-49　铁环 M65（9815b）扫描电镜二次电子像

夹杂物沿加工方向拉伸变形

铁夹 M88（9816）基体为珠光体和网状铁素体组成的魏氏组织，质地相对纯净，含碳量约 0.7%，少量夹杂物以硅酸盐为主，呈带状分布，系由块炼渗碳钢锻打制成（又见图 3-50、图 3-51）。

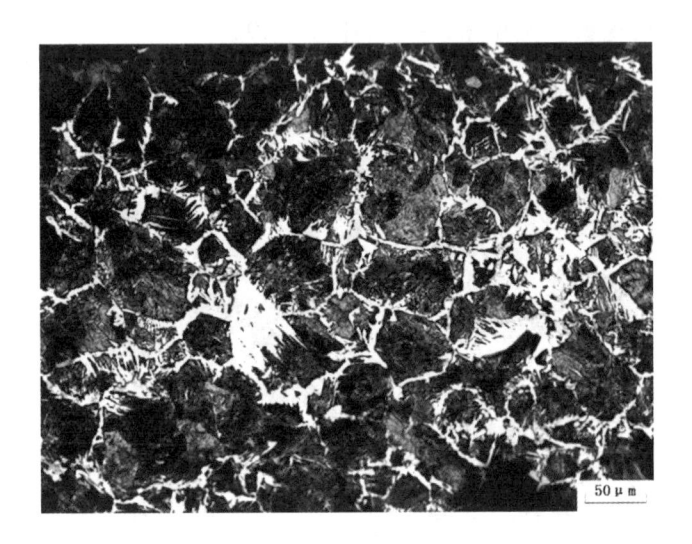

图 3-50　铁夹 M88（9816）金相组织

珠光体 + 网状铁素体

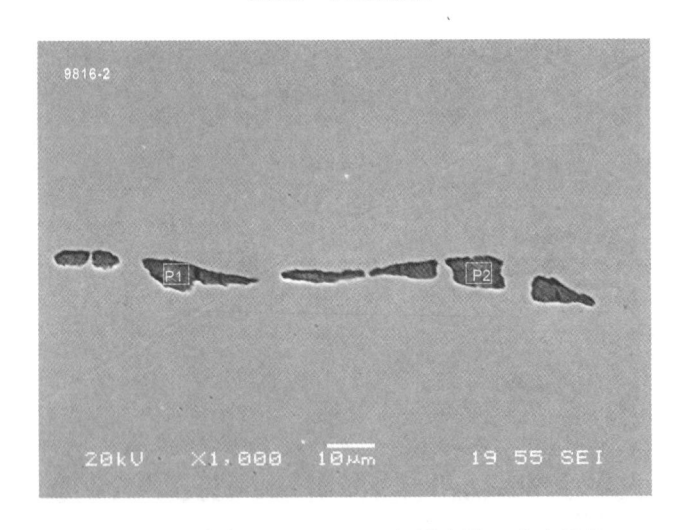

图 3-51　铁夹 M88（9816）扫描电镜二次电子像

硅酸盐夹杂沿加工方向拉伸变形

铁夹 M88（9819）基体为铁素体和少量珠光体组织，含碳量小于 0.1%，部分铁素体拉伸变形，质地不均匀，有明显的分层现象，渗碳层夹杂物主要为氧化亚铁，初步判断为块炼渗碳钢（又见图 3-52）。铁夹 M20（9820）样品大部分为铁素体组织，晶粒大小不一，其余部位为铁素体和少量珠光体组织、晶粒较小，大小晶粒间有明显界限，界限处粒状夹杂物较多，夹杂物铁高硅低，磷、钙、锰等元素有较大的波动，还含有少量的钾、镁等元素，应为块炼渗碳钢制品（又见图 3-53）。

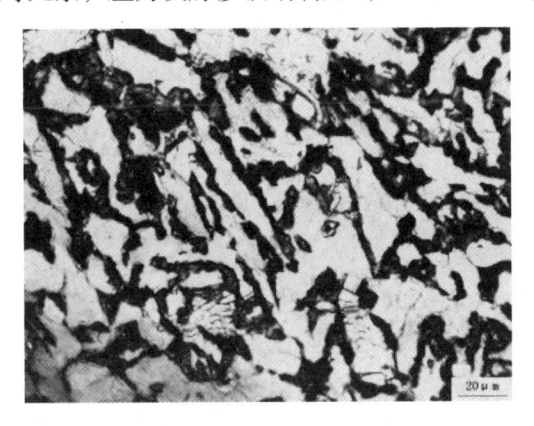

图 3-52　铁夹 M88（9819）金相组织

铁素体 + 珠光体

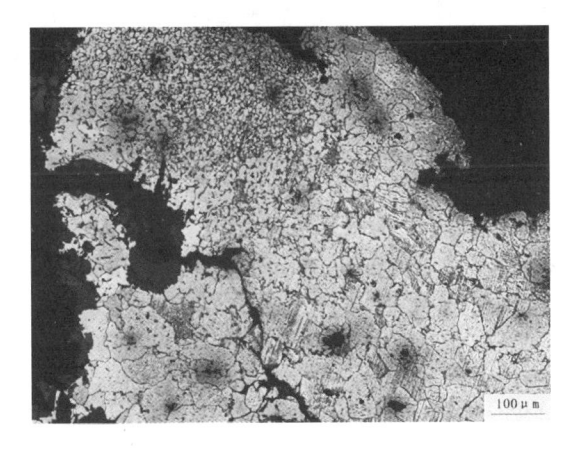

图 3-53　铁夹 M69（9820）金相组织

铁素体晶粒大小不均

分析的铁质样品主要出自 M65、M88，说明这两个墓葬所处年代的金属技术水平相当。

这 5 件铁器样品中，4 件为块炼渗碳钢，1 件虽然材质不明，但可判断应是经过折叠锻打的钢制品。

祥云红土坡古墓群共发现 3 件金器。对 2 件金饰片进行金相分析，样品 9818 的厚度为 1 毫米，样品 9823 的厚度为 0.5 毫米，显微组织都较为纯净，杂质元素较少，金含量在 91% 以上，银含量在 8% 以上，不含铜元素，属金银合金。其中 9823 样品有少量的石英和含钙的黏土颗粒夹杂。两件金饰片的显微组织均为等轴晶，为热锻加工而成（又见图 3-54，见表 3-6）。

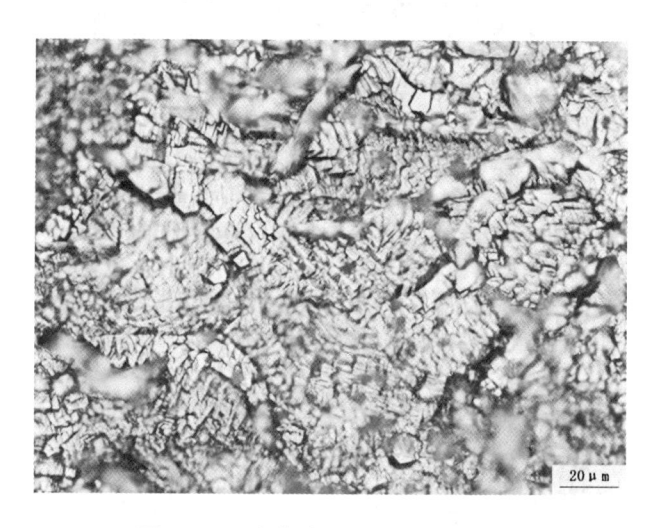

图 3-54　金饰片（9818）热锻组织

表 3-6　祥云红土坡墓葬群出土金饰品的合金成分与金相组织观察结果

实验室编号	名称	合金成分（Wt%） 金	合金成分（Wt%） 银	金相组织
9818	M10 金饰片	91.3	8.7	等轴晶组织，热锻加工。厚度 1 毫米
9823	金饰片	91.8	8.2	等轴晶组织，热锻加工，有二氧化硅夹杂。厚度 0.5 毫米

祥云红土坡墓葬群的金属器材质和加工工艺有多样化的特点。铜器有红铜和锡青铜两种，部分矛和钺的合金配比较稳定，具有较好的使用性能。兵器有两种：一种是实用器，在分析的7件铜矛中，有6件的刃部经过铸后冷加工，表明这些矛曾被使用，或经过打磨留下了痕迹；另一种是礼仪用器，祥云红土坡出土的镀锡铜兵器为滇西地区首次发现，分析的2件镀锡柳叶形矛，均采用了热镀锡工艺。另外，第一次分析洱海地区的葫芦笙，为含锡约6%的铜锡合金。经分析的农具没有发现使用痕迹，主要作为随葬品，是当时丧葬习俗的反映。

5件铁质兵器和生活用具，主要为块炼渗碳钢制品，说明西汉以后，滇西的祥云一带已有钢制品出现。祥云红土坡古墓群也是滇西地区首次发现青铜时代金器的地点，金片采用了热锻工艺加工而成。

第五节　楚雄张家屯墓葬群

出土铜器多数为兵器，其次是生产工具。本研究取样7件，其中兵器4件——包括铜矛2件、臂甲1件、箭镞1件；生产工具2件——均为铜锄；铜块1件。表3-7是样品的合金成分分析和金相观察结果。

表3-7　楚雄张家屯墓葬群出土铜器的成分分析及金相鉴定结果

实验编号	名称	年代	铜	锡	铅	锑	砷	金相鉴定结果
9920	铜臂甲残片	战国末至西汉早期	77.7	22.4				铜锡合金，热锻，有铅颗粒和含铁的硫化物夹杂（见图3-55、图3-61）
9921	张家屯铜块	战国中期	86.9	2.1	11.1			铜锡铅合金，铸造，基体呈树枝状晶分布，有含砷、锑的第二相析出，有铅颗粒和硫化物夹杂（见图3-56、图3-62）
9922	张家屯铜矛刃部	战国中期	95.7	0.4	1.9			铜（锡）（铅）合金，红铜铸造，有硫化物及含砷6.1%的铅颗粒夹杂（见图3-57）

续表

实验编号	名称	年代	合金成分（Wt%）					金相鉴定结果
			铜	锡	铅	锑	砷	
9924	张家屯铜矛尖部	战国中期	99.6					红铜，铸造，有含锡的氧化物（铜4.6%，锡76.6%，氧18.9%）和氧化亚铜（Cu_2O）分布（见图3-58、图3-63）
9923	张家屯条形锄刃部		98.7					红铜，铸造，有铅颗粒分布
9925	张家屯铜锄肩部		99.8					红铜，铸后冷加工，局部有滑移带，有铅颗粒夹杂，有高铁相分布（铜9%，铁73.4%，氧13.1%）（见图3-59、图3-64）
9926	张家屯铜箭镞刃头		98.7					红铜，铸造组织（见图3-60）

　　7件器物中共有红铜5件，包括铜矛2件、铜锄2件、箭镞1件，均为兵器和生产工具，作为实用器其耐磨度和硬度均较差。1件铜锡合金为青铜臂甲，含锡22.4%。青铜合金中存在适当的铜锡合金共析体可以增加器物的硬度和耐磨性，但是当锡含量超过20%时，材料就会变脆，机械性能就会下降，这可能是如下原因造成的：第一，古代工匠还没有掌握好合金配比与器物用途的关系，尚处于偶然摸索的阶段；第二，这件青铜臂甲虽为兵器，但不是实用器，可能通过增加锡含量以改善金属光泽。铜块（9921）为铜锡铅合金，基体成分不均匀，局部有砷夹杂，可能是冶炼的废料混熔在一起造成的。该墓葬群出土的铜器制作粗糙，器壁上多有砂眼，表明冶铸时还不能很好地排出杂质和气体。

　　7件器物中有6件为铸造成形，包括铜块（9921）、铜矛（9922、9924）、条形锄（9923）、铜锄（9925）、铜箭镞（9926）。铜块（9921）的组织中有树枝状晶偏析；铜锄（9925）基体中晶粒有方向性拉伸变形，局部有滑移带，进行了铸后冷加工。臂甲（9920）系热锻而成，基体为α等轴晶和孪晶，对于臂甲这类器物来说，锻造是较为常见的方法（又见图3-55到图3-62）。

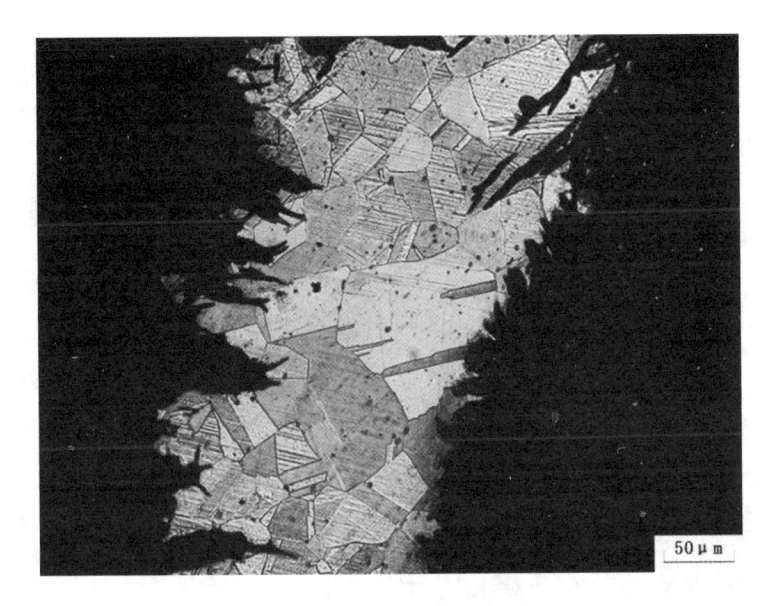

图 3-55 臂甲（9920）金相组织

高锡，铜锡合金，热锻

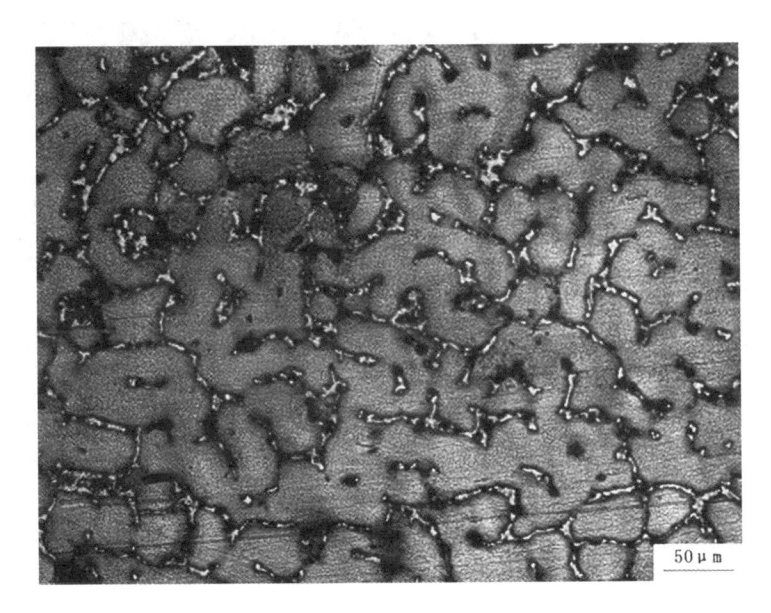

图 3-56 铜块（9921）金相组织

铜锡铅合金，铸造

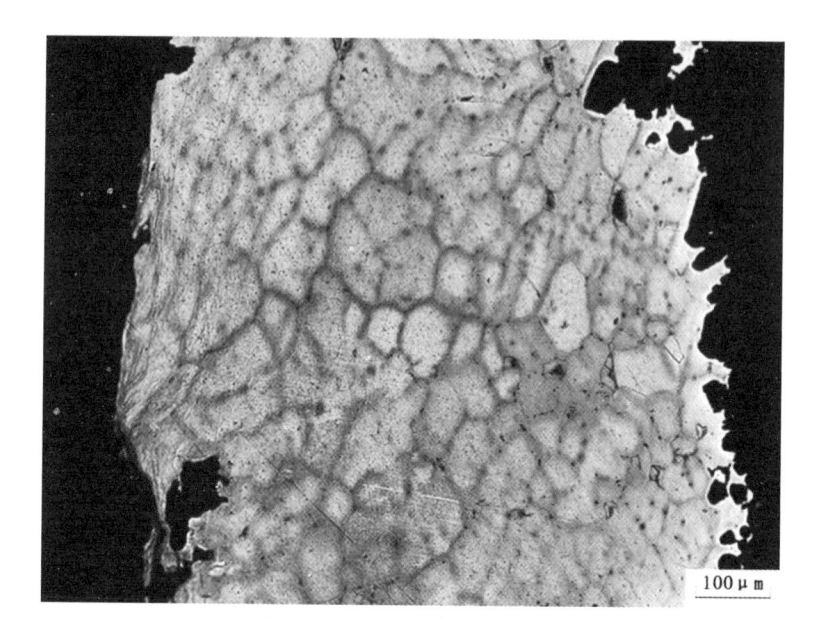

图3-57 矛（9922）金相组织

红铜，铸造

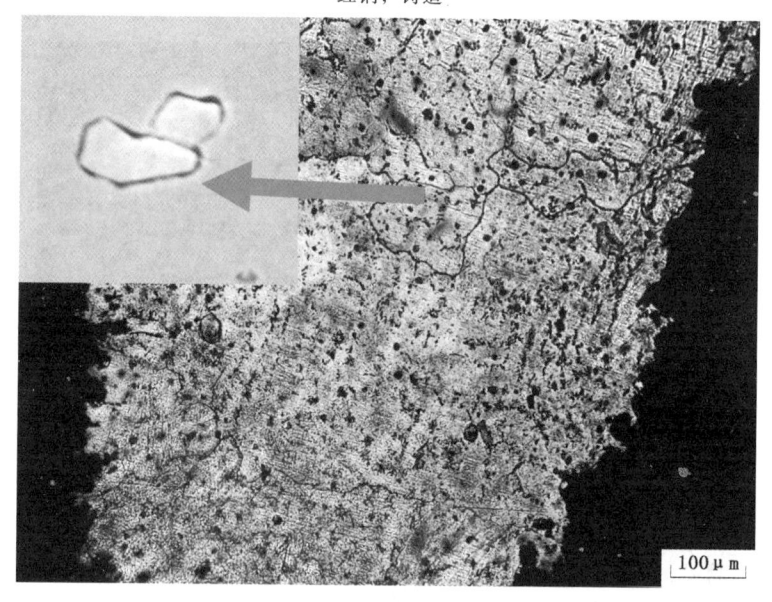

图3-58 矛（9924）金相组织

红铜，铸造，含锡的氧化物

第三章 洱海地区出土金属器的成分与金相检测

图 3-59 锄（9925）金相组织

红铜，铸后冷加工

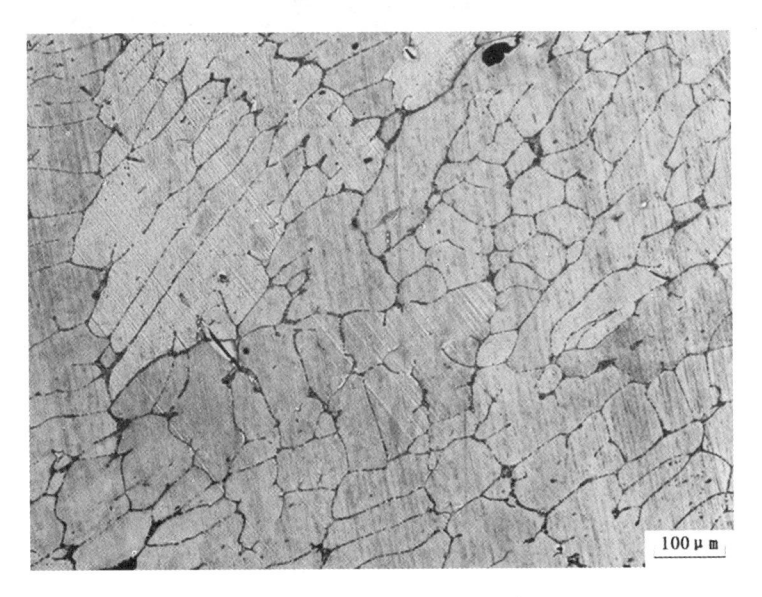

图 3-60 箭镞（9926）金相组织

红铜，铸造

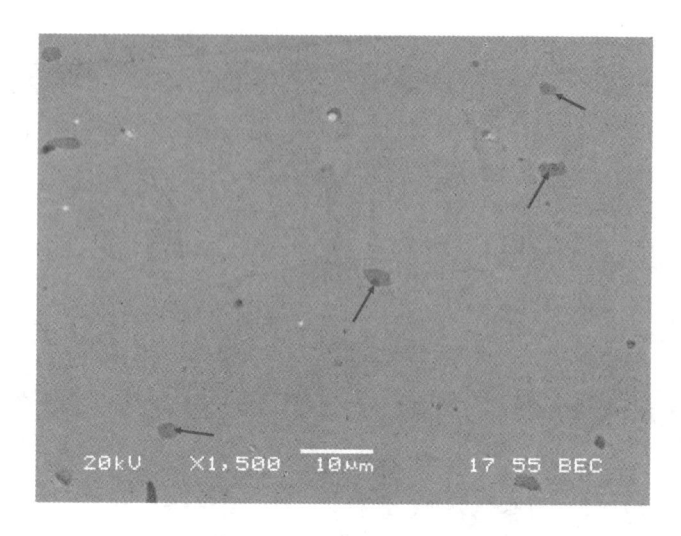

图 3-61 臂甲（9920）扫描电镜背散射电子像
硫化物夹杂

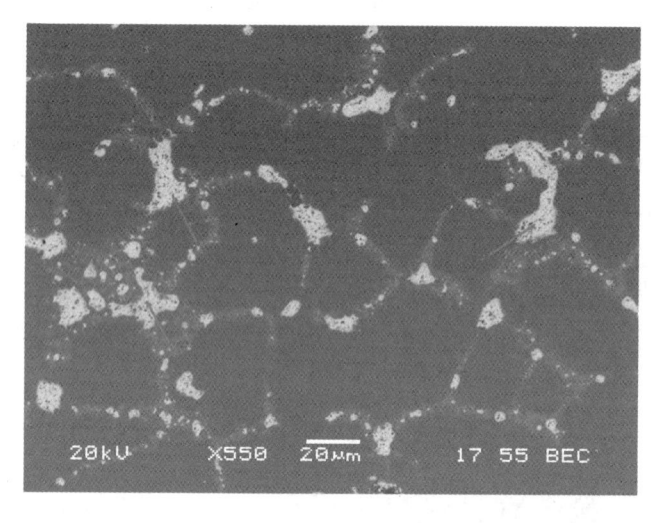

图 3-62 铜块（9921）扫描电镜背散射电子像
箭头所指微区成分：铜 67.0%，锡 2.6%，铅 9.8%，锑 0.7%，砷 3.3%

5 件红铜样品中都有硫化物夹杂和铅颗粒。铜矛（9924）其合金类型为红铜，基体中含锡的氧化物，含锡 76.6%，含氧 18.9%，可能与加入少量锡石（SnO_2）试图探索冶炼锡青铜有关（见图 3-63）。

铜锄（9925）合金类型为红铜，基体中有含铁的氧化物，铁含量为73.4%，氧含量为13.1%，可能与使用的铜矿有关（见图3-64）。

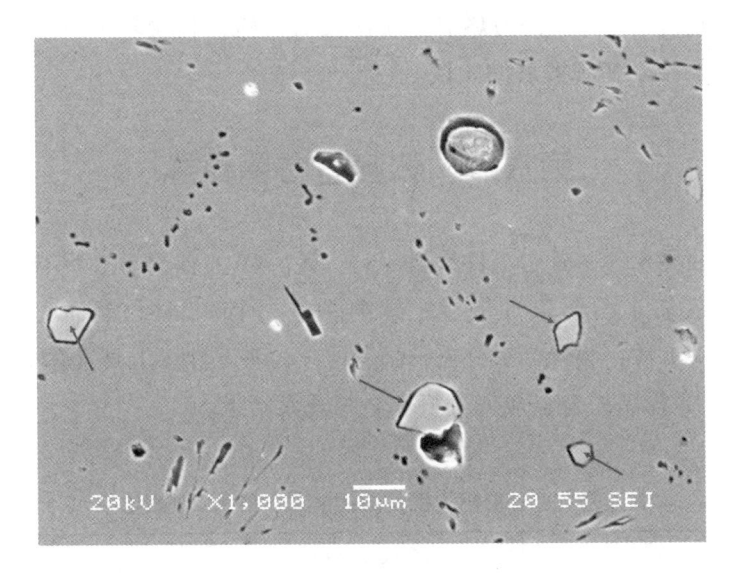

图3-63 矛（9924）扫描电镜二次电子像

高锡相和氧化亚铜分布

图3-64 锄（9925）扫描电镜二次电子像

高铁相

楚雄张家屯的铜器有红铜5件，主要是兵器和工具，另外有1件铜锡合金和1件铜锡铅合金。制作方法有：6件为铸造、其中1件进行了铸后冷加工。1件为热锻。器物表面粗糙，有较多铸造缺陷，仍处在红铜技术初步发展的阶段。

第六节　弥渡苴力墓葬群

共取样8件，其中7件来自M4、M5、M6三座墓葬，另有1件出自寅街三家村10号墓。包括农具4件——铜锄2件、铜锸2件；兵器（钺）1件；装饰品2件——镯1件、杖头1件；工具（削）1件。表3-8是样品的合金成分分析和金相观察结果。

表3-8　弥渡苴力墓葬群出土铜器的化学成分和金相观察结果

实验编号	名称	年代	铜	锡	铅	砷	铁	硫	金相鉴定结果
9941	苴力 M4:1 杖头	战国中期	97.9	1.1			0.1		铜（锡），红铜铸造组织，有硫化物夹杂和少量铅颗粒，有铜锡化合物（铜15%，锡85%）（见图3-68、图3-72）
9943	苴力 M4:3 镯	战国中期	90.0	10.1					铜锡合金，热锻，有大量滑移带，有铅颗粒和硫化物夹杂（见图3-69）
9944	苴力 M4:5, 削柄部	战国中期	97.3	2.6					铜锡合金，α固溶体呈树枝状晶分布，铸造，有滑移带，有硫化物夹杂（见图3-70）
9940	苴力 M5:5, 钺銎部	战国中期	98.0	0.8			0.2		铜（锡），红铜铸造α固溶体晶粒，局部有滑移带，有硫化物夹杂和少量铅颗粒（见图3-67、图3-71）
9829	苴力 M5:3, 铜锸刃部	战国中期	98.7	0.7	0.4		0.2		铜（锡）（铅），红铜铸造α固溶体晶粒，铸后冷加工，局部有滑移带，有硫化物、铅颗粒分布（见图3-66）

续表

实验编号	名称	年代	合金成分（Wt%）						金相鉴定结果
			铜	锡	铅	砷	铁	硫	
9942	直力 M6:2 锸刃部	战国中期	99.8						红铜，铸造，晶粒沿加工方向变形，有少量硫化物和铅颗粒夹杂
9828	直力 M6:3 锄刃部	战国中期	99.1	0.4			0.1	0.3	铜（锡），红铜铸造α固溶体晶粒，有铅颗粒分布（见图3-65）
9835	寅街三家村，墓10#铜8，青铜锄下刃部		97.6		0.4	1.9	0.1		基体锈蚀严重，定性分析为铜（砷）（铅），红铜，铸造

从材质来看，共有红铜6件，均含有微量元素，包括铜锄2件、铜锸2件、铜钺1件、铜杖头1件，主要是兵器和生产工具，作为实用器的机械性能较差。铜锡合金2件，为铜镯1件、铜削1件，均出自M4，含锡量有差异，铜镯含锡10.1%，铜削含锡2.6%。分析的样品中普遍含有铅颗粒和硫化物夹杂。样品9941、9928、9929、9835含有微量的铁元素；样品9940、9928基体中含有少量的硫元素，可能与使用的矿料有关。

金相组织检测表明，8件器物中有7件是铸造而成，包括锄、锸、钺、杖头以及削。其中锸（9829、9942）、钺（9940）样品中局部发现有滑移带，削（9944）样品中的滑移带沿树枝状晶边界分布，这3件样品中晶粒未变形，很可能是在使用过程中留下的痕迹。铜镯（9843）为热锻而成，有等轴晶和孪晶分布，基体沿加工方向拉伸变形，还有大量的滑移带存在，说明热锻后还进行了冷加工（又见图3-65到图3-70）。

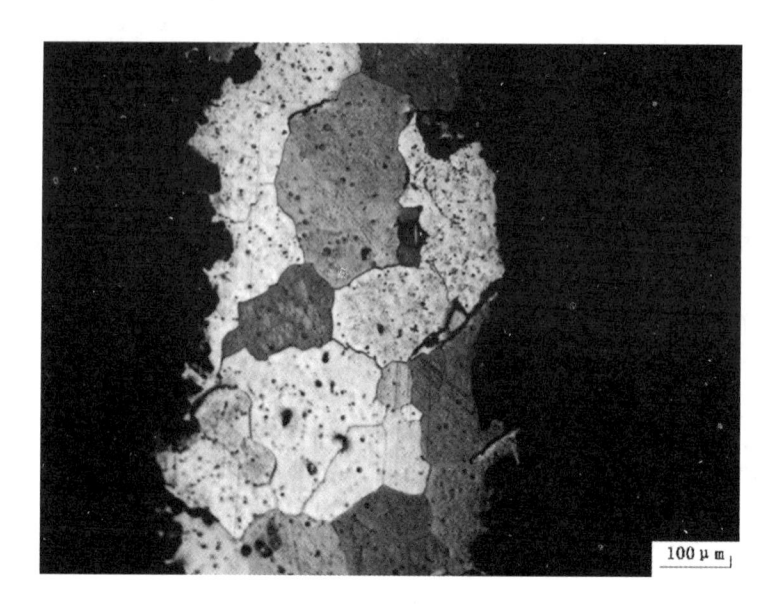

图 3-65　锄 M6（9828）金相组织

铜（锡），基体为 α 固溶体晶粒

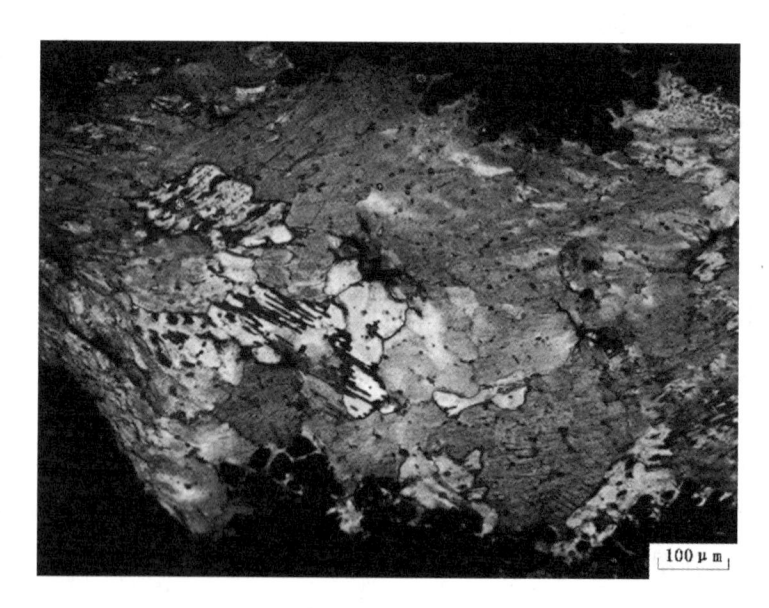

图 3-66　铜锸 M5（9829）金相组织

铜（锡）（铅），红铜铸造 α 固溶体晶粒，局部进行冷加工，有滑移带

图 3-67 钺 M5（9940）金相组织

铜（锡），铸造，局部有滑移带，可见锡偏析

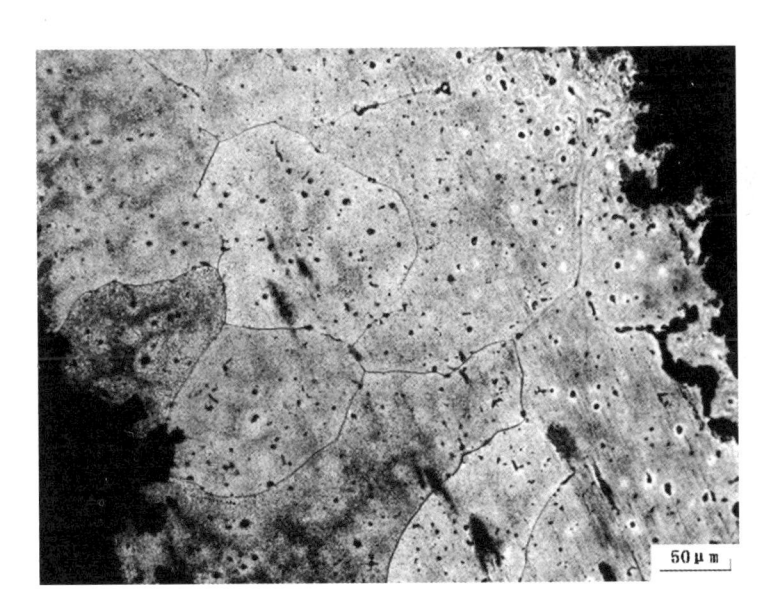

图 3-68 杖头 M4（9941）金相组织

铜（锡），铸造，可见锡偏析

图 3-69 镯 M4（9943）金相组织

铜锡合金，热锻＋冷加工，有大量滑移带

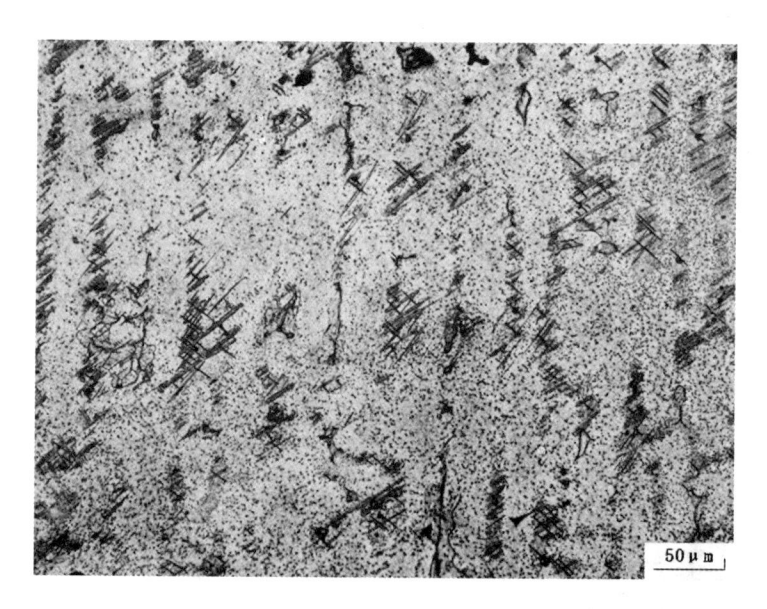

图 3-70 削 M4（9944）金相组织

铜锡合金，α固溶体呈树枝状晶分布，铸造，晶粒未变形，有使用痕迹

第三章　洱海地区出土金属器的成分与金相检测

样品9835锈蚀严重，其余7个样品中有6个都有硫化物，与使用不纯的铜氧化矿有关。样品（9941）合金类型为铜（锡），含锡1.1%，另外基体中有铜锡化合物分布，含铜15%，含锡85%。

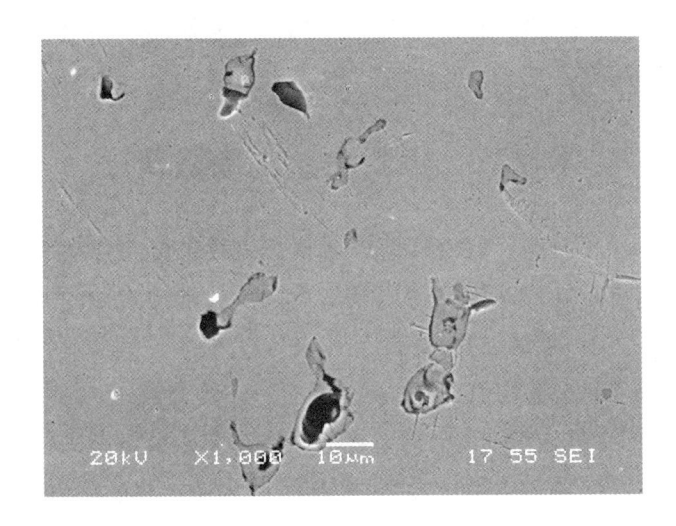

图3-71　钺（9940）扫描电镜二次电子像

硫化物夹杂

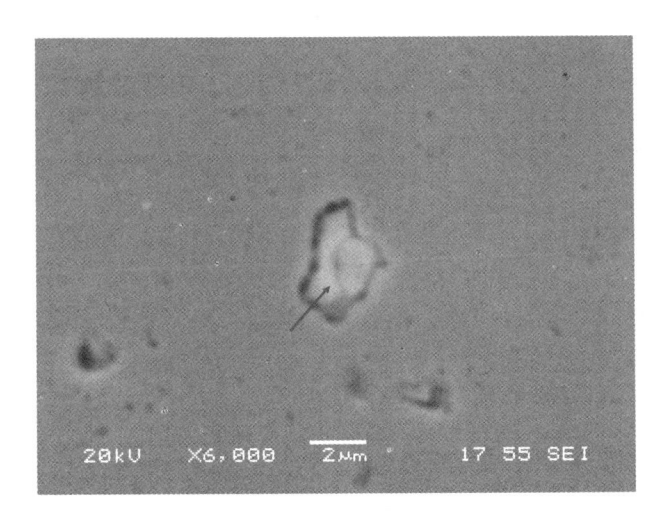

图3-72　杖头（9941）扫描电镜二次电子像

高锡相

弥渡苴力分析的铜器中6件为红铜，主要是兵器和生产工具，2件为铜锡合金，从其合金配比来判断，与器物的使用功能还不能完全匹配。8件样品中有7件为铸造而成，1件铜镯热锻成形，并进行了冷加工。从技术角度来说，弥渡苴力出土金属器的制作技术仍处于发展的初级阶段。

第七节　弥渡合家山窖藏遗址

弥渡合家山窖藏共出土铜器45件（发掘报告报道44件，实地考察45件），还有石范、陶范23件以及陶质的残坩埚和陶质的风管。这里很可能是一处青铜时代的冶铸遗址。① 本研究对8件铜器进行取样，包括生产工具4件——均为铜锄；兵器2件——均为镞；装饰品2件——1件为泡饰、1件为帽饰。显微组织分析在加州大学洛杉矶分校考斯登（Cotsen）考古学院文物保护实验室进行，用10%的过硫酸铵溶液、1克焦亚硫酸钠和硫代硫酸钠饱和溶液的混合溶液对样品进行着色侵蚀后观察其显微组织。样品成分分析和金相观察结果如下（见表3-9）。

表3-9　弥渡合家山窖藏遗址出土金属器的成分分析和金相观察结果

实验编号	原编号	标本名称	年代	分析结果（Wt%）						金相组织	备注
				铜	锡	铅	锑	砷	硫		
9860	HD	镞残件	战国中期	3.2	0.7	66.5	20.3	7.7	1.6	铅锑砷铜合金，铸造	见图3-73至图3-76
9866	HD38 199—53	镞边沿	战国中期	99.3	0.6					铜（锡）；红铜铸造α固溶体晶粒	见图3-81
9861	HC1 182—36	尖叶形锄侧刃部	战国中期	99.5		0.2	0.4			铜（铅）（锑）；红铜，基体为α固溶体，铸后冷加工，基体及夹杂物沿加工方向拉伸变形	见图3-77

① 弥渡县文物管理所：《云南弥渡合家山出土古代陶范和青铜器》，《文物》2000年第11期。

续表

实验编号	原编号	标本名称	年代	分析结果（Wt%）						金相组织	备注
				铜	锡	铅	锑	砷	硫		
9862	HCII 20 189—43	尖叶形锄侧刃部		95.1	0.6	0.3		3.7		铜砷合金；热锻；基体为等轴晶、孪晶组织，组织较细，有硫化物夹杂和铅颗粒分布	见图3-78、图3-84
9864	HXC I 2 183—37	心叶形锄下刃部		97.9	0.8	0.6	0.2	0.3	0.2	铜（锡）（铅）；热锻；基体为等轴晶、孪晶，组织较细，有硫化物夹杂和铅颗粒分布	见图3-79
9865	HTC 1 14 188—42	条形锄刃口	战国中期	98.3	1.7					铜（锡）；含少量锡的红铜铸后冷加工组织，α固溶体晶粒拉长变形，有铅颗粒分布，有铜2S夹杂	见图3-80
9867	HB43 201—35	泡饰口沿		93.4	5.1	1.3		0.1		铜锡合金；铸造；α固溶体树枝晶，有铅、砷偏析，有铅颗粒分布	见图3-82
9868	HM36 197—51	帽饰边沿		87.8	10.6	0.5	0.9			铜锡合金；热锻组织，α固溶体再结晶晶粒和孪晶，有原铸造枝晶偏析残留痕迹"鬼影"	见图3-83

经检测，有4件铜器为红铜，均为兵器和农具；铜砷合金1件，为尖叶形铜锄；铜锡合金2件，均为装饰品；还有1件镦的成分较特殊，为铅锑砷铜四元合金。这些不同类型的合金说明这一时期弥渡合家山出土的铜器主要以红铜为主，并且合金类型呈多样化发展的趋势。

尖叶形铜锄（9862），含铜95.1%、砷3.7%。早期云南铜合金中合金元素砷含量一般不是很高——例如，元江洼垤的不对称靴形钺中砷的平均成分为3.1%；剑川沙溪鳌凤山剑鞘中砷的平均成分为3.5%[1]——而且砷含量分布很不均匀，很有可能是冶炼富含砷的铜矿石带入的。与铜锄（9862）同出的其他几件形制相当的尖叶形铜锄均为纯铜，说明铜砷合金的器物并非成批生产，而是偶然所得。3件铜锄为红铜，1件为铜砷合金，形制较小且没有发现明显的使用痕迹，很可能是明器。泡饰（9867）和帽饰（9868）均为铜锡合金，含锡量为5.1%和10.6%。切思（Chase）曾认为中国青铜器的合金成分与颜色有关[2]，这2件器物均为装饰品，这样的合金配比除了改善器物的铸造性能外，可能与获得表面光泽的效果以实现特定的礼仪功能有关。镦（9860）为铅锑砷铜四元合金，其合金成分为铅66.5%，锑22.3%，砷7.7%，铜3.2%，锡0.7%，硫1.6%。显微组织显示有几种不同的相（又见图3-74）。扫描电镜对不同相的微区分析如下（又见图3-75），部位1：锑铅砷相，成分：锑88.4%，铅7.7%，砷4.0%；部位2：锑铅铜砷相，成分锑45.5%，铅29.0%，砷5.6%，铜14.8%，硫5.1%；部位3：基体铅成分，铅100%。另外，扫描电镜还对该样品的另一微区进行了成分分析（又见图3-76），部位1：深灰条状铜铅砷锑相成分：铜36.9%，铅32.2%，砷23.3%，锑7.4%，硅0.3%；部位2：基体铅上细小孔洞的成分为铅99.9%，硅0.1%；部位3：浅灰色锑铅砷铜相成分：锑42.8%，铅22.8%，铜19.7%，砷14.8%；部位4：白色铅锑砷铜相成分：铅74.2%，锑11.7%，砷9.3%，铜11.7%；部位5：灰色铜砷铅锑相成分：铜57.4%，砷28.7%，铅8.5%，锑4.8%，硫0.7%。

---

[1] 李晓岑、员雅丽：《滇西和滇南几件铜器的科学分析》，《大理学院学报》2008年第12期。

[2] Chase, W. T., Chinese Bronzes: Casting, Finishing, Patination and Corrosion, Scott, D. A., Podany, J. and Considine, B., *Ancient and Historic Metals: Conservation and Scientific Research*, The J. Paul Trust, 1994, pp. 85–117.

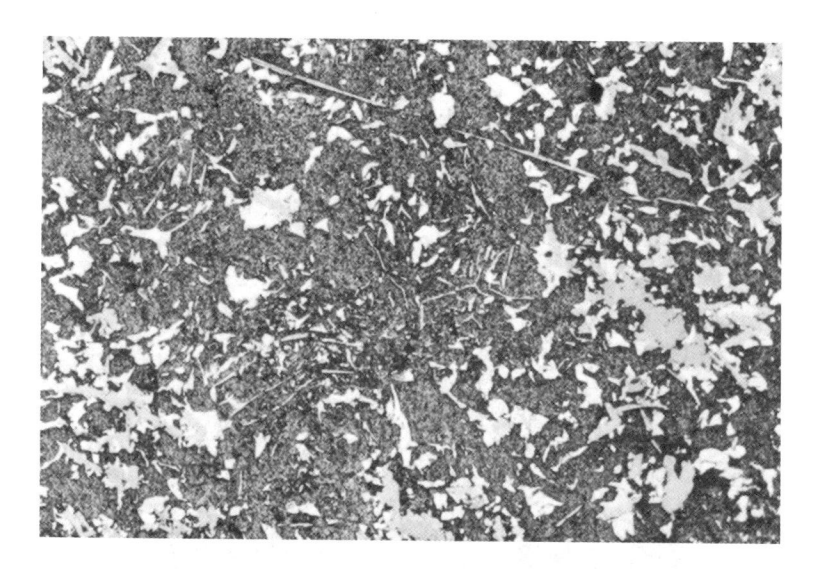

第三章　洱海地区出土金属器的成分与金相检测　◆◆◆

图 3-73　镦（9860）金相组织

铅锑砷铜合金，铸造组织

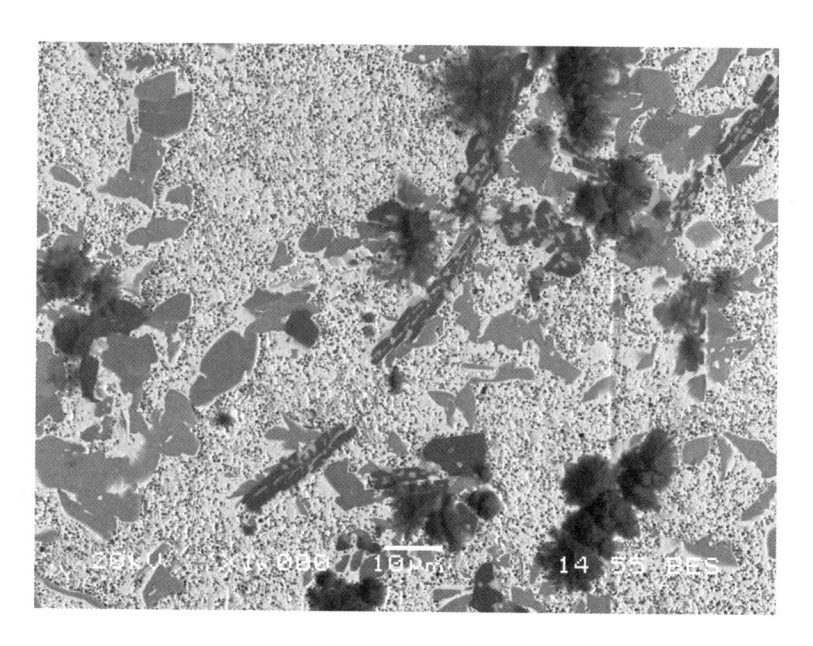

图 3-74　镦（9860）多种复杂合金相

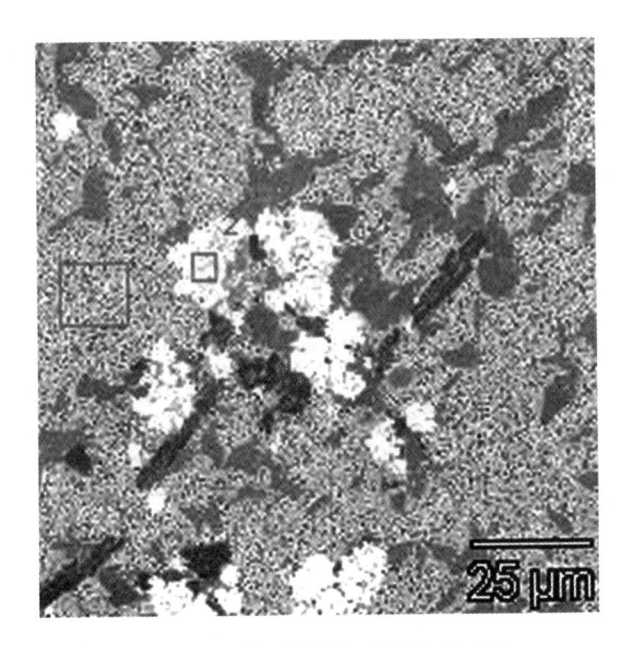

◆◆◆ 云南洱海地区出土青铜时代金属器的技术研究

图 3-75 镦 (9860) 微区分析 (Ⅰ)

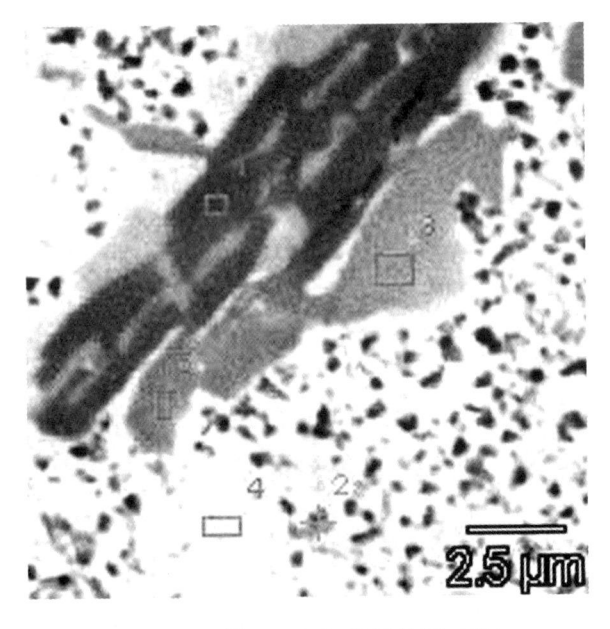

图 3-76 镦 (9860) 微区分析 (Ⅱ)

显微组织分析表明，镦（9860）、泡饰（9867）为铸造组织，没有进行任何铸后加工。尖叶形铜锄（9861），基体及夹杂物沿加工方向拉伸变形，且拉伸程度较大，表明进行了较强的铸后冷加工。条形铜锄（9865）为铸造组织，树枝状晶较为粗大，可能与冷却速度及铸造环境有关，局部有滑移带，应是铸成后的局部修整或使用所致；尖叶形铜锄（9862）、心形铜锄（9864）基体为等轴晶和孪晶，应为热锻而成。另外，心形铜锄（9864）中的硫化物夹杂沿加工方向拉伸，热锻后进行了冷加工，使晶粒变形；镦（9866）基体为红铜铸造 α 固溶体晶粒，进行过冷加工，晶粒拉伸变形；帽饰（9868）为含砷、铅的锡青铜热锻组织，细小的 α 固溶体再结晶晶粒和孪晶，深色为富锡的铸造树枝晶痕迹"鬼影"，这种现象是三氯化铁溶液侵蚀的结果。样品经氢氧化铵和过氧化氢侵蚀，"鬼影"则消失，显示出细小的 α 固溶体再结晶晶粒和孪晶，再结晶不完全，说明这件样品加热锻打的温度不高，时间也不充分。

由此可见，8 件样品中有 6 件均进行了铸后再加工，包括铸后冷加工和热锻。

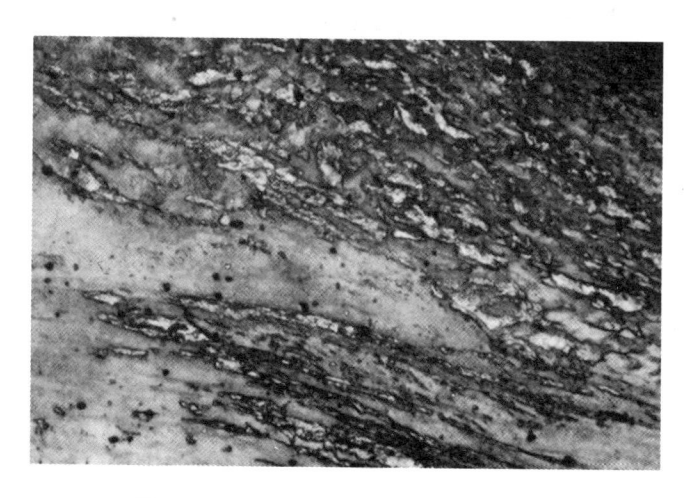

图 3-77　尖叶形铜锄（9861）金相组织
铜（铅）（锑），铸后冷加工

图3-78 尖叶形铜锄（9862）金相组织

铜砷合金，热锻，等轴晶和孪晶组织

图3-79 心形铜锄（9864）金相组织

铜（锡）（铅），热锻后冷加工

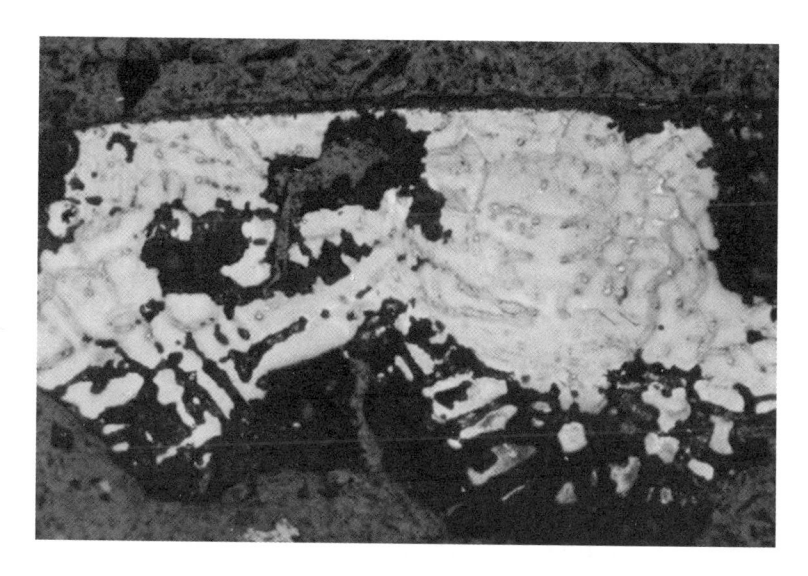

第三章　洱海地区出土金属器的成分与金相检测　◆◆◆

图 3-80　条形铜锄（9865）金相组织

铜（锡），铸后冷加工

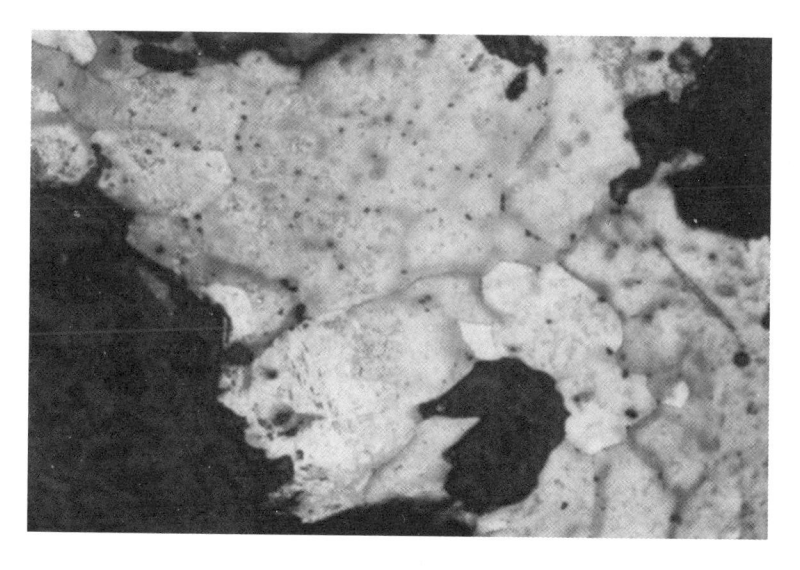

图 3-81　镦（9866）金相组织

铜（锡），铸造

图 3-82 泡饰（9867）金相组织

铜锡合金，铸造

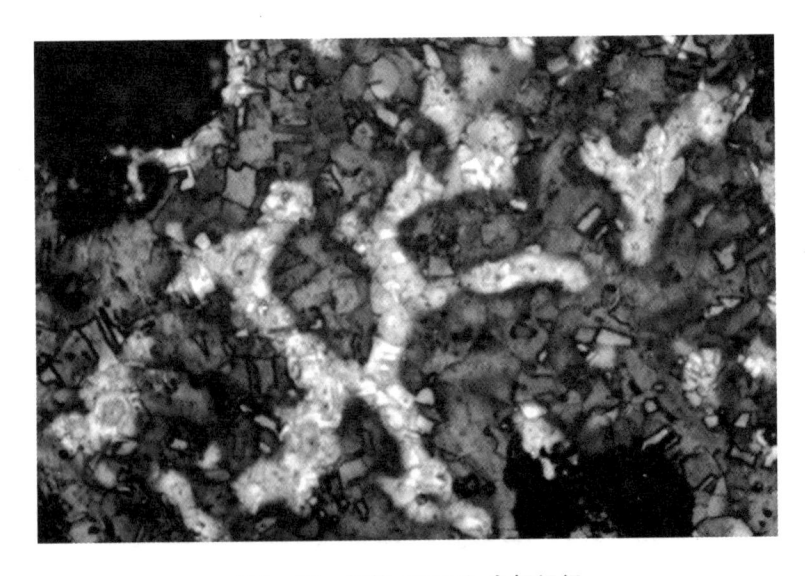

图 3-83 帽饰（9868）金相组织

铜锡合金，热锻组织，α 固溶体再结晶晶粒和孪晶，
原铸造枝晶偏析残留痕迹"鬼影"

尖叶形锄（9862）、条形锄（9865）、镦（9866）中有硫化物夹杂，含硫量在 18.3%—23.3%，接近硫化亚铜中硫的含量。这批器物的组织较致密，少见铸造缺陷，有铅颗粒弥散分布（见图 3-84）。

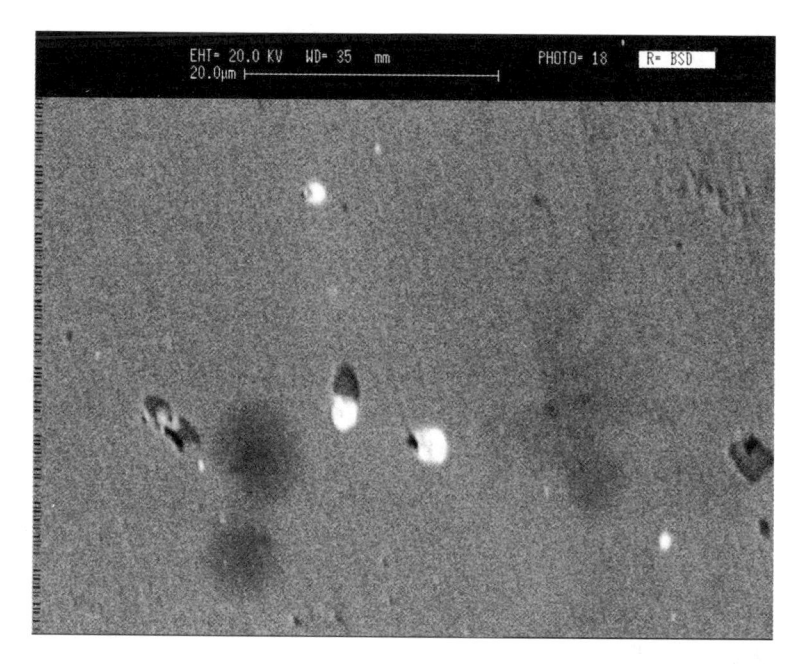

图 3-84　尖叶形铜锄（9862）扫描电镜背散射电子像
硫化物（深灰色相）和铅颗粒（白色相）

弥渡合家山出土的铜器多为生产工具、兵器和装饰品，铜器制造处在一个以红铜为主，合金类型呈现多样化发展的阶段。多数铜器根据器物功能的需要，进行了铸后再加工，包括热锻、铸后冷加工、铸后加热等方式，说明当时的工匠已经有意识地对器物进行加工或修整以提高其使用性能。

第八节　德钦永芝墓葬群

清理墓葬共 3 座——2 座石棺墓、1 座土坑墓，出土随葬金属器 1

件，为山字格剑。同时还在墓地范围内采集了一些铜器，包括山字格剑、无格剑、矛、戈、削、斧、镯、圆形饰牌、泡饰等。发掘者将该墓葬的年代定为西汉早期。本研究采样共6件，包括弧背刀1件、戈1件、铜镯3件、铜柄铁剑1件。表3-10是样品的合金成分分析和金相观察结果。

表3-10　德钦永芝墓葬群出土金属器的成分分析和金相观察结果

实验编号	名称	年代	铜	锡	铅	锑	砷	铁	金相鉴定结果
9901	德钦永芝馆藏号393铜柄铁剑	战国末期至西汉早期						99.2	等轴晶和孪晶。折叠锻打，基体为铁素体，边部有珠光体（见图3-85）热锻，复相夹杂
9907	德钦永芝馆藏号392青铜弧背刀刃部		96.6	2.8					铜锡合金，铸后热锻，局部有滑移带（见图3-86）
DY1	德钦永芝馆藏号394戈刃部 M2:4		98.6			0.3	0.7		铜（砷）（锑），铸后热锻组织，α再结晶晶粒及孪晶，有含砷夹杂物和铅颗粒存在，并可见原铸造树枝晶残存痕迹（见图3-87）
DY3	德钦永芝M2:4011（原）馆藏号421铜手镯端部		99.9	0.2					铜（锡），热锻（见图3-88）
DY2	德钦永芝M2:4010馆藏号432铜手镯端部		99.9	0.1					铜（锡），热锻，硫化物夹杂（见图3-89）
DY4	德钦永芝M2:4013铜泡饰边缘		70.7		6.0		23.0		铜砷铅合金（砷白铜），铸造，γ+(α+γ)共晶组织，局部有少量滑移带，铅颗粒呈游离态分布于基体上，有硫化物夹杂（见图3-90、图3-91、图3-92）

分析表明，有红铜3件——包括1件戈和2件铜镯；铜锡合金1件——为弧背刀，锡含量较低为2.7%；铜砷铅合金（砷白铜）1件——为铜泡饰，含砷23%、铅6%。高砷铜合金可以使器物表面达到光亮的效果。低碳钢1件，为铜柄铁剑的剑刃，是以块炼渗碳钢为原料锻打而成，夹杂物多分布在晶粒的分界处且沿加工方向延伸，成分特点表现为铁高硅低，几乎不含钾、镁、铝。

金相分析显示，铜柄铁剑（9901）基体为铁素体组织，热锻成形；弧背刀（9907）金相组织中有再结晶晶粒和滑移带，为热锻后经过了冷加工；戈（DY1）金相组织为含砷、锑的红铜热锻组织，α树枝晶局部有拉长变形现象，枝晶偏析明显存在。基体还分散着再结晶的α细小晶粒及孪晶。低含量的锑、砷元素使铜器具有较低的再结晶温度，因此在不高的加热温度下锻打或不长的加热锻打时间，冷却后，合金成分均匀化不充分，组织中就会有再结晶晶粒出现。深色为原铸造枝晶偏析残留痕迹"鬼影"；镯（DY3）和镯（DY1）基体为再结晶晶粒和孪晶，系热锻成形；泡饰（DY4）为铜砷铅合金铸造组织，铅颗粒呈游离态分布在铜砷合金基体上，金相组织显示为γ+（α+γ）共晶组织，灰色基体为γ相，浅粉色相是（α+γ）共晶体（见图3-90）。铸后局部区域进行了冷加工。扫描电镜对微区成分进行了分析（见图3-92），即分析点A：铜16.2%，铅55.1%，砷21.8%，为铅颗粒；分析点B：铜78.9%，硫21.1%，为硫化亚铜夹杂；分析点C：铜68.8%，砷31.2%，为γ相；分析点D：铜88.5%，砷11.5%，为（α+γ）相。

德钦永芝分析的金属器包括红铜3件、铜锡合金1件、铜砷铅合金1件以及低碳钢1件，合金类型多样化，其中发现含铅的砷铜合金可能是目前所知云南最早的砷白铜；加工方式包括铸造1件、铸后热锻3件和锻打2件，制作技术处于相对发展的阶段。

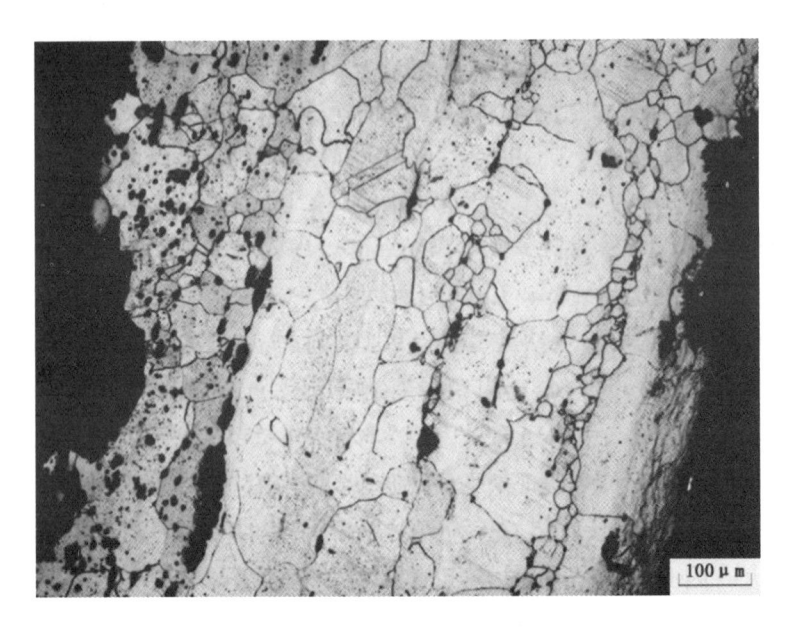

图 3-85　铜柄铁剑（9901）金相组织

铁素体+珠光体，热锻

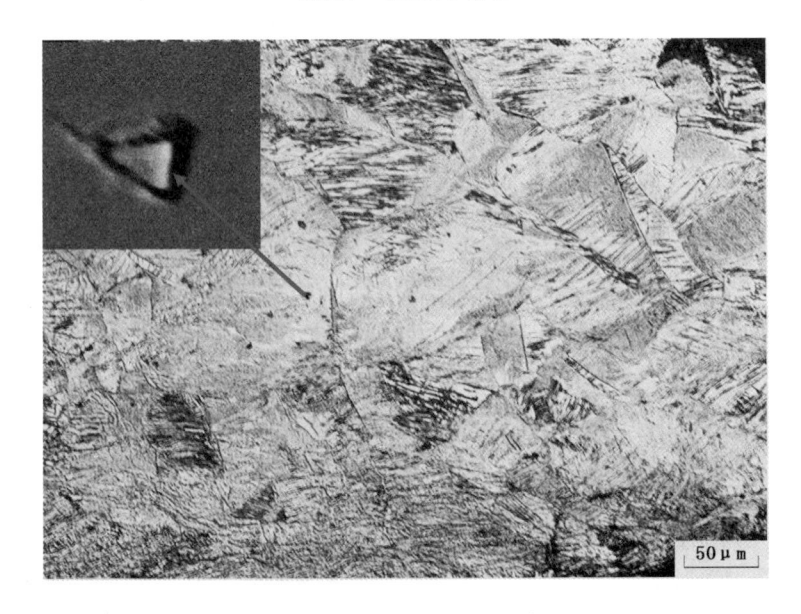

图 3-86　弧背刀（9907）金相组织

铜锡合金，热锻后冷加工

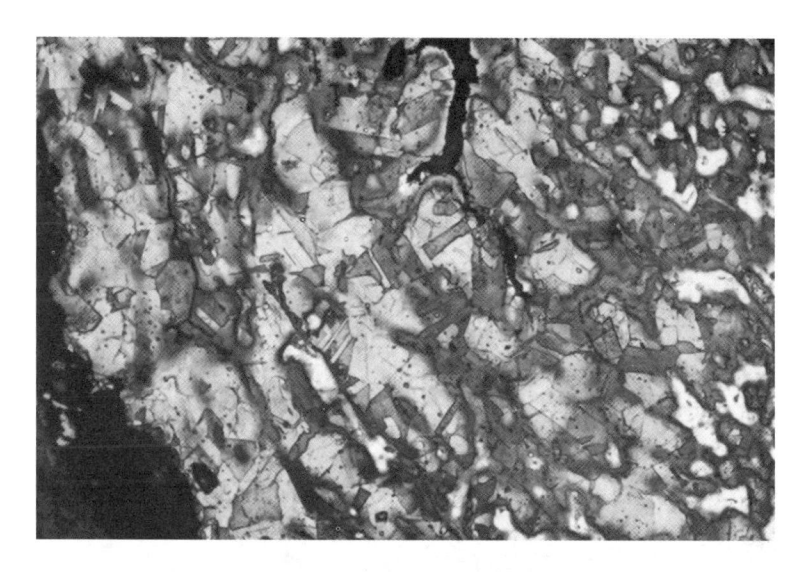

图 3-87 戈（DY1）金相组织

铜（砷）（锑），铸后热锻组织，α 再结晶晶粒及孪晶，
并可见原铸造树枝晶残存痕迹

图 3-88 手镯（DY3）金相组织

铜（锡），热锻

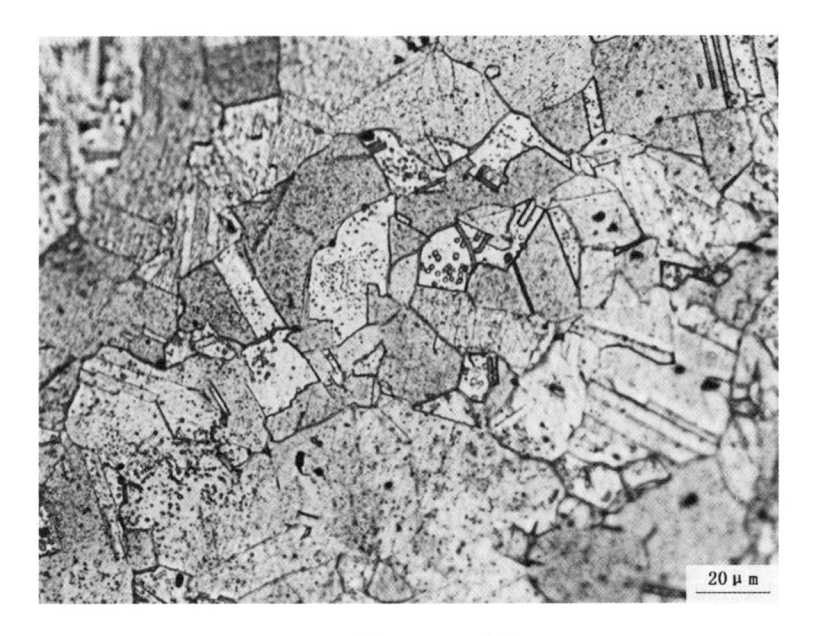

◆◆◆ 云南洱海地区出土青铜时代金属器的技术研究

图 3-89 镯（DY2）金相组织

铜（锡），热锻

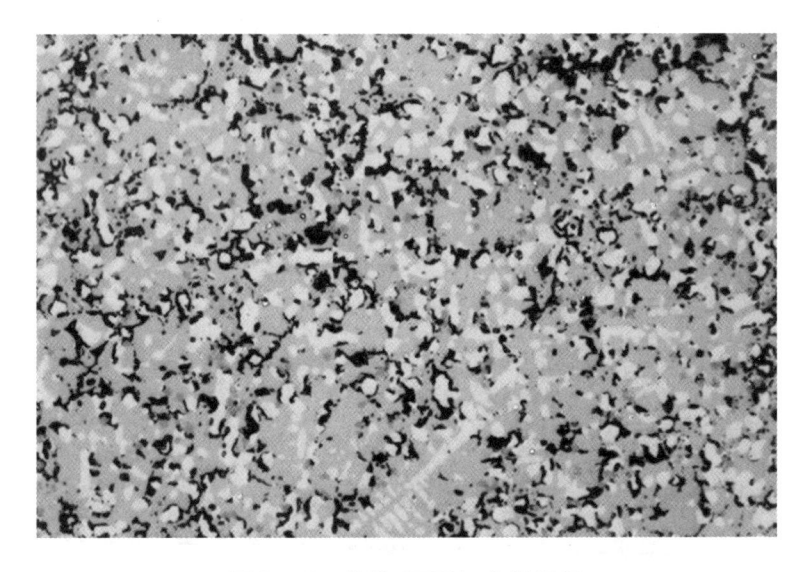

图 3-90 泡饰（DY4）金相组织

铜砷铅合金（砷白铜），铸造，$\gamma + (\alpha + \gamma)$ 共晶体

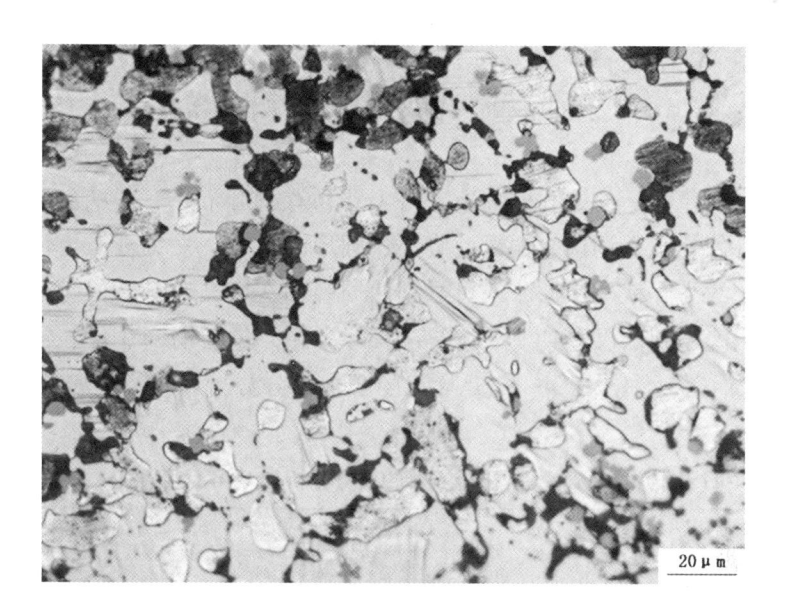

第三章 洱海地区出土金属器的成分与金相检测

图 3-91 泡饰（DY4）
基体合金相及夹杂物分布

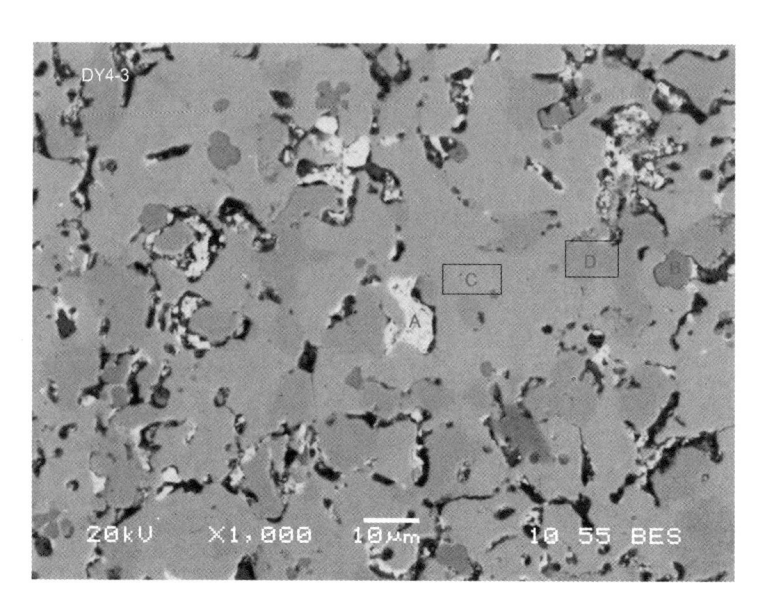

图 3-92 泡饰（DY4）微区分析
A：铅颗粒，B：硫化物夹杂，C：基体 γ 相，D：（α+γ）相

第九节 德钦纳古墓葬群

该墓葬群是一处石棺墓地，出土器物有柳叶形矛、曲柄剑、双圆饼茎首剑、橐末铜饰、铜镯、脚环、圆形饰牌等。发掘者认为该墓地的年代约为春秋早中期，或可早到西周晚期，后又有学者认为可能处于战国晚期到西汉早期。[1] 本研究采样5件，包括铜镯3件、铜饰牌1件、铜剑1件。表3-11是样品的合金成分分析和金相观察结果。

表3-11 德钦纳古墓葬群出土铜器的成分分析和金相观察结果

实验室编号	名称	年代	合金成分（Wt%） 铜	锡	砷	金相鉴定结果
9903	德钦纳古 M6:7 433 铜手镯边缘	战国末到西汉早期	86.4	13.7		基体锈蚀严重，定性分析为铜锡合金，锈蚀产物为绿色的孔雀石、红色的赤铜矿、淡黄色的为锡石
9904	德钦纳古 M16:4 铜手镯内边缘		82.2	17.8		基体锈蚀严重，铜锡合金，锈蚀产物为绿色的孔雀石、红色的赤铜矿、淡黄色的为锡石，黑色颗粒为铅颗粒，有硫化物夹杂（见图3-93）
DN4	德钦纳古馆藏号421 M16:4 铜手镯内边缘		83.3	16.1		基体锈蚀严重，铜锡合金，锈蚀产物为绿色的孔雀石、红色的赤铜矿和淡黄色的锡石
DN3	德钦纳古馆藏号425 铜饰牌边缘 M8:1		93.9	6.1		基体锈蚀严重，铜锡合金，锈蚀产物为红色的赤铜矿、绿色的孔雀石和淡黄色的锡石
DN2	德钦纳古铜剑尖峰部馆藏号397		99.6		0.3	铜（砷），红铜，铸造，基体为树枝状晶，局部含有砷元素，有铅颗粒和硫化物夹杂（见图3-94）

---

[1] 云南省博物馆文物工作队：《云南德钦县纳古石棺墓》，《考古》1983年第3期。

5件器物中有4件为铜锡合金，包括铜镯3件和铜饰牌1件，这几件器物锈蚀较为严重，3件铜镯的含锡量均在10%以上，1件饰牌的含锡量为6.1%，由于基体锈蚀严重，部分铜流失，由此可能造成锡含量与器物实际的含锡量有一定偏差；另外1件铜剑为红铜，并含有微量的砷，基体有砷偏析，有硫化物夹杂和铅颗粒分布。

由于铜镯（9903、9904、DN4）和饰牌（DN3）这4件器物锈蚀较为严重，组织中都发现有大量锈蚀产物，包括绿色的孔雀石、红色的赤铜矿和淡黄色的锡石。铜剑（DN2）为铸造而成，组织有变形，树枝晶呈方向性分布，应是使用中所致，如对刃部的戗磨而造成的。

德钦纳古分析的铜器包括红铜1件和锡青铜4件，锡青铜均为铜镯和饰牌，由于是装饰品，锡的加入可能与实现器物表面光亮的颜色效果有关。仅有1件样品未锈蚀，经判断为铸造而成。

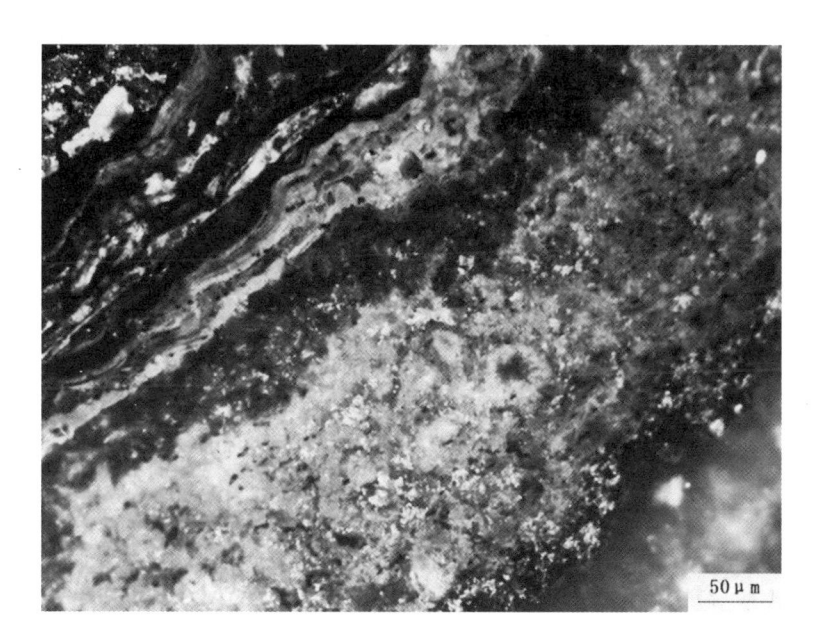

图3-93　手镯（9904）金相组织

锈蚀严重，定性分析为铜锡合金

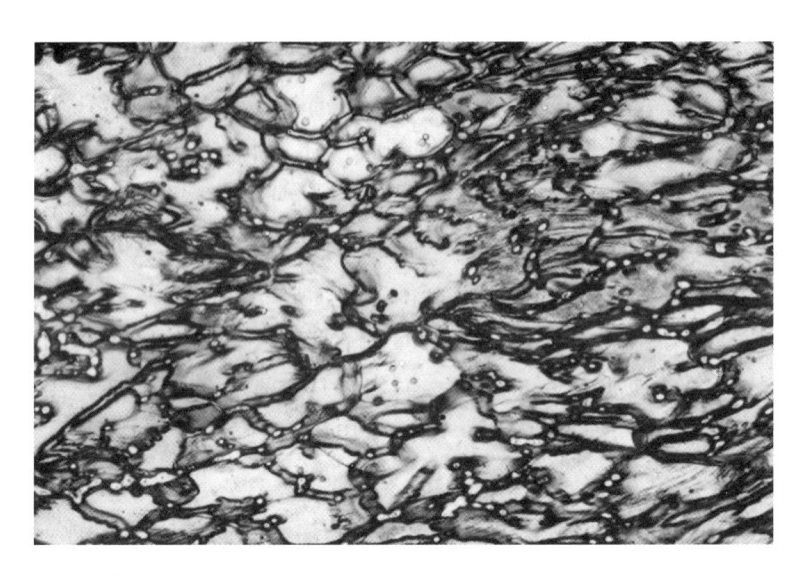

图 3-94 剑（DN2）金相组织

铜（砷），铸造，树枝晶呈方向性排列

第十节　德钦石底墓葬

出土铜器有鹿头形杖头饰、杯、山字格剑、矛、镦、削、匕等。发掘者将其年代定为战国晚期至西汉早期。本研究对铜杯进行取样分析，鉴定结果见表 3-12。

表 3-12　德钦石底墓葬出土铜器的成分分析和金相观察结果

实验室编号	名称	年代	合金成分（Wt%）				金相鉴定结果
			铜	锡	铅	锑	
9905	德钦石底409铜杯	战国末到西汉早期	85.1	12.2	0.2	0.6	铜锡（锑）（铅）合金，铸造，基体为α固溶体与（α+δ）共析体，局部有滑移带，有铅颗粒和硫化物夹杂（见图3-95）

这件铜杯为铜锡合金，含锡量为12.2%，含有微量锑、铅，有硫化物夹杂和铅颗粒。基体有（α+δ）共析体分布，为铸造成形，局部有滑移带，可能是铸后进行了局部修整。由于该墓葬仅取样1件，无法判断其整体技术特征，但该墓葬与德钦纳古墓葬群相距不远，且出土器物的类型基本相似。另外，这件铜杯的含锡量在12%左右，与纳古墓葬群出土的铜镯等器物的锡含量相近。

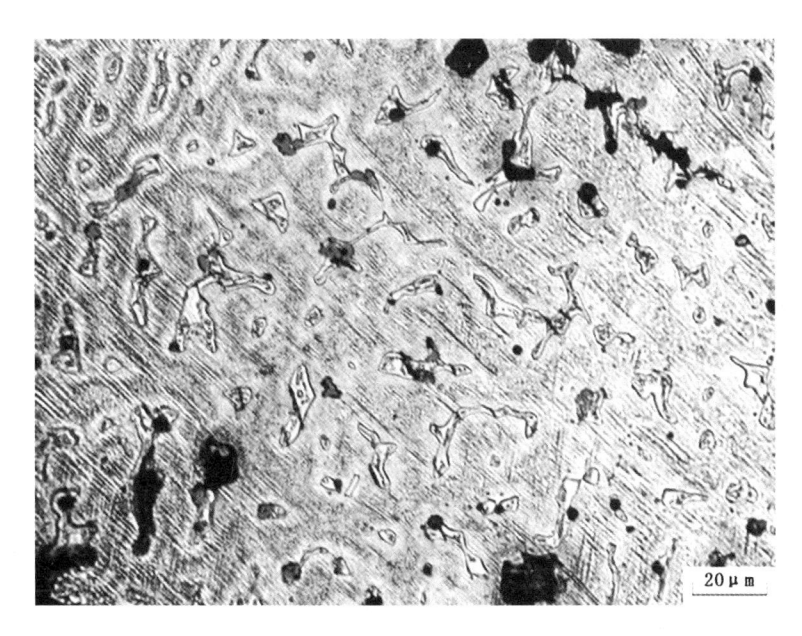

图3-95 杯（9905）金相组织

铜锡合金，铸造，有（α+δ）共析体分布

第十一节 宁蒗大兴镇墓葬群

出土的金属器有山字格剑、双圆饼茎首铜柄铁剑、斧、矛、削、牌饰。本研究共取样品4件，包括铜斧2件、铜削1件、铜柄铁剑铁剑刃1件。表3-13是这些样品的合金成分分析和金相观察结果。

表3-13　宁蒗大兴镇墓葬群出土铜器的成分及金相鉴定结果

实验编号	名称	年代	合金成分（Wt%）铜	合金成分（Wt%）锡	金相鉴定结果
9937	M5:4 削 环首	战国晚至西汉早期	93.1	4.9	铜锡合金，铸后冷加工，基体为α固溶体晶粒，有大量滑移带，基体组织沿加工方向拉伸变形，有硫化物和铅颗粒夹杂（见图3-96、图3-97）
9938	M4:1 斧 銎部	战国晚至西汉早期	88.0	12.0	铜锡合金，热锻后冷加工，α再结晶晶粒及少量孪晶，有大量滑移带，有铅颗粒和硫化物夹杂（见图3-98、图3-99）
9939	M8:1 斧銎部	战国晚至西汉早期	98.8	1.3	铜（锡），铸造，基体为α固溶体晶粒，有铅颗粒和硫化物夹杂（见图3-100）

4件样品中，除铜柄铁剑（9836）的铁刃样品基体锈蚀严重无法判断外，有2件铜锡合金为削（9937）和斧（9938），含锡量分别为4.9%和12%，另一件斧（9939）为红铜，也有少量的锡，为1.3%。3件铜器中均有铅颗粒和硫化物夹杂。因分析样品较少，无法全面总结其技术特征，但从合金类型来看，已经出现了红铜、锡青铜和铁器，说明该墓地金属器的合金类型相对多样化。

削（9937）为铸后冷加工，基体沿加工方向拉伸变形，有大量滑移带；斧（9938）基体为再结晶晶粒、有大量滑移带，为热锻后进行了冷加工；斧（9939）基体为铸造组织。

该墓葬出土的金属器包括了红铜1件、锡青铜2件、铁器1件，加工工艺包括铸造、铸后冷加工、热锻后冷加工三种。无论是合金类型还是加工工艺，都较为多样。

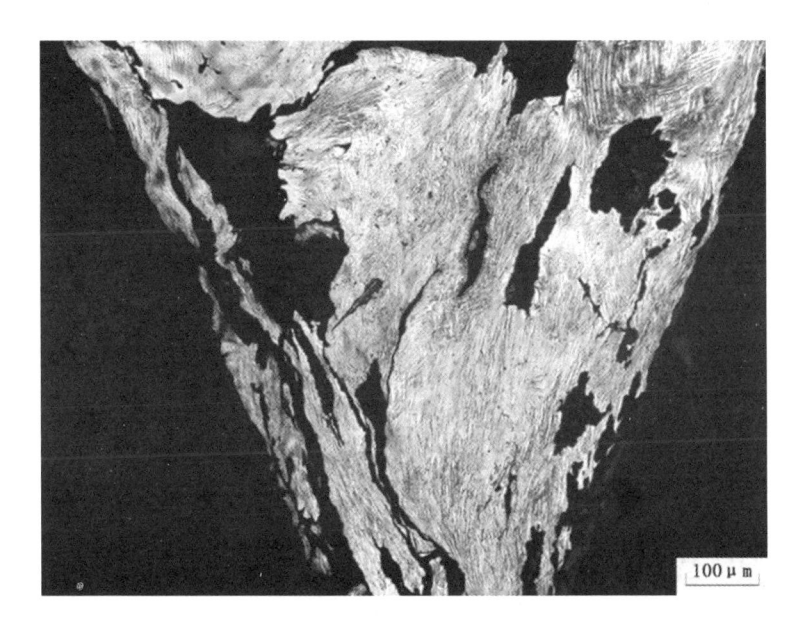

第三章 洱海地区出土金属器的成分与金相检测 ◆◆◆

图 3-96 削（9937）金相组织

基体组织沿加工方向拉伸变形

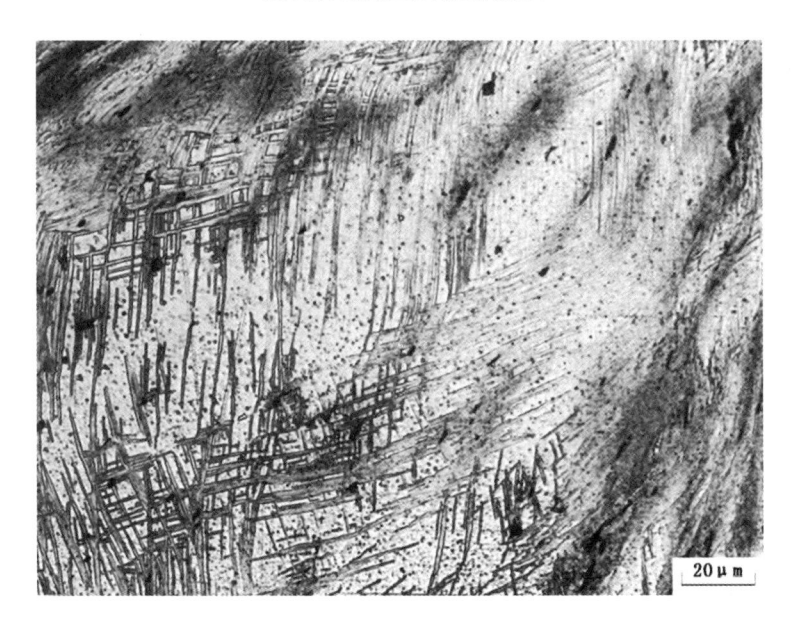

图 3-97 削（9937）金相组织

铜锡合金，铸后冷加工

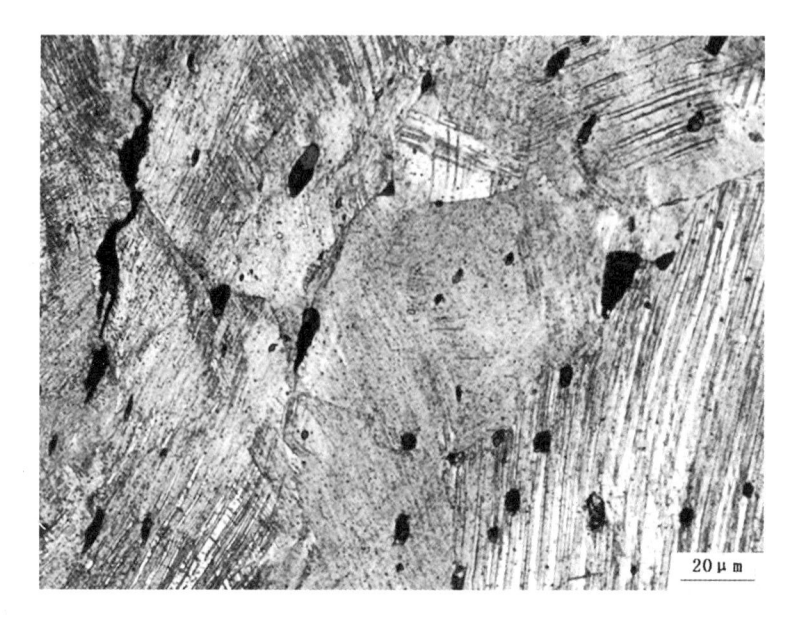

图 3-98 斧（9938）金相组织

铜锡合金，热锻后冷加工

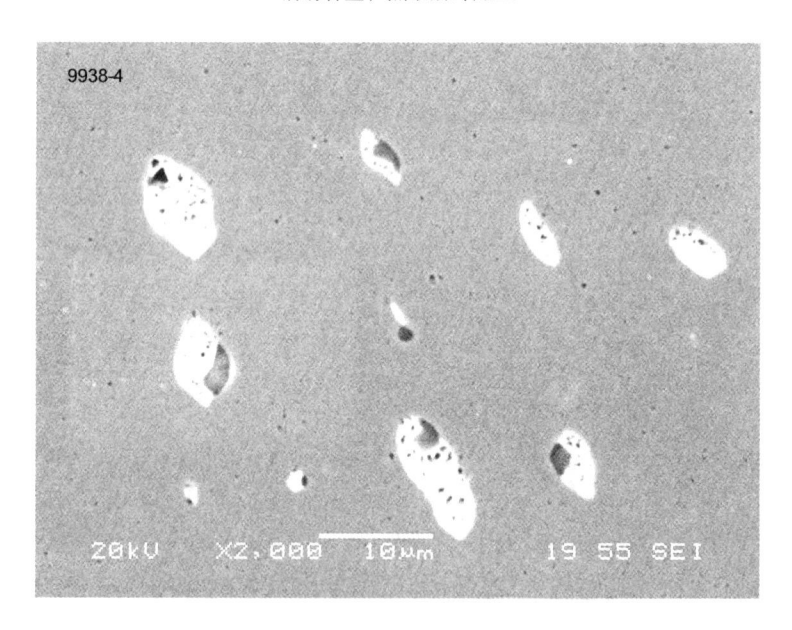

图 3-99 斧（9938）扫描电镜二次电子像

铅颗粒和硫化物夹杂

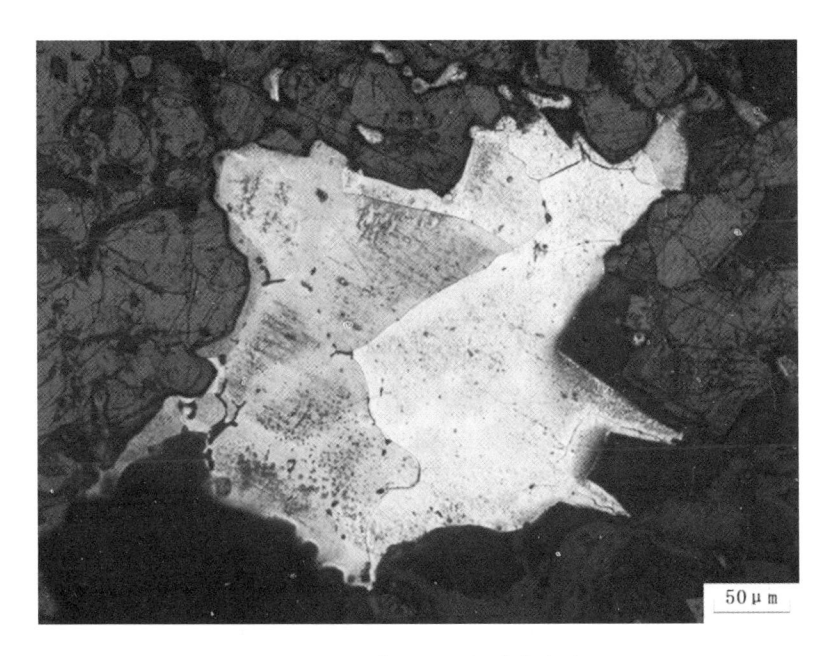

第三章　洱海地区出土金属器的成分与金相检测

图 3-100　斧（9939）金相组织
铜（锡），铸造

第十二节　南诏风情岛墓葬群

该墓葬群为竖穴土坑墓，出土金属器有铜柄铁刃剑、铜剑、靴型钺、山字格剑、豆，鸟形杖首和臂钏等。本研究对12件金属器进行取样，分别为铜钺6件、铜剑2件、铜柄铁剑（矛）2件，铜鸟杖头2件。在成分分析中，除9877、9881、9883这3件样品采用的是电子探针分析（仪器型号为JXA-8100，分析条件：加速电压20千伏；束流1x10—8安）外，其均采用带能谱的扫描电镜进行分析，成分分析及金相观察结果见表3-14。

表3-14　南诏风情岛墓葬群出土铜器的成分及金相鉴定结果

实验编号	名称	年代	合金成分（Wt%）铜	锡	砷	铁	金相鉴定结果
9873	M14:4 伞形钺柄部	战国晚期至西汉早期	96.3		2.7		铜砷合金，铸造，铜砷α固溶体呈树枝状分布，偏析明显，含砷6.5%的硫化物夹杂及含铁硫化物夹杂（见图3-101）
9876	M14:3 伞形钺銎口部		93.6		6.1		铜砷合金，铜砷α固溶体呈树枝状分布，偏析明显，有含砷29.3%的γ相（铜₃砷）析出（见图3-103）
9878	M2:2 伞形铜钺刃部		99.1				红铜，铸造，有含铁硫化物夹杂（见图3-106）
9879	M22:1 靴形钺刃部		96.9	1.4			铜（锡）合金，铸造，局部可见锡偏析，有铅颗粒和硫化物夹杂（见图3-107）
9875	M22:5 靴形钺刃部		97.9		0.2		铜（砷），铸后热锻，局部可见砷偏析，有硫化物夹杂（见图3-102）
9874	M22:2 靴形钺柄部		99.2		0.2	0.2	铜（砷），铸造，有含砷13.1%的夹杂物（见图3-114）
9877	M29:2 铜剑刃部		99.1		0.9		铜（砷），铸造组织，砷偏析呈树枝状，有硫化物夹杂（见图3-104、图3-105）
9882	M7:4 铜剑刃部		98.0				红铜，铸造，有硫化物夹杂（含铁的硫化物）（见图3-111、图3-112）
9880	采集铜柄铁矛柄部		92.5	7.6			铜锡合金，基体为α固溶体与（α+δ）共析体，铸后冷加工，有大量滑移带、硫化物夹杂（见图3-108）
9881	M13:8 鸟形杖		98.8	0.3		0.2	铜（锡），铸造，α固溶体树枝状枝晶为锡偏析，晶界氧化，氧含量2.1%，氧化程度不均匀（见图3-109、图3-110）
9883	M13:7 鸟形杖		97.8	0.3	0.3		铜（砷）（锡），铸造，α固溶体树枝状晶为砷偏析，晶界氧化，氧含量2.4%（见图3-113）

根据分析结果，有红铜8件，分别为4件铜钺、2件鸟形杖、2件铜剑。铜砷合金2件，均为靴形铜钺，基体中铜砷α固溶体呈树枝状分布，偏析明显，样品（9876）中有γ相析出，含砷29.3%；铜锡合金1件，为铜柄铁矛的铜质部分，基体为α固溶体与（α+δ）共析体，铸后冷加工，有大量滑移带；铁制品1件（9884），为铜柄铁刃剑的铁质部分。

样品9881为红铜铸造组织，微量锡溶入铜中，形成α树枝状枝晶偏析。断续网状为α固溶体富锡部位，基体为α固溶体富铜部位。平均成分为铜98.8%，锡0.3%，铁0.2%；样品9883为红铜铸造组织，微量砷溶入铜中，形成α树枝状枝晶偏析，网状部位为α固溶体富砷相，基体为α固溶体富铜部位。平均成分为铜97.8%，锡0.3%，砷0.3%。另外，这2件样品的晶界均有不同程度的氧化，含氧量分别为2.1%和2.4%，且氧化程度不均匀，可能与埋藏环境有关。

钺（9877）含砷0.9%，微观结构分析发现有铜砷α固溶体呈树枝状偏析明显；钺（9879）含锡1.4%，这2件钺样品含砷、含锡量都不高，可能不是有意加入的合金元素。2件靴形铜钺均为铜砷合金，形制相同，同出于M14，含砷量分别为2.7%和6.1%，砷的出现可能与所用矿料有关。这些铜质兵器较小、造型简单，并且表面没有使用痕迹，可以判断，应是随葬品而并非实用器。采集品铜柄铁矛（9880）柄部为铜锡合金，含锡量7.6%，铜铁复合技术的出现说明金属制作技术有了进一步的发展。

研究还发现，7件样品含有硫化物夹杂，可能与使用含硫的铜矿石炼铜有关，另外，红铜样品（9873、9874）中检测到砷元素，红铜样品（9882）中检测到铁元素，这些杂质元素可能与使用的铜矿石有关。

就制作技术而言，这些器物主要为铸造成型，在5件样品中发现树枝状偏析现象，如铜钺（9873）、靴形钺（9875、9876）、铜剑（9877）、铜柄铁矛（9880）的铜柄部分等，由于铸造时冷却速度、温度及合金元素的差异，树枝状晶的粗细也有大小之分。靴形钺（9875）的金相组织中α树枝晶局部有拉长变形现象，枝晶偏析明显存在；基体还分散着再结晶的α细小晶粒及孪晶；样品整体应为铸造而成，刃部有可能在使用中进行了戗磨、热锻修整；塑性变形产生的变形热使金属升温，局部达到再结晶温度，从而局部出现了再结晶α晶粒。铜柄铁矛（9880）样品中有大量的滑移带，且晶粒沿加工方向拉伸变形，说明铸后还进行了冷加工，这种工艺对提高兵器的硬度有一定作用。除这两件器物外，其他样品均未发现铸后加工的组织特征，这类兵器可能在铸后未经使用或加工，考虑到其器形较小的特点，很可能是墓主人的随葬器物。

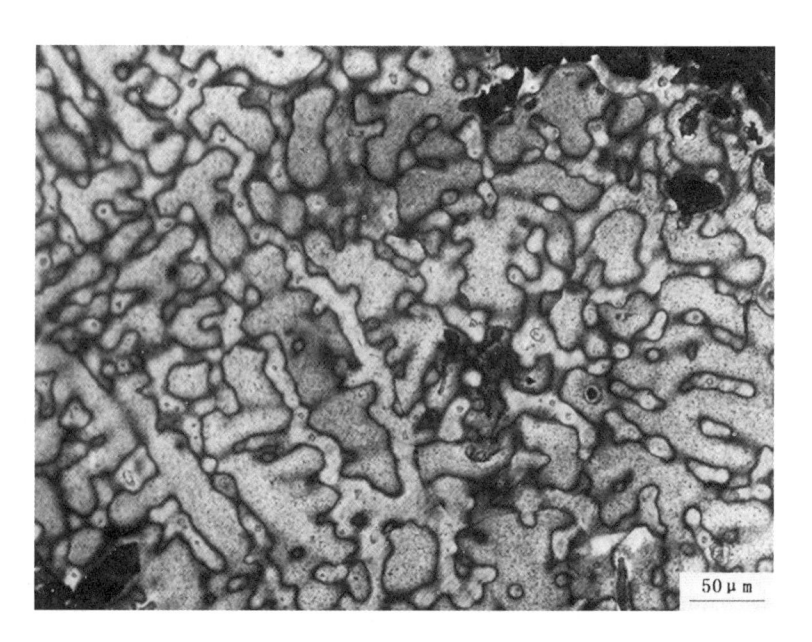

图3-101　铜钺 M14∶4（9873）金相组织

铜砷合金，铸造，铜砷α固溶体树枝状分布

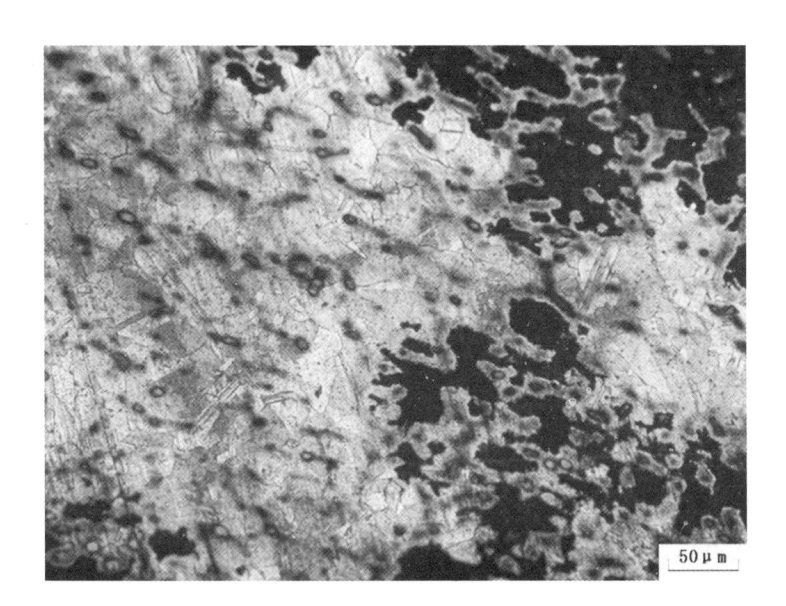

图 3-102　靴形钺 M22:5（9875）金相组织

铜（砷），铸后局部热锻

图 3-103　靴形钺 M14:3（9876）金相组织

铜砷合金，铸造，铜砷 α 固溶体树枝状分布

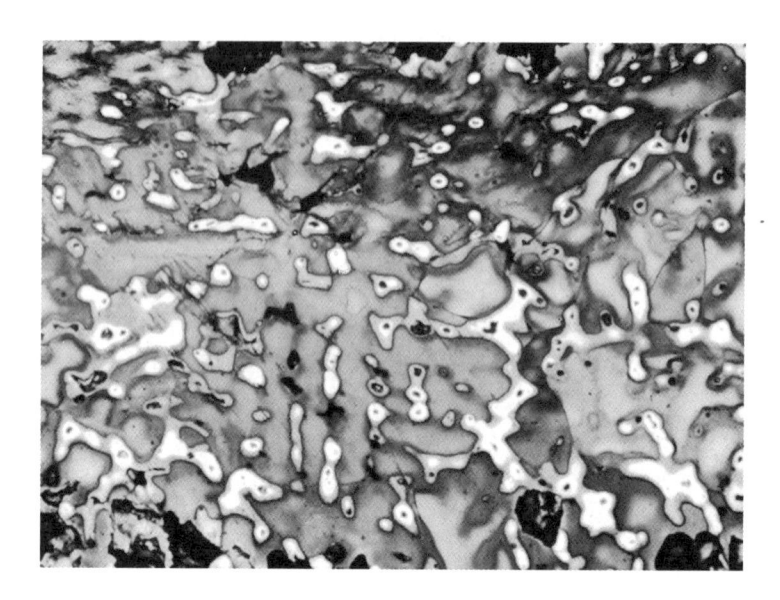

图 3-104　铜剑 M29：2（9877）金相组织

铜（砷），铸造

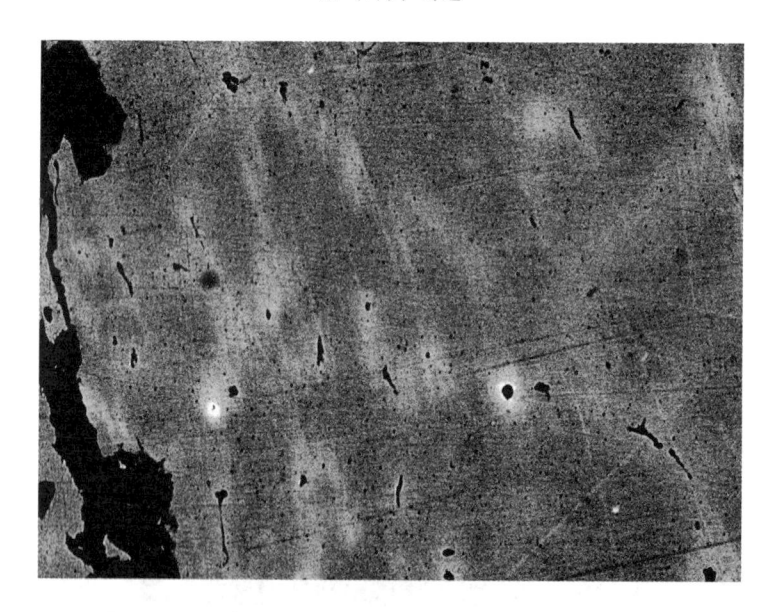

图 3-105　铜剑 M29：2（9877）扫描电镜二次电子像

白亮部分砷偏析，越亮区域砷含量越高

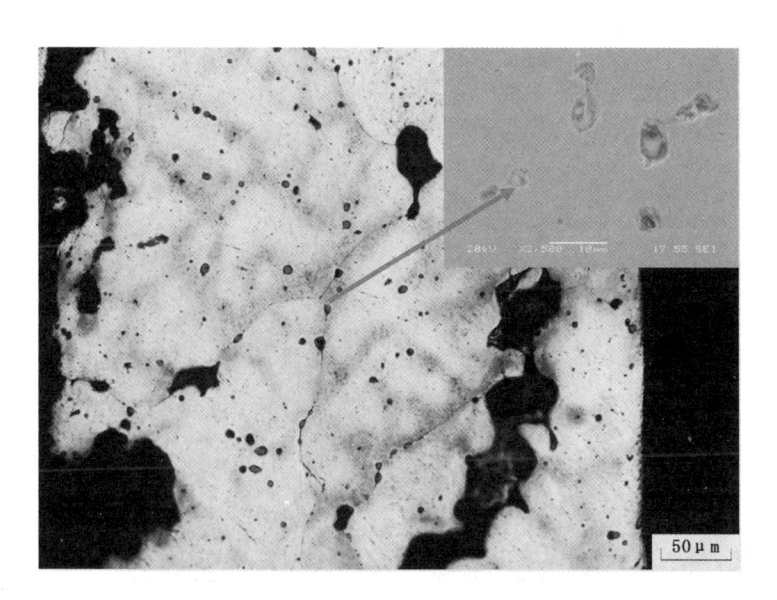

第三章 洱海地区出土金属器的成分与金相检测

图 3-106 铜钺 M2:2（9878）金相组织

红铜，铸造，局部有偏析，含铁硫化物夹杂

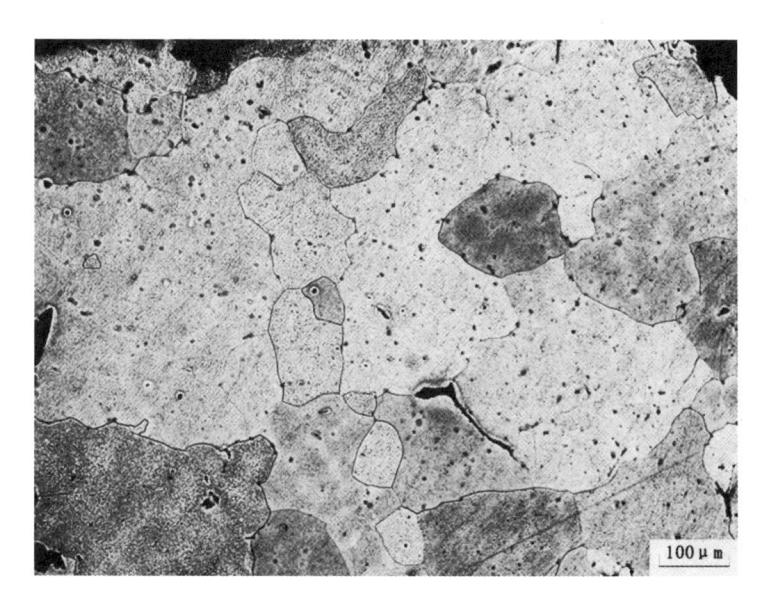

图 3-107 靴形钺 M22:1（9879）金相组织

铜（锡），铸造，局部可见锡偏析

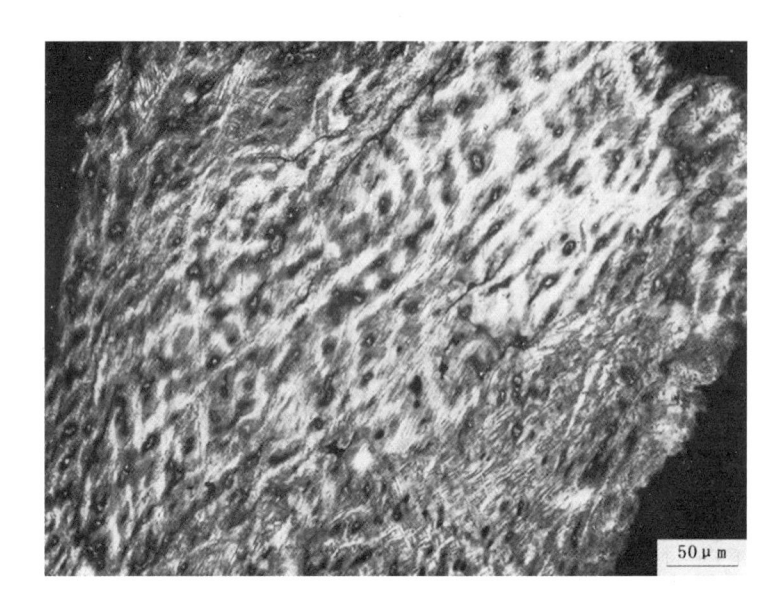

图 3 – 108　铜柄铁矛（9880）金相组织

铜锡合金，铸后冷加工

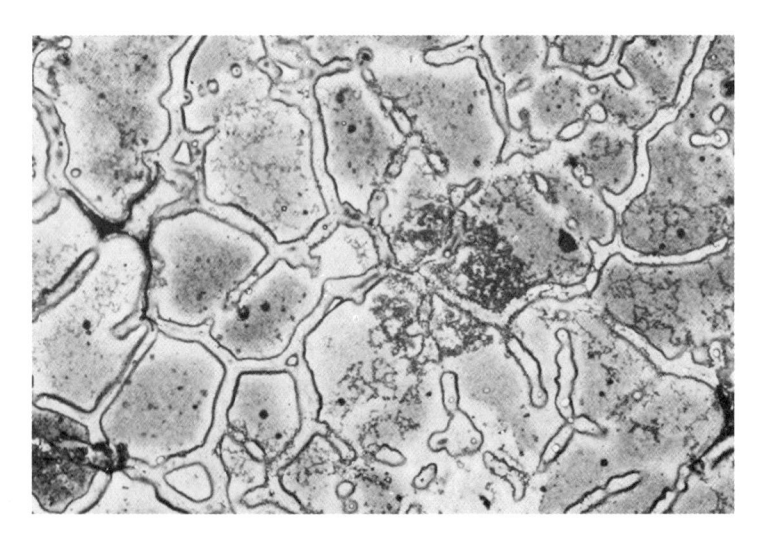

图 3 – 109　鸟型杖 M13∶8（9881）金相组织

红铜，铸造，少量锡溶入铜中形成 α 固溶体树枝状偏析

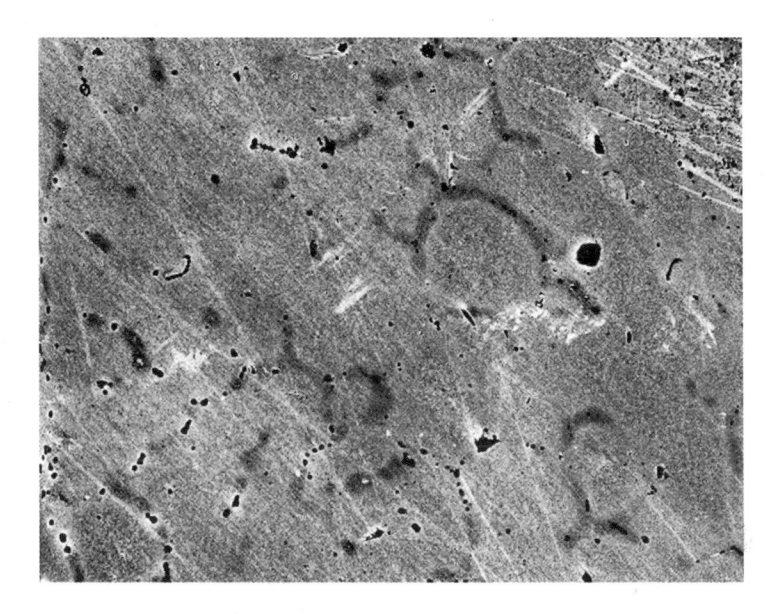

第三章 洱海地区出土金属器的成分与金相检测

图 3-110 鸟型杖 M13:8（9881）扫描电镜二次电子像

黑色带状区域铜被氧化，平均氧含量 2.1%

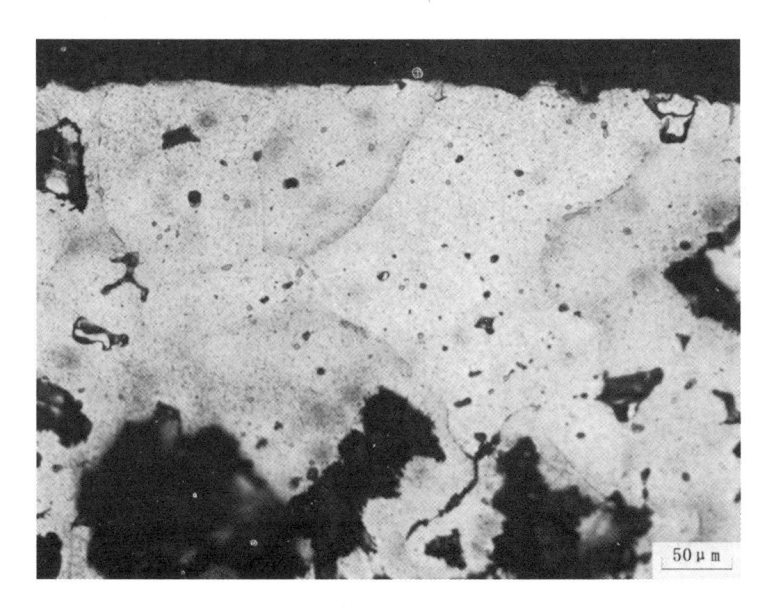

图 3-111 铜剑 M7:4（9882）金相组织

红铜，铸造

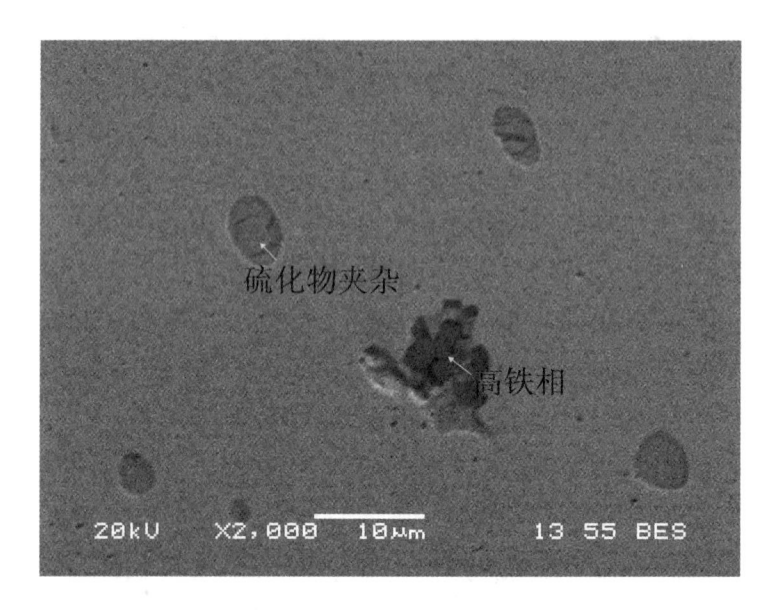

图 3-112 铜剑 M7:4（9882）扫描电镜背散射电子像

高铁相和硫化物夹杂

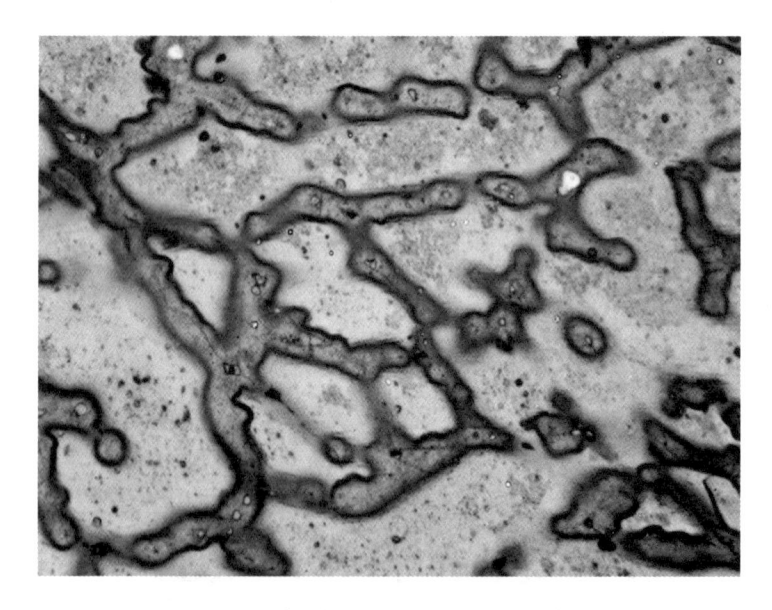

图 3-113 鸟型杖 M13:7（9883）金相组织

红铜，铸造，少量砷溶入铜中形成 α 固溶体枝状偏析

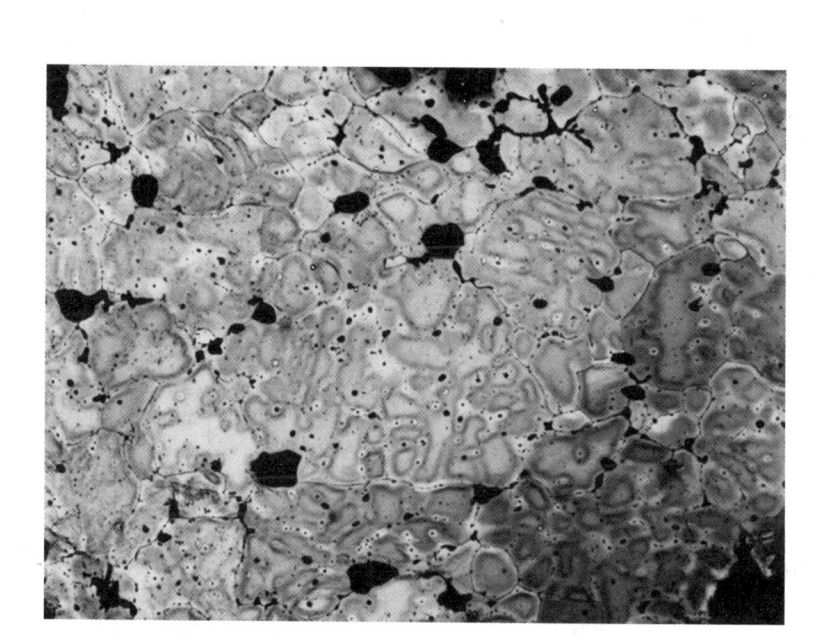

图3-114 靴形钺 M22:2（9874）金相组织

铜（砷），铸造

南诏风情岛出土的金属器，材质以红铜为主，还有铜锡、铜砷合金以及铜铁复合器，且器物中多含有砷、铁等杂质元素，这种合金成分特点可能与所用铜矿料有关。器物的制作工艺以铸造为主，有2件器物分别进行了铸后热锻和冷加工。

第十三节 洱源北山土坑墓

该墓地为竖穴土坑墓，出土较多的双耳罐和单耳罐，并有类似于剑川鳌凤山的青铜剑鞘头等出土。本研究共取样6件，兵器5件——剑鞘、铜钺、铜剑、铜戈、铜矛各1件；铜饰品1件——铜镯1件。合金成分及金相组织鉴定结果见表3-15。

表3-15　　洱源北山土坑墓出土铜器的成分及金相鉴定结果

实验编号	名称	年代	合金成分（Wt%）					金相鉴定结果
			铜	锡	铅	锑	铁	
9801	M2，剑鞘	战国末至西汉初期	83.8	15.1		0.5	0.2	铜锡（锑）合金，铸造，基体为α固溶体树枝状偏析，有铅颗粒夹杂（见图3-115）
9802	采集铜剑		91.7	0.4	4.8	3.0		铜铅锑（锡）合金，铸造，基体为铜的α固溶体，有偏析存在，有铅颗粒、铅锑混合物夹杂分布于晶界（见图3-116、图3-117）
9803	M35铜钺		84.7	14.9				基体锈蚀严重，铜锡合金
9804	M10：1铜镯		77.0	9.6	13.4			铜锡铅合金，热锻后冷加工，基体为等轴晶和孪晶，有滑移带，铅颗粒沿加工方向拉伸变形，有硫化物夹杂（见图3-118）
9805	采集铜矛		99.2	0.2				铜（锡），铸造，α固溶体树枝状晶，有硫化物夹杂及铸造缩孔（见图3-119）
9806	M30戈		99.0					红铜，铸造，α固溶体晶粒，晶内有偏析存在，有含铁夹杂物（见图3-120）

在分析的6件样品中，铜锡合金2件，为剑鞘和铜钺；铜锡铅合金1件，为铜镯；红铜2件，为铜矛和戈；铜剑为铜铅锑合金。这些器物的合金配比呈现多样化特征。2件铜锡合金兵器，锡含量在14%—15.1%，较高的锡含量有助于提高硬度以及增强合金表面光亮视觉效果。戈（9806）是红铜制品，并有含铁夹杂物（又见图3-120）。铜镯（9804）为铅锡青铜，加铅一方面可以提高金属液的流动性便于铸造，另一方面也可能是为了节省锡料，由于仅检测到

1件含铅的器物，可能存在偶然因素。铜剑（9802）为铜铅锑合金，其铅含量为4.8%，锑含量为3.0%，成分分析和金相观察显示，基体为铜的α固溶体，有偏析存在，有铅颗粒、铅锑混合物夹杂分布于晶界，这可能与冶炼过程中使用了脆硫锑铅矿（$Pb_2Sb_2S_5$）有关。

金相分析显示，除铜钺（9803）锈蚀严重无法判断外，剑鞘、铜剑、戈、矛为铸造而成，这几件器物基体中的树枝状晶粗细不同，可能与铸造时的冷却速度和锡含量的多少有关。1件铜镯为热锻成形，基体为等轴晶和孪晶组织，部分晶粒内有滑移带，说明热锻后还进行了冷加工。

洱源北山土坑墓与剑川鳌凤山相距不远，且出土器物的形制有很多相似之处，如双耳罐、剑鞘等，铜器的技术水平基本相当，与剑川鳌凤山土坑墓可能属于同一时期。

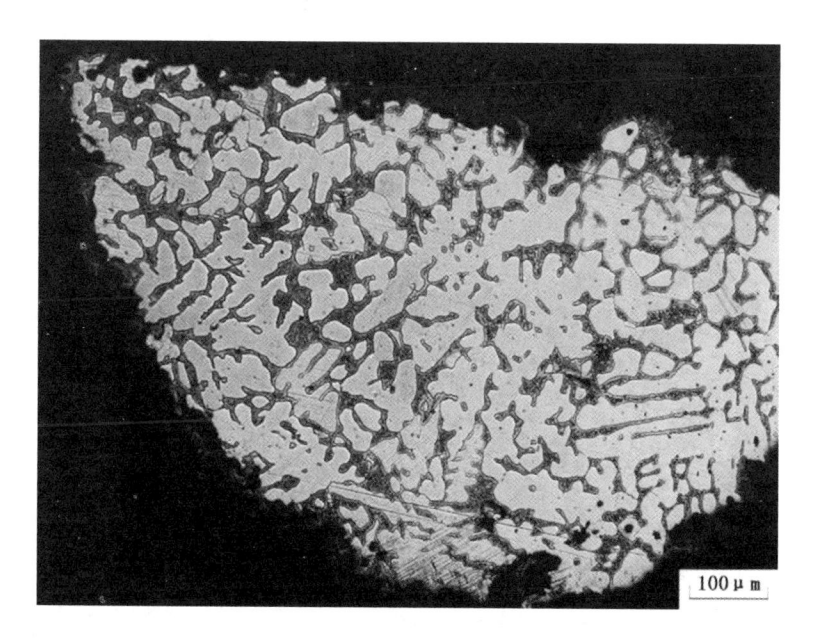

图3-115 剑鞘（9801）金相组织

铜锡（锑）合金，铸造，有（α+δ）共析体

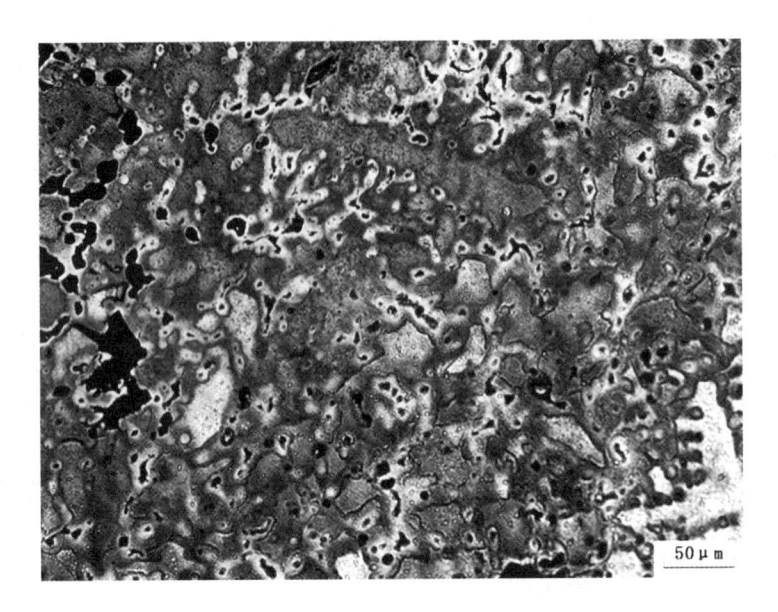

◆◆◆ 云南洱海地区出土青铜时代金属器的技术研究

图3-116 铜剑（9802）金相组织

铜铅锑合金，铸造

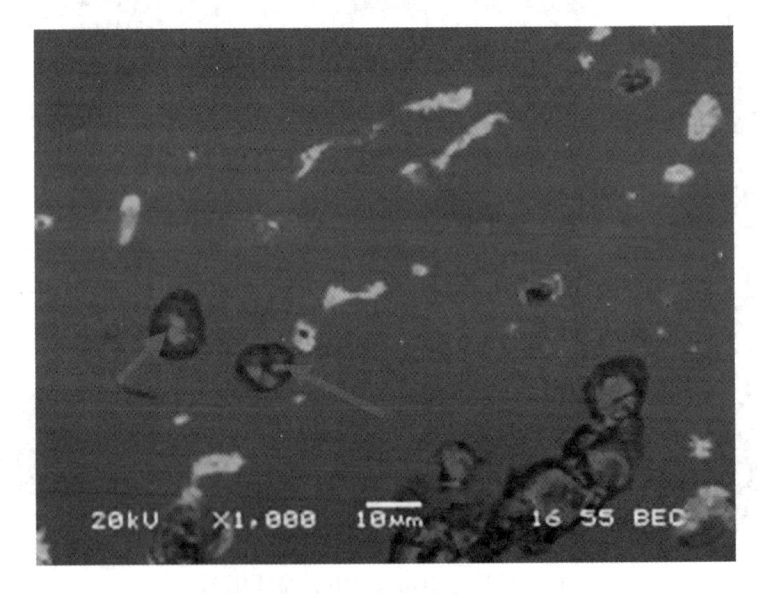

图3-117 铜剑（9802）扫描电镜背散射电子像

红色箭头所指为铅锑混合物夹杂；白色为铅颗粒

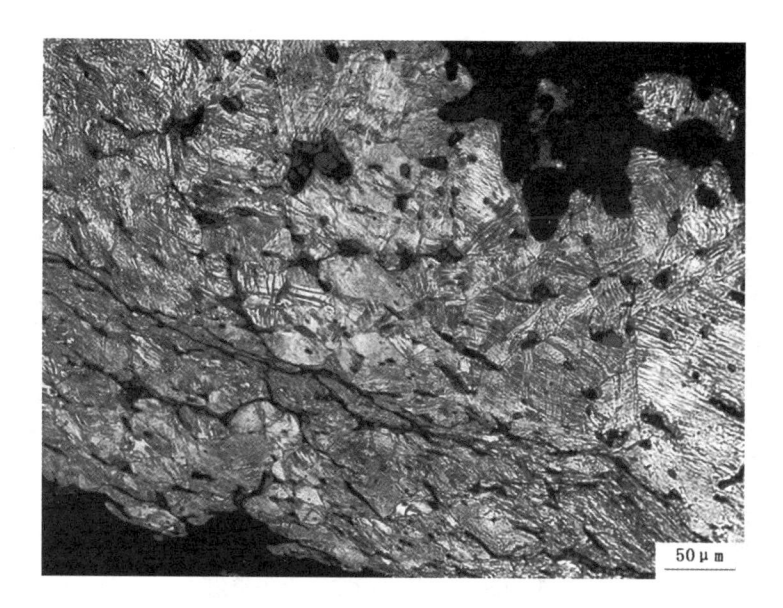

第三章 洱海地区出土金属器的成分与金相检测

图 3-118 铜镯（9804）金相组织

铜锡铅合金，热锻后冷加工，有滑移带

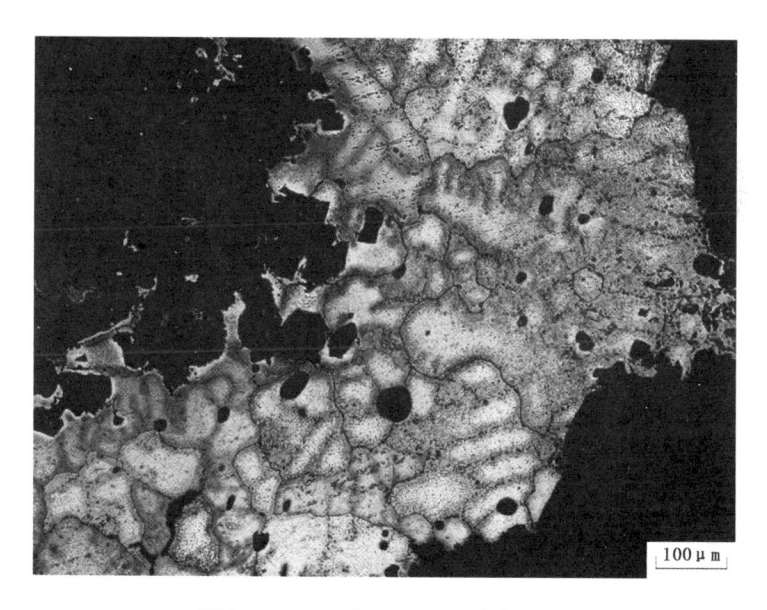

图 3-119 铜矛（9805）金相组织

铜（锡），铸造，有铸造缩孔

· 147 ·

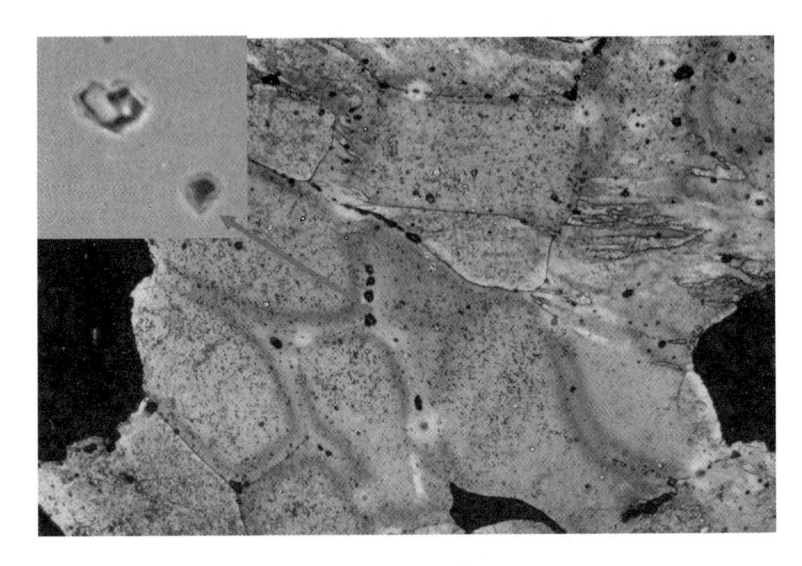

图 3-120　铜矛（9805）金相组织

铜（锡），铸造，有铸造缩孔

第十四节　香格里拉石棺墓

出土铜器有 2 件无格短剑，另外还在墓葬周围采集到一些铜矛和剑等。本研究取样 3 件，包括 2 件铜剑和 1 件铜矛。表 3-16 是样品的合金成分分析和金相观察结果。

表 3-16　香格里拉石棺墓出土铜器的成分分析和金相观察结果

| 实验编号 | 名称 | 年代 | 合金成分（Wt%） ||||||| 金相鉴定结果 |
			铜	锡	铅	锑	砷	铁	硫	
9902	香格里拉青铜矛柄部	战国末到西汉早期	90.6	8.1	0.1	0.3			0.2	铜锡（锑）（铅）合金，铸造，基体为 α 固溶体与（α+δ）共析体，局部有滑移带，有铅颗粒（见图 3-121）

续表

实验编号	名称	年代	合金成分（Wt%）							金相鉴定结果
			铜	锡	铅	锑	砷	铁	硫	
9906	香格里拉604青铜剑环部	战国末到西汉早期	81.6	17.0	0.4		0.2	0.2		铜锡（铅）（砷）合金，基本为α固溶体与（α+δ）共析体，铸后冷加工，有滑移带存在（见图3-122、图3-123）
DX1	香格里拉605青铜剑尖峰部		86.2	13.6					0.3	铜锡合金，铸后热锻+冷加工，α固溶体晶粒及孪晶存在变形，有大量滑移带，有铅颗粒和硫化物夹杂（见图3-124）

3件器物均为铜锡合金，铜矛的锡含量为8.1%，2件铜剑的锡含量分别为17%和13.6%，作为兵器，这样的合金配比可以提高硬度。此外，这些器物中含有微量的锑、铅等元素以及硫化物和铅颗粒。

矛（9902）基体为α固溶体与（α+δ）共析体，铸造而成，局部有滑移带；剑（9906）为铸造而成，基体呈树枝状锈蚀，有大量滑移带，经过铸后冷加工；剑（DX1）的组织中有再结晶晶粒和大量滑移带，是热锻后又进行了冷加工的体现。

分析的这些铜器均为铜锡合金，制作方法包括铸造、铸后冷加工和热锻。从技术角度来看，这些铜器的技术水平与德钦纳古墓葬群出土铜器的技术水平相当。

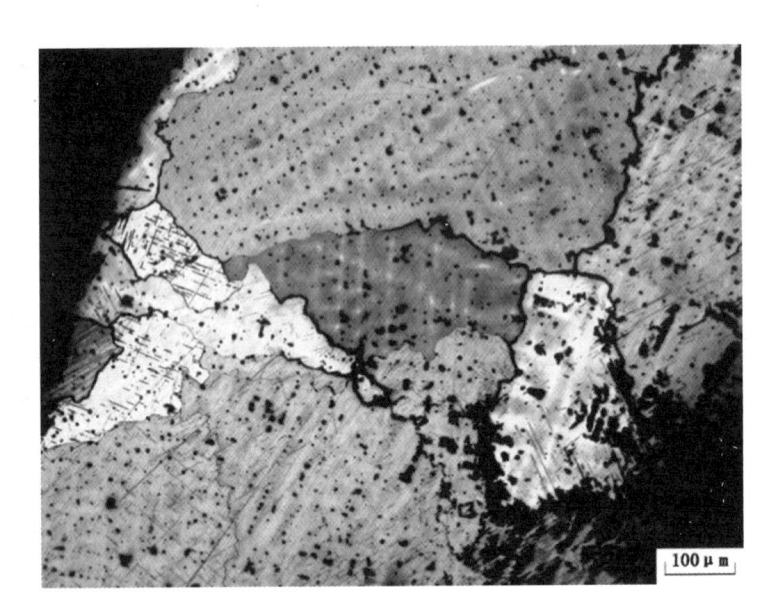

图 3-121 矛（9902）金相组织

铜锡（锑）（铅）合金，铸造

图 3-122 剑（9906）金相组织

铜锡（铅）（砷）合金，基体呈树枝状锈蚀

第三章 洱海地区出土金属器的成分与金相检测

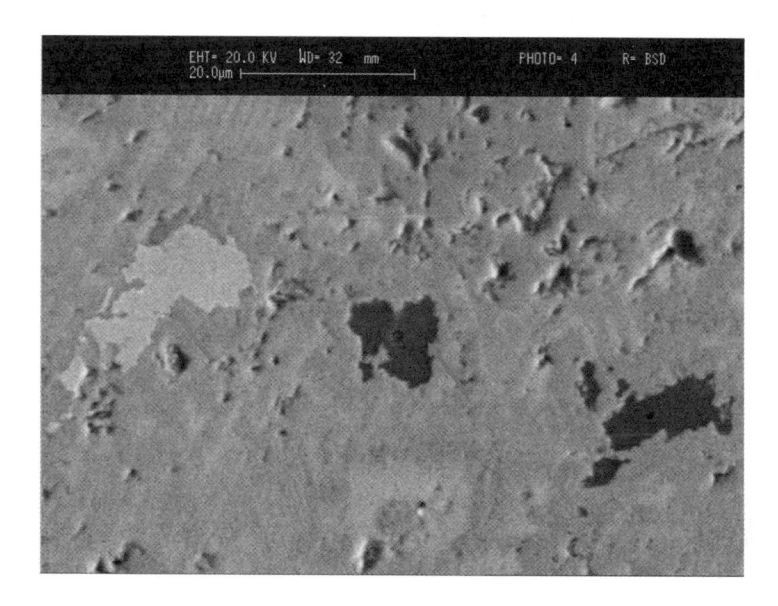

图 3-123 剑（9906）扫描电镜背散射电子像

箭头所指为（α+δ）共析体

图 3-124 剑（DX1）金相组织

铜锡合金，热锻+冷加工

第四章

洱海地区出土金属器的技术分析与结果讨论

第一节 金属器的成分特征

一 材质类型多样化

本研究共分析洱海地区出土金属器105件，从材质来看，包括红铜48件、铜锡合金35件、铜锡铅合金4件、铜砷合金3件、铜砷铅合金1件、铜锑合金1件、铜铅锑合金1件、铅锑砷铜合金1件、金银合金2件、块炼铁1件、块炼渗碳钢5件、钢制品3件（锈蚀严重，无法判断具体材质）。材质类型与出土遗址的情况见表4-1。

表4-1　　　洱海地区分析的金属器材质分类　　　单位：件

墓葬	铜	铜锡	铜锑	铜砷	铜锡铅	铜砷铅	铜铅锑	金银	铅锑砷铜	块炼铁	块炼渗碳钢	锈蚀	总计
剑川海门口	3	2	1							1			7
剑川鳌凤山		1			2								3
祥云检村墓葬	11	6											17
祥云红土坡墓葬	4	7						2			4	1	18
楚雄张家屯	6	1			1								7
弥渡苴力	6	2											8
弥渡合家山	4	2		1					1				8
德钦永芝	3	1				1					1		6

第四章 洱海地区出土金属器的技术分析与结果讨论

续表

墓葬	铜	铜锡	铜锑	铜砷	铜锡铅	铜砷铅	铜铅锑	金银	铅锑砷铜	块炼铁	块炼渗碳钢	锈蚀	总计
德钦纳古	1	4											5
德钦石底		1											1
宁蒗大兴镇	1	2										1	4
南诏风情岛	8	1		2								1	12
洱源北山土坑墓	2	2			1		1						6
香格里拉石棺墓		3											3
总计	48	35	1	3	4	1	1	2	1	1	5	3	105

根据分析结果（见图4-1），红铜所占比例最大，达45%，其次是铜锡合金占34%，铜锡铅合金占4%，说明洱海地区的金属器以红铜和锡青铜为主，并以红铜居多。钢制品和块炼铁所占比例达8%，说明洱海地区已经开始制作和使用铁器、钢制品。含其他元素的样品以含砷和含锑的合金为主，包括铜砷合金、铜砷铅合金、铜锑合金、

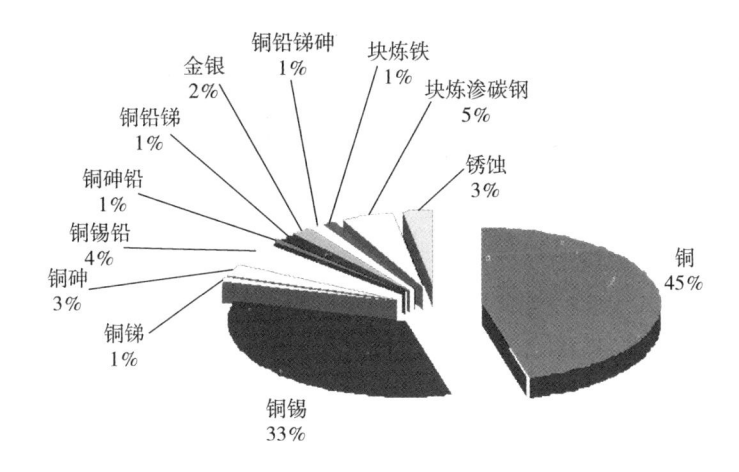

图4-1 洱海地区分析的金属器材质类型比例

铜铅锑合金、铜铅锑砷合金，这些合金类型的器物出土数量相对较少，且零星分布在剑川海门口、弥渡合家山、南诏风情岛、洱源北山土坑墓以及德钦永芝等墓葬和遗址中，可能与当地使用的矿料有关。此外，还有2件金银合金，组织较为纯净，与使用了金银共生矿有关，数量少，仅用于装饰品，年代在西汉中期以后，这一时期金银合金的制作技术仍处于初始阶段。

从以上的分析可以看出，红铜和铜锡合金是洱海地区最主要的合金类型。红铜材质的器物中根据使用功能不同，可分为兵器（22件）、生产工具（17件）、装饰品（5件）和生活用具（4件）。红铜材质各种类型器物所占比例如下（见图4-2）。

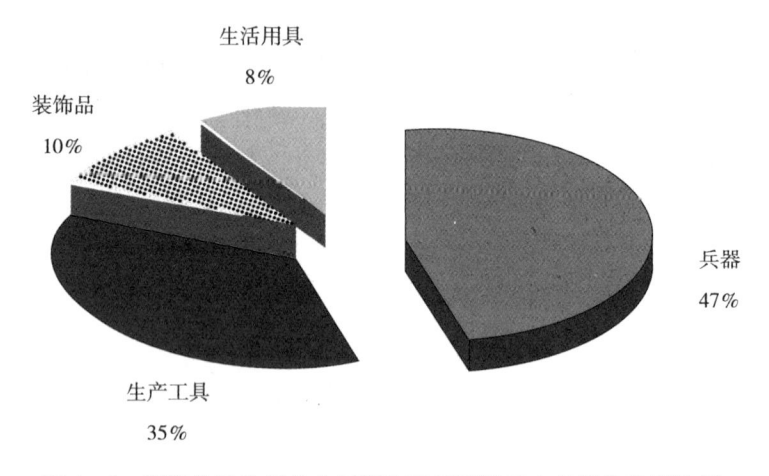

图4-2 洱海地区分析的金属器红铜材质样品中各器物类型比例

铜锡合金共有35件，以兵器和装饰品居多。其中有5件锈蚀严重，定性分析为铜锡合金。另外30件中，锡含量在5%以下的有6件、锡含量大于5%小于10%的有11件、锡含量在10%以上的有13件。见表4-2。可见，大多数铜锡合金的锡含量均在5%以上。铜锡合金各类型器物所占比例如下（见图4-3）。

第四章　洱海地区出土金属器的技术分析与结果讨论

表4-2　洱海地区分析的金属器铜锡合金锡含量分类统计　　　单位：件

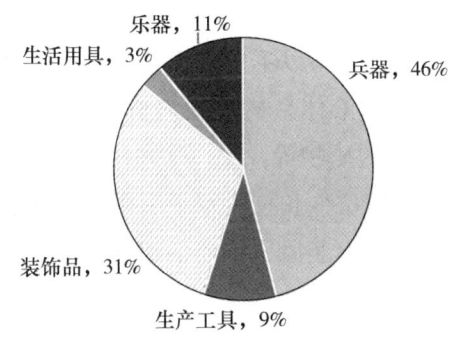

锡含量 \ 器类	兵器	生产工具	装饰品	生活用具	乐器
小于5%	3	2	1		
5%—10%	6		3		2
大于10%	6	1	3	1	2
合计	15	3	7	1	4

图4-3　洱海地区分析的金属器锡青铜样品中各器物类型比例

二　含有较多杂质元素

SEM-EDS的分析结果显示，洱海地区出土的铜器含有较多的杂质元素。共有51件样品含有杂质元素，主要包括锡、铅、硫、锑、砷、铁6种元素。

含有1种杂质元素的样品有27件，含有2种杂质元素的样品16件，含有3种杂质元素的样品有7件，另外还有1件样品（9864）同时含有5种杂质元素。统计结果显示，26件样品中含有杂质元素锡，含量在0.1%—1.7%；16件样品中含有杂质元素铅，含量在0.1%—2.0%；15件样品中含有杂质元素铁，含量在0.1%—1.7%；10件样品中含有杂质元素锑，含量在0.2%—0.9%；9件样品中含有杂质元素砷，含量在0.1%—1.9%；7件样品中含有杂质元素硫，含量在0.2%—1.6%。

从合金类型来看，这些杂质元素出现在不同材质的样品中。6种杂质元素在红铜样品中均有发现。包括含锡的有23件，含铁的有12件，含铅的有8件，含砷的有7件，含锑的有5件，含硫的有3件；铜锡合金中发现的杂质元素有铅、锑、铁、硫、砷，其中含铅的有7件，含锑的有4件，含铁的有3件，含硫的有3件，含砷的有2件；铜锡铅合金（9921）中含杂质锑；铅锑砷铜合金中含杂质锡和硫；铜砷合金（9862）中含杂质锡和铅；铜铅锑合金（9802）中含杂质锡。

这些杂质元素在铜合金中以不同的形态出现。其中元素锡、砷等多溶入铜元素中，使 α 固溶体呈树枝状偏析；夹杂物有硫化亚铁铜、锡石（SnO_2）和含砷锑的矿物等。

早期铜器由于其冶炼条件和技术水平有限，所采铜矿中的共生元素无法分离，在冶炼时，也还原成铜器的组成元素，由此造成其材质不纯净的特点。

三 不同时期金属器的成分特点

表4-3是不同时期金属器材质的分布情况，可以看出不同时间段的样品，其合金类型有着明显的差异。剑川海门口遗址出土金属器的年代从公元前1800—前1200年持续至公元前400—前100年，材质依次为铜锑合金、红铜、铜锡合金和块炼铁。除海门口遗址外，其他墓葬出土样品的年代大多数集中在战国中期和战国末至西汉初期，战国中期样品材质有5种，包括红铜、铜锡合金、铜锡铅、铜砷和铅锑砷铜合金，其中红铜样品占绝对比重（见图4-4）；战国末至西汉初期样品材质有7种，包括红铜、铜锡合金、铜锡铅、铜砷、铜砷铅、铜铅锑合金以及块炼渗碳钢，其中红铜和铜锡合金是最主要的合金类型，所占比例相当，铜砷铅、铜铅锑合金、块炼渗碳钢是这一时期新出现的材质类型（见图4-5）；块炼渗碳钢材质的样品在西汉中晚期开始增多，并且金银合金也在这一时期开始出现。

第四章 洱海地区出土金属器的技术分析与结果讨论

表4-3　　　　　　　**洱海地区不同时期金属器材质统计**①　　　　　　单位：件

年代 材质	剑川海门口遗址取样地层年代			其他墓葬考古相对年代			小计
	公元前1800—前1200年	公元前1100—前500年	公元前400—前100年	战国中期	战国末至西汉初	西汉中晚期	
红铜		3		15	30		48
铜锡合金		2		4	29		35
铜锡铅					1	3	4
铜砷				1	2		3
铜砷铅					1		1
铜锑	1						1
铜铅锑					1		1
铅锑砷铜				1			1
金银						2	2
块炼铁			1				1
块炼渗碳钢					1	4	5
钢制品锈蚀					2	1	3
小计	1	5	1	22	69	7	105

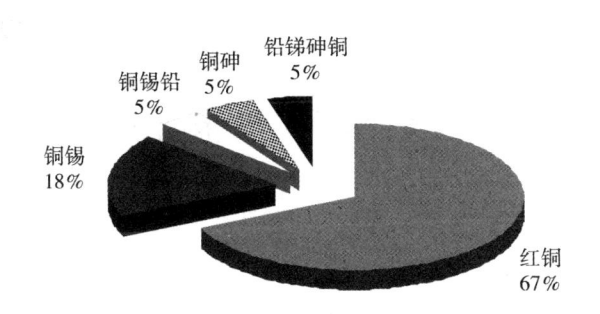

图4-4　战国中期各类材质金属器所占比例

从含杂质元素的情况来看，公元前1100—前500年中有2件样品检测到杂质元素，主要是锡、铅；在战国中期的样品中共有15件检测

---

① 年代划分依据参照表2-2。

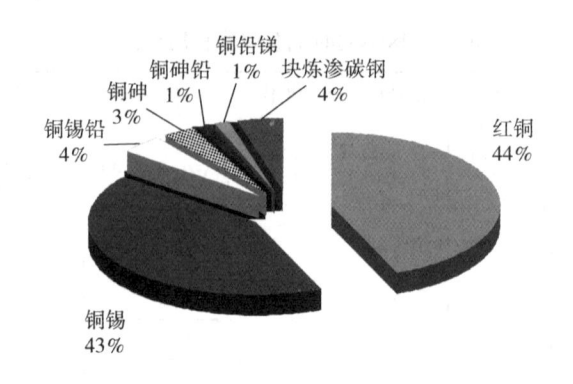

图 4-5 战国晚期至西汉早期各类金属器所占比例

到杂质元素，占该时期检测样品的 68%，其中 8 件样品检测到 2 种杂质元素，3 件样品检测到 3 种杂质元素，1 件样品检测到 5 种杂质元素；在战国末至西汉初期的样品中共有 34 件检测到杂质元素，占该时期样品的 49%，其中 8 件样品检测到 2 种杂质元素，4 件样品检测到 3 种杂质元素。从以上的统计来看，从战国中期到战国末至西汉初期，含杂质元素样品所占的比例明显下降，含两种或两种以上杂质元素样品的比例也有缩小。一方面说明不同时期使用的矿料可能发生变化，另一方面随着时间的推移，矿冶技术也有了不断的进步。

第二节 金属器的金相组织特征

一 制作技术特点

8 件器物锈蚀较为严重，仅对 97 件样品制作工艺的分析表明，其中铜器的制作方式主要有铸造、铸后冷加工和热锻等几种形式（见表 4-4）；49% 的器物为铸造而成，根据器物实际用途不同，有 33% 的样品进行了铸后冷加工。此外，还有一部分器物为热锻而成，所占比例为 18%（见图 4-6）。铁器、钢制品以及金制品的制作方式主要是折叠、锻打。

表4-4　　　　　　　洱海地区铜器制作技术统计　　　　　　单位：件

	年代	铸造	铸后冷加工	热锻	小计
剑川海门口	公元前1800—前1200年		1		6
	公元前1100—前500年	1		3	
弥渡苴力	战国中期	3	3	1	7
弥渡合家山	战国中期	5	1	2	8
楚雄张家屯	战国中期	5	1		7
	战国末至西汉初			1	
剑川鳌凤山	战国末至西汉初	2		1	3
洱源北山墓	战国末至西汉初	4		1	5
南诏风情岛	战国末至西汉初	9	1	1	11
祥云检村	战国末至西汉初	5	12		17
祥云红土坡	战国末至西汉初	6	5		11
德钦永芝	战国末至西汉初	1		4	5
德钦纳古	战国末至西汉初	1			1
德钦石底	战国末至西汉初		1		1
香格里拉石棺墓	战国末至西汉初		2	1	3
宁蒗大兴镇	战国末至西汉初	1	1	1	3
	总计	43	29	16	88

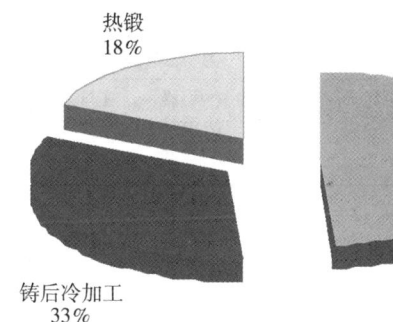

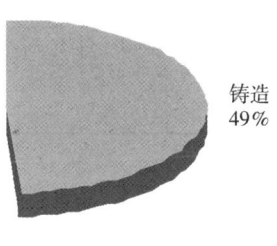

图4-6　各类铜器制作工艺所占比例

二　夹杂物

除8件样品锈蚀外，88件铜器中普遍存在铸造缺陷和夹杂物。夹杂物主要包括铅颗粒、硫化物、锡石矿物、高铁相以及含砷锑的夹杂物。这些夹杂物的存在说明制作铜器可能使用了不纯净的矿料。上文的分析显示夹杂物中的成分因铜器年代的不同而有差异，另外还因器物出土地点的不同而存在一定差异，如南诏风情岛铜器主要以含砷夹杂为主，楚雄张家屯和洱源北山土坑墓样品中多有高铁相，祥云检村出土的器物多有高锡相等，这与矿源和冶炼水平有很大的关系。

三 不同时期不同合金类型铜器的金相组织特征

（1）红铜样品共48件，集中在公元前1100—前500年、战国中期和战国末至西汉初三个时间段

其加工方式包括铸造、铸后冷加工和热锻（见表4-5、图4-7）。红铜样品中含有的杂质元素，杂质元素锡、砷、锑等多溶入铜中，形成α固溶体偏析组织，如祥云检村（9840、9841、9842、9851、9852、9854、9856、9857）、楚雄张家屯（9922、9924）、弥

表4-5　　　　　　　不同时期红铜样品的加工方式　　　　　　　单位：件

年代	铸造	铸后冷加工	热锻
公元前1100—前500年	1（生活用具1）	1（生活用具1）	1（工具1）
战国中期	7（兵器3，工具3，装饰品1）	7（兵器2，工具5）	1（工具1）
战国末至西汉初	16（兵器10，工具3，生活用具1，装饰品2）	9（兵器4，工具4，生活用具1）	5（兵器3，装饰品2）
小计	24	17	7

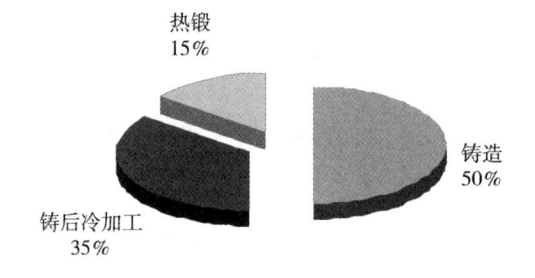

图4-7　红铜样品中各类制作工艺所占比例

渡苴力（9829、9940、9941）、弥渡合家山（9866）、风情岛（9879、9881）、洱源北山土坑墓（9805）均有微量锡溶入铜中，形成α固溶体偏析的现象。德钦永芝（DY1）、德钦纳古（DN2）、南诏风情岛（9874、9875、9877、9883）样品中均有微量砷溶入铜中，形成富砷的α固溶体偏析。

（2）铜锡合金共35件，其中有5件锈蚀，另外30件的加工方式以铸后冷加工为主，其次为铸造和热锻

锡含量在5%以上的样品较多，共17件，且多进行了铸后冷加工和热锻，铸造组织的样品中α树枝晶偏析明显，有大量的（α+δ）共析体；锡含量小于5%的样品共6件，其中3件进行了铸后冷加工，晶粒拉伸变形、基体有大量滑移带；2件基体为等轴晶和孪晶组织（见表4-6、图4-8）。

表4-6　　　　　　**不同时期铜锡合金样品的加工方式**　　　　　单位：件

年代	铸造	铸后冷加工	热锻
公元前1100—前500年			2（装饰品）
战国中期	2（工具1，装饰品1）		2（装饰品）
战国末至西汉初	5（兵器3，工具1，装饰品2）	15（兵器9，工具1，乐器4，生活用具1）	4（兵器3，工具1）
小计	7	15	8

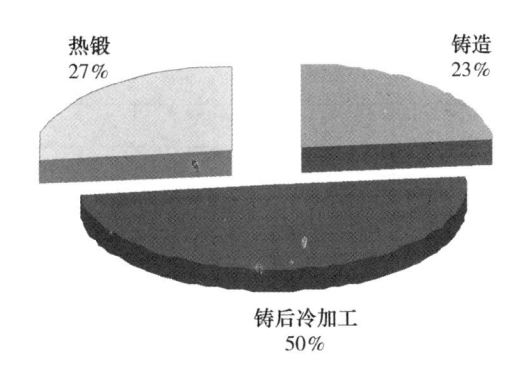

图4-8　铜锡合金中各类制作工艺所占比例
（热锻 27%，铸造 23%，铸后冷加工 50%）

与红铜相比，其加工方式有明显的不同，铸后冷加工的样品所占比例明显增多。

（3）铜锡铅合金共 4 件，加工方式主要是铸造和热锻后冷加工

样品铜镯（9936）、铜块（9921）基体有 α 树枝晶、(α+δ) 共析体以及铅颗粒。铅以小颗粒状或弥散状分布于晶界。样品剑鞘（9833）、铜镯（9804）进行了热锻后冷加工，基体为等轴晶和孪晶组织，铅颗粒呈方向性拉伸变形（见表 4-7）。

表 4-7　　　　　　　　**不同时期铜锡铅合金的加工方式**　　　　　　单位：件

年代	铸造	热锻后冷加工
战国中期	1（铜块）	
战国末至西汉初	1（铜镯）	2（剑鞘 1，铜镯 1）

（4）含砷合金 4 件，加工方式主要是铸造和热锻

铜钺（9873、9876）为铜砷合金，铸造而成，基体中铜砷 α 固溶体呈树枝状分布，偏析明显；泡饰（DY4）为铜砷铅合金，铸造而成，基体由 γ+(α+γ) 共晶体组成，铅颗粒呈游离态分布于基体上；尖叶形锄（9862）铜砷合金，铸后热锻而成，组织较为细密、基体为等轴晶和孪晶（见表 4-8）。

表 4-8　　　　　　　　**不同时期含砷合金的加工方式**　　　　　　单位：件

年代	铸造	热锻
战国中期		1（锄）
战国末至西汉初	3（钺 2，泡饰 1）	

（5）含锑合金 3 件，加工方式主要是铸造和铸后冷加工

铜块（9916）为铜锑合金，基体呈 α 固溶体树枝晶，有铜锑相析出，有滑移带分布；镦（9860）为铅锑砷铜合金，铸造而成，在铅基体上分布多种复杂的合金相；剑（9802）为铜铅锑合金，基体为铜

的α固溶体，偏析明显，有铅颗粒、铅锑混合物夹杂分布于晶界（见表4-9）。

表4-9　　　　　不同时期含锑合金的加工方式　　　　　单位：件

年代	铸造	铸后冷加工
公元前1800—前1200年		1（铜块）
战国中期	1（镦）	
战国末至西汉初	1（剑）	

四　组织中的含锡氧化物和富铁相

本研究在多件样品中检测到含锡的氧化物夹杂，造成这种现象的原因目前学术界主要有两种观点，一种观点认为可能是铜熔炼后在浇铸过程中加入的合金元素锡被氧化形成的[1]，另一种观点认为是熔炼铜的过程中加入锡砂造成的。[2]

呈中空长条尖角状、四方块状结晶的氧化锡（SnO_2），矿物结晶学称之为骸晶。根据梁宏刚博士的模拟实验结果[3]，氧化锡（SnO_2）骸晶结晶是金属熔化过程的后期（此时熔体黏度较高，具备形成骸晶的条件），在准备铸造前人为有意识加入锡而形成的。不具有骸晶形态的锡氧化物结晶，似乎应该属于加锡石形成的。

本研究分析的锡氧化物结晶（如9840、9841、9842），不具有骸晶形态，而且与周边的铜基本分布不连续，似为夹杂物"嵌"入其中，可能是加锡石形成的。9841、9842样品中含锡较高的颗粒物还分别含铁4.5%、锑4.9%，可能是锡石矿物或铜矿中引入的杂质元素。

---

[1] Dungworth, D., Seprendipity in the Foundry? Tin Oxide Inclusions in Copper and Copper Alloys as an Indicator of Production Process, *Bulletin of the Metals Museum*, 2000 (32).

[2] Mei, J., Shell, C., Li, X. and Wang, B., A Metallurgical Study of Early Copper and Bronze Artefacts from Xinjiang, China, *Bulletin of the Metals Museum*, 1998 (30).

[3] 梁宏刚：《二里头遗址出土铜器的制作技术研究》，北京科技大学，2004年，博士学位论文，第223—225页。

利用铜锡共生矿冶炼是否会出现类似上述红铜样品中的高锡相，其可能性还不能排除，这与冶炼温度和环境有关，是值得进一步探讨的问题。

另外本研究所分析的 2 件红铜中含有富铁相夹杂，这种现象的产生可能与铜矿中含有铁的化合物有关。

第三节　合金组成与地质矿产的关系

根据第一章第三节总结的滇西特别是洱海地区的地质矿产资料，可以看出洱海地区青铜时代金属器的合金成分特征与该地区分布的金属矿产资源有着密切的关系。

从表 1 - 2、表 1 - 3 和图 1 - 10 可见，洱海地区具有相当规模的铜矿分布。永平有辉铜矿、斑铜矿、黄铜矿分布，铜品位平均为 2.2%；剑川有黄铜矿、孔雀石分布，铜品位平均为 0.95% — 2.08%；洱源的铜金属保有量达 3295.39 吨，矿石平均品位为 1.33%；弥渡铜矿种类丰富，铜矿品位可达 0.6% — 1.6%；香格里拉有铜的多金属矿分布；丽江的拉巴铜矿区发现铜矿体 7 个。这些铜矿基本分布在本研究所涉及的遗址和墓葬周边，矿体埋藏浅，品位高易于开采，很可能在古代已经被利用。这些铜矿中多伴有杂质元素，冶炼过程中极易溶于铜中，本研究分析得到的多件含有杂质元素的红铜可能与之有关。

个旧有中国最大的锡矿储备，锡矿石类型主要有锡石—硫化物型原生锡矿（含硫化矿的氧化矿）和岩溶堆积黏土型砂锡矿；在个旧周边的蒙自、建水、滇东的陆良均有锡矿分布。这些锡矿与洱海地区相距较远，在古代交通不发达的情况下运输有很多困难，因此使用这些锡矿的可能性较小。另外在滇西地区的保山和永平——古代哀牢夷所在地也有产锡的记载，这里曾出土过大量与洱海同时期的青铜器，且两地地缘接近，推测洱海地区铜锡合金生产的锡矿来源于保山和永平的可能性更大。

第四章 洱海地区出土金属器的技术分析与结果讨论

　　锑矿是云南地质资源的一大特色，如巍山笔架山锑矿（平均品位1.69%—14.85%，锑精矿品位42.45%），矿体埋藏浅，开采条件好；广南县木利锑矿，经云南省地质厅审查，平均品位2.65%[①]；西畴小锡板锑矿，平均锑品位3.59%；矿石矿物以辉锑矿为主，伴生有黄铁矿和少量的黄铜矿、白钨矿及微量黄金，矿石组成比较单一，可选性能良好[②]。与巍山邻近的弥渡、剑川、洱源等地出土铜锑、铜铅锑等含锑的合金，可能是利用这些含锑的矿物冶炼所得。

　　洱海地区所出铜器有含少量或微量砷元素的现象，可能与利用砷矿或铜砷伴生矿进行冶炼有关，当时的冶炼技术，仍处于青铜时代的初级阶段，未能将铜中的杂质元素完全分离。大理市石磺厂就有砷矿，品位为5.83%—6.73%，平均6.21%；矿物成分以雌黄为主，雄黄、黄铁矿次之，并有少量辰砂和孔雀石。[③] 南华县龙潭砷矿，平均品位11%，最高达23%，多为富矿石；矿石矿物主要为雄黄，次为雌黄、黄铁矿、方铅矿、纤锌矿。[④]

　　洱海地区出土的铜器数量多、种类丰富、合金成分表现出多样化的特点，特别是铅、锡、砷等元素共存的现象，一方面体现了冶炼技术尚未成熟，另一方面也体现了金属成分与所用矿产的类型有关。这些铜器、铁器和含锑器物从数量和合金组成上来说，在洱海及周边地区都能找到大量的可供利用的矿产资源，金属器的生产有可能是用当地或邻近地区的矿产来进行，或者说当时的金属器生产不乏充足的原料供应。由于缺乏对当地古矿冶遗址的相关调查与研究，目前还难以

---

　　① "中国矿床发现史·云南卷"编委会：《中国矿床发现史·云南卷》，地质出版社1996年版，第120—123页。
　　② 同上书，第121—122页。
　　③ "中国矿床发现史·云南卷"编委会：《中国矿床发现史·云南卷》，地质出版社1996年版，第120—123页；William, W., Pre‐Han Communication from West China to Thailand, Glover, I., Suchitta, P. and Villiers, J. Early Metallurgy, *Trade and Urban Centres in Thailand and Southeast Asia*, White Lotus, 1992, pp. 175–180.
　　④ "中国矿床发现史·云南卷"编委会：《中国矿床发现史·云南卷》，地质出版社1996年版，第184页。

确定铜器的原料来源与矿产地的一一对应关系，这需要在今后的进一步研究中运用多种方法进行探索。

第四节 按器物类型分析区域特征

本研究分析的样品包括兵器、生产工具、装饰品、生活用具和乐器等五大类。其中兵器主要包括矛、戈、钺、剑、镦、剑鞘、箭镞、弧背刀、臂甲、铜柄铁剑、铜柄铁矛等11类；生产工具包括锄、削、锸、凿、斧、锥等6类；装饰品主要包括铜镯、泡饰、杖头、饰牌等几类；生活用具主要包括镈、豆、杯等；乐器包括编钟和葫芦笙两类。在分析的105件器物中，包括兵器47件，主要是红铜、铜锡合金、铜砷合金、铜铅锑合金、铅锑砷铜合金、钢制品等6种；生产工具21件，主要是红铜、铜锡合金、铜砷合金3种；装饰品22件，主要是红铜、铜锡合金、铜锡铅合金、铜砷铅合金、块炼铁、金银合金；乐器4件，均为铜锡合金；生活用具11件，主要是红铜、铜锡合金、铜锑合金、铜锡铅合金和钢制品（见表4-10）。

表4-10　　　　　　　器物种类与材质分类　　　　　　单位：件

种类	铜	铜锡	铜砷	铜锑	铜锡铅	铜砷铅	铜铅锑	铁	金银	铜砷锑铅	小计
兵器	矛10	矛8	钺2				剑1	剑1		镦1	47
	钺5	钺2						铜柄铁剑3			
	戈2										
	剑3	剑2									
	镦1	剑鞘1			剑鞘1						
	箭镞1	铜柄铁矛1									

续表

种类	铜	铜锡	铜砷	铜锑	铜锡铅	铜砷铅	铜铅锑	铁	金银	铜砷锑铅	小计
生产工具	锄9 锤4 凿2 斧1 锥1	削2 斧1	锄1								21
小计	12	3	1								
装饰品	镯2 杖头3	镯7 泡饰1 帽饰1 饰牌2			镯2 泡饰1			镯1	饰片2		22
小计	5	11			2	1		1	2		
乐器		编钟3 葫芦笙1									4
小计		4									
生活用具	镈1 豆1	杯1						夹子3 环1			7
小计	4	1		1	1			4			
其他	铜块2				铜块1	铜块1					4
总计	48	35	3	1	4	2	1	11	2	1	105

一　兵器

共分析样品47件，包括红铜22件、铜锡合金16件、铜砷合金2件、铜锡铅合金1件、铜铅锑合金1件、铅锑砷铜合金1件、钢制品4件（3件锈蚀无法判断，1件为块炼渗碳钢）。其中红铜和铜锡合金是最主要的两种合金类型，年代集中在战国中期和战国末至西汉初期。分析的战国中期墓葬中的兵器均为红铜,战国末至西汉初期的兵器中红铜和铜锡合金所占比例基本相当(见表4-11)。

表4-11　　　　　　红铜、锡青铜兵器出土情况　　　　　　单位:件

年代	墓葬	红铜	铜锡合金	小计
战国中期	楚雄张家屯	3		
	弥渡苴力	1		
	弥渡合家山	1		
	小计	5		5
战国末西汉初	祥云检村	4	3	
	祥云红土坡	3	5	
	楚雄张家屯		1	
	德钦永芝	1	1	
	德钦纳古	1		
	南诏风情岛	6	1	
	洱源北山	2	2	
	香格里拉		3	
	小计	17	16	33
合计		22	16	38

从加工方式来看,铸造成形的有24件,包括红铜16件、铜锡合金4件、铜砷合金2件、铜铅锑合金1件、铅锑砷铜合金1件;热锻成形的共6件,包括红铜2件、铜锡合金3件、铜锡铅合金1件;经过铸后冷加工的有12件,包括红铜4件,铜锡合金8件(见表4-12),各种合金类型和加工方式的比例关系见图4-9。另外有4件锈蚀样品无法判断(包括铁质样品3件,铜质样品1件)。块炼渗碳钢样品(9901)为折叠锻打而成。

表4-12　　　　　铜质兵器合金类型与加工方式关系　　　　单位：件

材质	年代	铸造	铸后冷加工	热锻	小计
红铜	战国中期	3	2		22
	战国末至西汉初	13	2	2	
铜锡合金	战国末至西汉初	4	8	3	15
铅锑砷铜	战国中期	1			1
铜砷	战国末至西汉初	2			2
铜锡铅	战国末至西汉初			1	1
铜铅锑	战国末至西汉初	1			1
小计		24	12	6	42

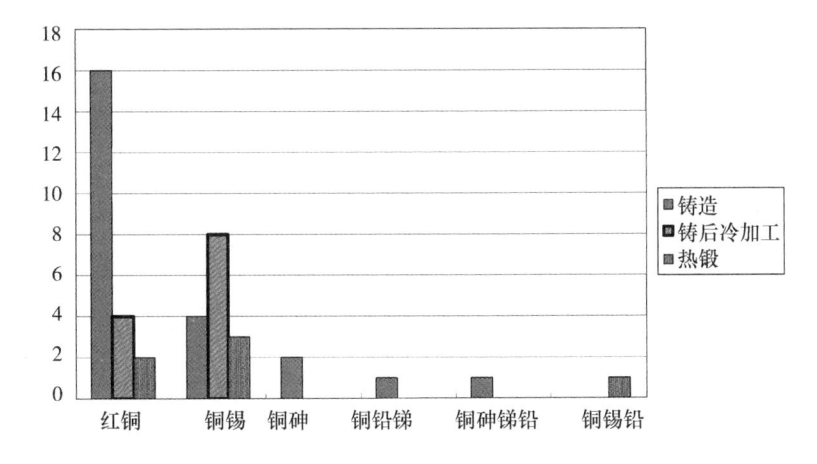

图4-9　不同合金类型兵器加工方式比例

从材质选择、加工方式与器物用途之间的关系来看，兵器以红铜和铜锡合金为主，并且有少量的特殊合金类型；红铜类兵器的加工方式以铸造为主；铜锡合金类兵器则以铸后冷加工为主；从时间上看，铜锡合金均出自战国末至西汉初期，且这一时期进行铸后加工样品的数量也明显增加。铸后冷热加工可以提高兵器的硬度，改善其使用性能。可见，随着时间推移，兵器的制作技术包括合金配比与加工方式都有了进一步的发展。

二 生产工具

共分析样品21件，合金类型包括红铜、铜锡合金和铜砷合金。其中红铜类样品占绝对比重，且在三个时期均有发现（见表4-13）。

表4-13　　　　　**不同时期不同材质生产工具统计**　　　　单位：件

年代	墓葬	红铜	铜锡合金	铜砷合金	小计
公元前1100—前500年	剑川海门口	1			1
战国中期	楚雄张家屯	2			2
	弥渡苴力	4	1		5
	弥渡合家山	4		1	5
战国末至西汉初	祥云检村	5			5
	祥云红土坡	1			1
	宁浪大兴镇		2		2
小计		17	3	1	21

从加工方式来看，除1件锈蚀外，其他20件中铸造成形的有6件——包括红铜5件、铜锡合金1件；铸后冷加工的有11件——包括红铜9件、铜锡合金2件；铸后热锻加工的有4件——包括红铜2件、铜锡合金1件、铜砷合金1件。合金配比和加工方式关系见表4-14。

总体来讲，生产工具以红铜为主，且大多数器物进行了铸后冷加工。红铜类生产工具从公元前1100—前500年开始出现；而铜锡和铜砷合金类生产工具从战国中期开始出现。红铜、铜锡合金和铜砷合金从年代上看其加工方式并没有明显的发展趋势。

表4-14　　　　　生产工具合金类型和加工方式关系　　　　　单位：件

	年代	铸造	铸后冷加工	热锻	小计
红铜	公元前1100—前500年			1	16
	战国中期	3	5	1	
	战国末至西汉初	2	4		
铜锡合金	战国中期	1			3
	战国末至西汉初		1	1	
铜砷	战国中期			1	1
	小计	6	10	4	20

三　装饰品

共分析样品22件，包括红铜、铜锡合金、铜锡铅合金、铜砷铅合金、金银合金、块炼铁6种材质。其中铜锡合金是最主要的合金类型，在三个时期均有发现（见表4-15）。在13件含锡样品中，锡含量在10%以上的有7件，其他6件的锡含量在4.9%—9.6%，从器物用途和合金成分的关系来看，锡青铜的合金配比较为符合其使用功能，一方面能够降低铜的熔点，有助于铸造出图案复杂的装饰品；另一方面也有利于增加装饰品的光泽。块炼铁制品为铁镯，这是洱海地区目前发现的最早的铁制品之一，其形制与同出的铜镯相同，是洱海地区早期铁器时代开端的代表器物。金银合金的年代在西汉中晚期，是目前洱海地区出土的较早金制品。

表4-15　　　　　不同时期不同材质装饰品统计　　　　　单位：件

年代	墓葬	铜	铜锡合金	铜锡铅	铜砷铅	金银	块炼铁	小计
公元前1100—前500年	剑川海门口		2					3
公元前400—前100年							1	
战国中期	弥渡苴力	1	1					2
	弥渡合家山		2					2

续表

年代	墓葬	铜	铜锡合金	铜锡铅	铜砷铅	金银	块炼铁	小计
战国末至西汉初	剑川鳌凤山		1	1				2
	祥云红土坡		1					1
	德钦永芝	2			1			3
	德钦纳古		4					4
	南诏风情岛	2						2
	洱源北山			1				1
西汉中晚期	祥云红土坡					2		2
小计		5	11	2	1	2	1	22

从加工方式来看，有4件样品（3件镯，1件饰牌）基体完全锈蚀，另外18件样品中，8件为铸造而成，包括红铜3件、铜锡合金3件、铜锡铅合金1件、铜砷铅合金1件；7件为热锻成形，包括红铜2件、铜锡合金4件、铜锡铅合金1件；另外3件样品为折叠锻打而成，包括块炼铁1件，金银合金2件。装饰品合金配比和加工方式的关系如下（见表4-16）。

表4-16　　　　　装饰品合金类型和加工方式关系　　　　单位：件

合金类型	年代	铸造	热锻	折叠锻打	小计
红铜	战国中期	1			5
	战国末至西汉初	2	2		
铜锡合金	公元前1100—前500年		2		7
	战国中期	1	2		
	战国末至西汉初	2			
铜砷铅	战国末至西汉初	1			1
铜锡铅	战国末至西汉初	1	1		2
金银	西汉中晚期			2	2
块炼铁	公元前400—前100年			1	1
小计		8	7	3	18

装饰品的材质以铜锡合金为主,铜砷铅、铜锡铅合金在战国末至西汉初开始出现、金银合金出现在西汉中晚期。加工方式主要是铸造和锻造。结合材质与加工方式,其技术水平呈现出发展的趋势。

四 乐器

4件乐器包括3件编钟和1件葫芦笙,年代在战国晚期至西汉早期,均为铜锡合金,锡含量在6%—15%,合金配比较为符合硬度、强度等使用方面的需要,4件乐器均有较为复杂的纹饰,为打击乐器或吹奏乐器。这4件样品的局部均有滑移带,表明进行了铸后冷加工,或是使用过程中敲击所留下的痕迹。总体来看,乐器的技术水平较为成熟,符合其使用性能的需要。

五 生活用具

共分析样品7件,包括铜镈、铜豆、铜杯、铜环各1件、铁夹3件。从材质来看,红铜2件、铜锡合金1件、块炼渗碳钢4件。其中,红铜和铜锡合金的年代在战国末至西汉初期,块炼渗碳钢的年代在西汉中晚期。其中铜镈和铜豆2件器物,均为红铜,器形较小,形制具有明显的中原文化风格。

从加工方式来看,铸造而成1件,为红铜;铸后冷加工2件,红铜和铜锡合金各1件;折叠锻打4件,均为块炼渗碳钢生活用具合金配比和加工方式的关系见表4-17。

表4-17　　　　　铜质生活用具材质和加工方式关系　　　　单位:件

合金类型 \ 加工方式	年代	铸造	铸后冷加工	折叠锻打	小计
红铜	战国末至西汉初	1	1		2
铜锡合金	战国末至西汉初		1		1
块炼渗碳钢	西汉中晚期			4	4
小计		1	2	4	7

从年代上看，生活用具的技术水平包括材质和加工方式均有发展进步的趋势。

总体来看，洱海地区出土金属器以红铜和铜锡合金为主，且红铜的数量相对较多，加工方式以铸造为主，其次为铸后冷加工和热锻。但针对不同的器物类型，其合金类型和加工方式也有不同的特点。兵器类器物以红铜和铜锡合金为主，红铜兵器以铸造为主，铜锡合金兵器以铸后冷加工为主，年代越晚，其技术水平也越进步。生产工具类器物以红铜为主，加工方式以铸后冷加工为主，从年代上看，其技术水平没有明显的发展趋势。装饰品以铜锡合金为主，随着年代的发展，不断出现新的材质，其技术水平发展明显。乐器类器物均为铜锡合金，其合金配比与加工方式都较为成熟。生活用具的材质经历了从红铜、铜锡合金到块炼渗碳钢的发展过程，其技术水平不断进步。

第五节 同类器物的比较研究

对典型同类器物进行比较研究发现，器物的合金成分与其产地、具体的使用功能有关，现对几种取样分析数量较多的器物分述如下。

一 矛

从形制上看，有尖叶形单耳铜矛、尖叶形双耳铜矛、尖叶形无耳铜矛、曲刃双耳铜矛、柳叶形铜矛、阔叶形铜矛（见图4-10）。

本研究分析矛19件，包括红铜10件、铜锡合金9件。从合金类型与加工方式的关系来看，红铜矛的加工方式以铸造为主，祥云检村（9840、9851）、祥云红土坡（9811）的3件样品出现了铸后冷加工的痕迹；铜锡合金矛均出自战国末至西汉初期的墓葬中，加工方式以铸后冷加工为主（见表4-18）。

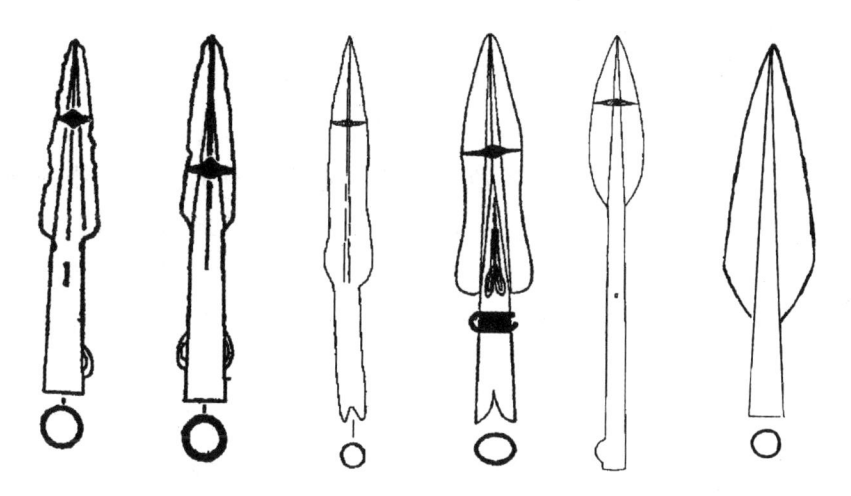

第四章 洱海地区出土金属器的技术分析与结果讨论

| 尖叶形单耳铜矛（剑川鳌凤山） | 尖叶形双耳铜矛（剑川鳌凤山） | 尖叶形无耳铜矛（祥云红土坡） | 曲刃双耳铜矛（祥云大波那） | 柳叶形铜矛（祥云红土坡） | 阔叶形铜矛（大理州博物馆） |

图4-10 洱海地区出土的铜矛

表4-18　　　　　　　　铜矛材质与加工方式关系　　　　　单位：件

合金类型	年代	墓葬	铸造	铸后冷加工	小计
红铜	战国中期	张家屯	2		10
	战国末至西汉初	检村	2	2	
		红土坡	2	1	
		北山	1		
铜锡合金	战国末至西汉初	检村	1	2	9
		红土坡		4	
		凤情岛		1	
		香格里拉		1	
	小计		8	11	19

根据合金类型、器物形制以及表面的使用痕迹，洱海地区出土的铜矛主要有三种功能：一为随葬品，其材质为红铜，刃部没有使用痕迹，且常小于实用器的形制。如楚雄张家屯、洱源北山出

土的铜矛。二为实用器,这类矛多数为铜锡合金,含锡量在10%左右,合金配比符合实用器的要求;另外刃部均有明显的戗磨修整或是使用的痕迹。铸后冷加工即对刃部的修整是在再结晶温度以下接受加工的过程,可以改变器物的形态并有助于增强器物的机械性能。如祥云检村、祥云红土坡、香格里等地出土铜矛中就有这种现象。三为礼仪用器,主要是红土坡出土的2件矛(9810、9821),表面均有镀锡层,这类矛数量较少,战国晚期之后才逐渐出现。

同一时期不同墓葬的制作水平存在差异。祥云红土坡、南诏风情岛、香格里拉出土的铜矛主要以铜锡合金为主,锡含量相对较高,多在8%以上,作为兵器,能满足基本的强度和硬度需要。此外,祥云红土坡的2件礼仪之用的铜矛,表面进行过热镀锡处理,说明这一墓葬群金属器的技术水平相对较高。而祥云检村墓葬群出土的矛以红铜为主,3件铜锡合金的锡含量在3.8%—6.2%。

二 钺

从形制上看,主要有对称形铜钺、靴形钺、伞形钺、双刃钺(见图4-11)。

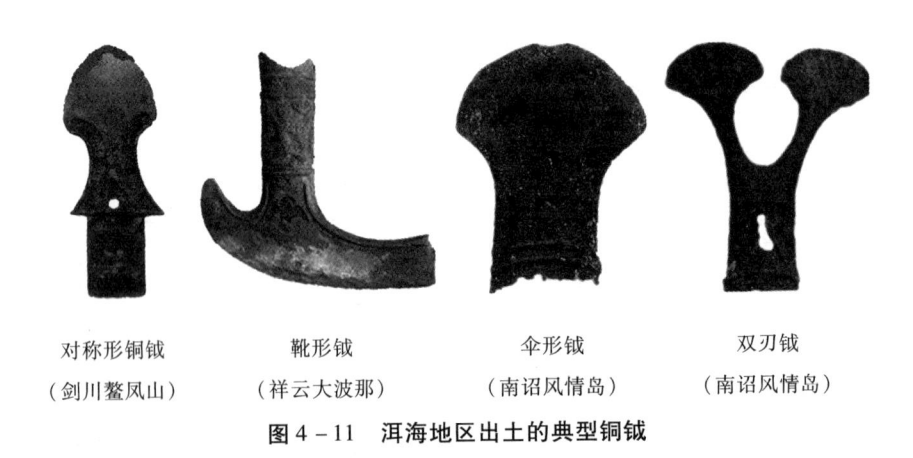

对称形铜钺　　靴形钺　　　伞形钺　　　双刃钺
(剑川鳌凤山)　(祥云大波那)　(南诏风情岛)　(南诏风情岛)

图4-11　洱海地区出土的典型铜钺

共分析样品9件,其中对称形铜钺3件(弥渡苴力9940、祥云红土坡9812、洱源北山9803)、伞形钺3件(南诏风情岛9873、9876、9878)、靴形钺3件(南诏风情岛9874、9875、9879)。分析结果显示有红铜5件、铜锡合金2件(其中洱源北山铜钺9803锈蚀,定性分析为铜锡合金)、铜砷合金2件。加工方式以铸造为主,有个别器物进行了铸后加工(见表4-19)。

表4-19　　　　　　**铜钺材质与加工方式关系**　　　　单位:件

合金类型	年代	墓葬	铸造	铸后冷加工	热锻	小计
红铜	战国中期	弥渡苴力		1		5
	战国末至西汉初	南诏风情岛	3		1	
铜锡合金	战国末至西汉初	祥云红土坡		1		1
铜砷合金	战国末至西汉初	南诏风情岛	2			2
小计			5	2	1	8

洱海地区的铜钺根据其合金类型和器物形制的差异,有不同的使用功能。一类为随葬礼仪之用,这类钺的造型独特、纹饰精美,有靴形钺、双刃钺、伞形钺(又见图4-11)以及小型钺(见图4-12)(据笔者实地观察,这种钺较常见铜钺小,故在此称"小型钺"),形制精美,并不具备使用的功能,材质多为红铜,如弥渡苴力(9940)、风情岛(9874、9875、9878、9879),且表面没有使用痕迹。另一类为实用器,这类钺形制简单、无纹饰或有简单纹饰,表面特别是刃部常有弯曲变形,可能是使用过程所致。材质多为铜锡合金,且刃部有戗磨修整的痕迹,如红土坡(9812)铜钺。

风情岛出土铜钺的数量相对较多,有2件为铜砷合金,形制较小,可能是随葬之用(又见图4-12b)。另外,还有2件钺检测到含有微量的砷,这在其他墓葬出土的铜钺中是少见的,可能与使用了含砷的矿料有关。

a 祥云红土坡小型钺　　　　　　　　b 南诏风情岛
　　　　　　　　　　　　　　　　　　含砷铜钺

图 4-12　洱海地区出土的另一些典型铜钺

三　剑

共分析样品 10 件，主要是三叉格剑，包括铜剑 6 件、铜柄铁剑 3 件、铁剑 1 件。其中铜剑和铜柄铁剑的年代为战国末至西汉初，铁剑的年代在西汉中晚期。分析显示有红铜 3 件、铜锡合金 2 件、铜铅锑合金 1 件、块炼渗碳钢 1 件，另外 3 件铁质样品因基体锈蚀严重无法判断（见表 4-20）。

表 4-20　　　　　　　　　剑材质统计　　　　　　　　单位：件

年代	墓葬	红铜	铜锡合金	铜铅锑	块炼渗碳钢	锈蚀（铁）	小计
战国末至西汉初	德钦永芝				1		1
	德钦纳古	1					1
	宁蒗大兴镇					1	1
战国末至西汉初	南诏风情岛	2				1	3
	洱源北山			1			1
	香格里拉		2				2
西汉中晚期	祥云红土坡					1	1
	总计	3	2	1	1	3	10

从加工方式来看，有 4 件为铸造而成，包括 3 件红铜和 1 件铜铅锑合金；香格里拉的铜锡合金样品，1 件经过铸后冷加工，另 1 件热锻后又进行了冷加工。

同一时期不同墓葬出土剑的技术水平有差异。南诏风情岛出土剑的材质有红铜和钢制品，铜柄铁剑较铜剑的形制复杂和精致，说明该地区剑的发展经历了较长的时期；香格里拉剑为铜锡合金，均进行了铸后加工，且含锡量均在10%以上，剑的材质和工艺都较为成熟，说明该地区铜器的冶铸水平相对较高；出自德钦永芝、宁蒗大兴镇的铜柄铁剑其材质为块炼渗碳钢等钢制品，其使用性能较铜剑更为优越。

四 锄

从形制上看，主要有尖叶形锄、心叶形锄、条形锄（见图4-13）。

尖叶形铜锄　　　　心叶形铜锄

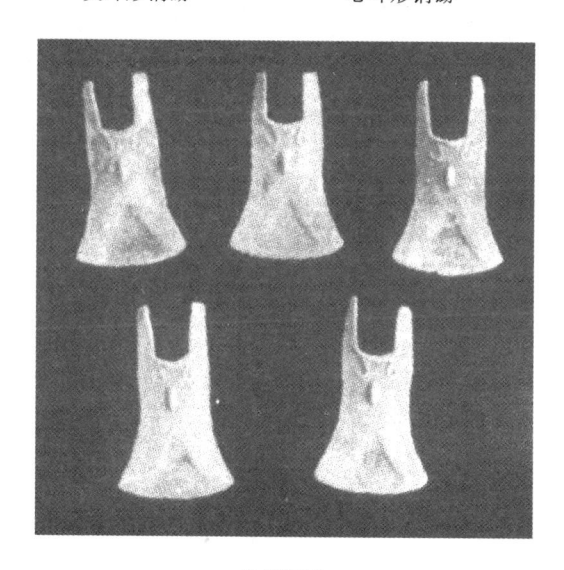

条形铜锄

图4-13　洱海地区出土的铜锄

共分析样品10件，其中尖叶形锄共有6件——包括祥云检村、祥云红土坡各1件、弥渡苴力2件、弥渡合家山2件；条形锄3件——包括楚雄张家屯2件、弥渡合家山1件；心叶形锄1件——出自弥渡合家山。分析结果显示有红铜9件、铜砷合金1件。9件红铜中铸造而成的有5件，铸后冷加工的有3件，铸后热锻的有1件；另外1件铜砷合金为铸后热锻而成。铜锄材质和加工方式关系见表4-21。

表4-21　　　　　　　　　锄材质与加工方式关系　　　　　　　　单位：件

合金类型	年代	墓葬	铸造	铸后冷加工	热锻	小计
红铜	战国中期	楚雄张家屯	1	1		7
		弥渡苴力	2			
		弥渡合家山		2	1	
	战国末至西汉初	祥云检村	1			2
		祥云红土坡	1			
铜砷合金	战国中期	弥渡合家山			1	1
	小计		5	3	2	10

从形制来看，弥渡苴力和弥渡合家山出土的铜锄较小，应作为随葬时使用的明器。楚雄张家屯、祥云检村、祥云红土坡出土的铜锄，形制相对较大，应是实用器，但其材质为红铜，质地柔软，使用性能较差。洱海地区各时期出土铜锄材质都以红铜为主，其合金类型并没有明显的变化和发展，这种现象是否说明洱海地区当时可能存在使用红铜生产工具的传统，后文将详细阐述。

五　镯

有3种形制，第一种用断面为圆形或方形、直径小于1厘米的铜条弯曲呈圆环，制作粗糙，剑川海门口铜镯和铁镯，弥渡苴力铜镯、剑川鳌凤山的B式铜镯都属于这种类型；第二种用宽2—6厘米的铜片弯曲成扁平状，外面多饰有点线纹、飞鸟纹等图案，剑川鳌凤山

AI式铜镯属于这种类型；第三种用宽1.5—2.5厘米的铜片弯曲呈扁平环状。表面无纹饰，无衔接处。德钦纳古、德钦永芝、洱源北山土坑墓以及剑川鳌凤山AⅡ式铜镯。

共分析样品12件，包括剑川海门口、德钦纳古各3件，剑川鳌凤山、德钦永芝各2件，弥渡苴力、洱源北山各1件。从年代看，剑川海门口铜镯的年代在公元前1100—前500年，铁镯年代为公元前400—前100年；弥渡苴力铜镯年代为战国中期；剑川鳌凤山、洱源北山土坑墓、德钦纳古、德钦永芝铜镯年代为战国晚期至西汉早期。

分析结果显示有红铜2件、铜锡合金7件、铜锡铅合金2件、块炼铁1件（见表4-22）。含锡的青铜是主要的合金类型，作为装饰品，加入一定比例的锡一方面可以降低熔点，改善铸造性能，另外也可以改善铜镯表面的色泽。

表4-22　　　　　　　　　　**镯材质统计**　　　　　　　　　单位：件

合金类型 遗址	红铜	铜锡合金	铜锡铅合金	块炼铁	小计
剑川海门口		2		1	3
剑川鳌凤山		1	1		2
弥渡苴力		1			1
德钦永芝	2				2
德钦纳古		3			3
洱源北山土坑墓			1		1
总计	2	7	2	1	12

在9件含锡铜镯中，锡含量在9%以上的有6件，均出自战国中期和战国末至西汉初期的墓葬群，包括弥渡苴力1件、剑川鳌凤山2件、德钦纳古3件；剑川海门口遗址的2件铜镯，锡含量在9%以下。随年代推移，合金配比技术呈现发展趋势。

从加工工艺来看，有3件样品锈蚀无法判断，另外8件铜器样品中，铸造成形的有2件，均出自剑川鳌凤山墓葬；热锻成形的有6件，包括德钦永芝2件、剑川海门口2件、弥渡苴力和洱源北山各1件。

同一时期不同墓葬出土镯的技术水平有差异。德钦永芝分析的镯均为红铜；剑川鳌凤山镯的类型有铜锡合金和铜锡铅合金2种；德钦纳古、洱源北山土坑墓的镯均为含锡量在9%以上的铜锡合金，可能与出土地点制作铜器的技术水平有关。同一遗址不同时期镯的材质也有区别，如剑川海门口遗址第4文化层出土的铜镯和第3文化层出土的铁镯。

六 铁器

共分析9件。包括铁镯1件，取自剑川海门口遗址；铜柄铁剑3件，分别取自德钦永芝、宁蒗大兴镇、南诏风情岛墓葬；铁剑1件、铁环1个、铁夹3个，均取自祥云红土坡墓葬群。这9件样品中有3件锈蚀严重，另外6件有1件块炼铁，5件块炼渗碳钢（见表4-23）。从年代上看，剑川海门口遗址出土的块炼铁年代最早，随后是南诏风情岛、德钦永芝、宁蒗大兴镇的铜柄铁剑，材质主要是块炼渗碳钢，年代在战国晚期至西汉早期；剑川红土坡出土的纯铁器材质为块炼渗碳钢，质地纯净，组织均匀，制作技术更为成熟，应是西汉中期以后的产品。剑川海门口出土铁器共有23件，其中22件为第一、第二次发掘所得，经初步分析为锻造而成[①]，本研究所分析的是出自第三次发掘的铁镯，为块炼铁制品。根据本研究的检测结果，从年代上看，剑川海门口遗址的块炼铁制品，宁蒗大兴镇、德钦永芝、南诏风情岛墓葬群的铜铁复合器以及祥云红土坡较好的纯钢制品依次出现。但由于缺乏足够的实物证据，从块炼铁到块炼渗碳钢技术发展上还存在缺环。剑川海门口遗址中出土的块炼铁制品，无疑是洱海地区进入早期铁器时代的一个证据，其铁器制作技术很可能影响到洱海周边地区。如果洱海地区冶铁技术始于剑川海门口遗址的推测成立，那

---

① 云南省文物考古研究所、大理州文物管理所、剑川县文物管理所：《云南剑川县海门口遗址》，《考古》2009年第7期。

么在海门口遗址周围及其不远处应该还有早期的块炼铁或块炼渗碳钢制品，这有待今后考古工作的证实。

表4-23　　　　　　　　洱海地区分析铁器统计

年代	遗址	块炼铁	块炼渗碳钢	锈蚀	合计
公元前400—前100年	剑川海门口遗址	1			1
战国末至西汉初	德钦永芝墓葬		1		1
	宁蒗大兴镇			1	1
	南诏风情岛墓葬			1	1
西汉中晚期	祥云红土坡		4	1	5
合计		1	5	3	9

第六节　含锑与砷铜合金

一　含锑合金

洱海地区出土的含锑合金主要出现在剑川海门口、洱源北山墓、弥渡合家山。根据目前的分析结果，共发现有3件含锑在2%以上的样品。剑川海门口遗址出土铜块（9916）为铜锑合金，含锑5.3%；洱源北山土坑墓出土铜剑（9802）为铜铅锑合金，含锑3.0%；合家山窖藏遗址出土铜镦（9860）为铜铅锑砷合金，含锑20.3%。

锑在合金中的主要作用是增加硬度，常被称为金属或合金的硬化剂。锑主要以硫化物（辉锑矿 Sb_2S_3）的形式存在于自然界，但在古代冶炼技术下，很难从辉锑矿中炼出金属锑。[1] 锑易与铜矿共存，史前欧洲和高加索铜器[2]生产中就使用了锑。锑与砷一样，具有硬化铜的效果，如果铜器中含锑达到7%以上，就适合铸造，并且适合对切

---

[1] Moorey, P. R. S., Materials and Manufacture in Ancient Mesopotamia: The Evidence of Archaeology and Art: Metals and Metalwork, Glazed Materials and Glass, *BAR International Series* 237, Archaeo Press, 1985, pp. 1-3.

[2] Davies, O., Antimony Bronze in Central Europe, *Man*, 1935 (9).

削工具进行热锻。

最早的含锑铜器发现于死海以东的纳哈尔·米什马尔（Nahal Mishmar）的窖藏遗址，这件器物是一件权杖头，经检测为铜砷锑三元合金，其年代可早至公元前4千纪的前半叶。[1] 继而在公元前18世纪匈牙利的韦莱姆·圣维德（Velem St. Vid）遗址出土了早期青铜时代的锑铜锭和锑片，但没发现有锑冶炼遗址。[2] 随后在埃及[3]、阿根廷[4]、伊朗[5]、以色列[6]、北高加索地区的库班文化（Kuban）[7] 等都相继有含锑器物的出现。在中国，甘肃火烧沟出土的铜泡（76YHM170∶12）含锑4.8%、铜刀（76YHM176∶9、76YHM304∶5）分别含锑1.2%和1.7%[8]；郑州发现的商代青铜方鼎和素面盘也含有锑，其中方鼎含锑1.3%[9]，有研究者对出土该器物附近遗址的铜矿石进行分析，没有发现铅、锑等元素，认为是有意加入的[10]；殷墟出土的戈（M413∶1）、锥（M279∶19）含有1%左右的锑[11]；汉中地区出土的4件商代璋形器和镰形器的锑含量介于3.1%—6.9%[12]；在云南境内，

---

[1] Shalev, S., Northover, J. P., The Metallurgy of the Nahal Mishmar Hoard Reconsidered, *Archaeology*, 1993 (1).

[2] Tylecote, R. F., *A History of Metallurgy (2nd Edition)*, The Institute of Materials, 1992: 11, 16, 43.

[3] Fink, C. G., Kopp, A. H., Ancient Egyptian Antimony Plating on Copper Objects: A Rediscovered Ancient Egyptian Craft, *Metropolitan Museum Studies*, 1933 (2).

[4] Tylecote, R. F., *A History of Metallurgy (2nd Edition)*, The Institute of Materials, 1992: 11, 16, 43.

[5] Dyson, R. H., Sciences Meet in ancient Hasanlu, *Natural History*, 1964, 73 (8).

[6] Dayton, J. E., *Minerals, Metals, Glazing and Man*, 1978: 450.

[7] Pike, A. W. G., Cowell, M. R. and Curtis, J. E., The Use of Antimony Bronze in the Koban Culture, *Historical Metallurgy Society*, 1996 (1).

[8] 孙淑云、潜伟、王辉：《火烧沟四坝文化铜器成分分析及制作技术的研究》，《文物》2003年第8期。

[9] 河南省文物研究所、郑州市博物馆：《郑州新发现商代窖藏青铜器》，《文物》1983年第3期。

[10] 裴明相：《郑州商代青铜器铸造述略》，《中原文物》1989年第3期。

[11] 李敏生、黄素英、季连琪：《殷墟金属器物成分的测定报告（二）——殷墟西区铜器和铅器测定》，《考古学集刊（4）》，中国社会科学出版社1984年版，第329—330页。

[12] 陈坤龙：《陕西汉中出土商代铜器的科学分析与制作技术研究》，北京科技大学，2009年，博士学位论文，第65页。

第四章 洱海地区出土金属器的技术分析与结果讨论 ◆◆◆

除了本研究分析的弥渡合家山、剑川海门口、洱源出土的含锑铜器外，滇西昌宁地区出土的战国中后期至西汉时期的8件铜器包括镯、铃和钺均为铜锡锑三元合金，锑含量在2%左右[①]；曲靖八塔台出土的西汉后期的铜带钩为铜铅砷锑合金；曲靖潇湘平坡出土的战国后期的马饰为铜锡锑合金，含锑6.3%[②]；昆明羊甫头出土的铜甑含锑4.2%[③]、元江出土的实心铜锛含锑4.15%。[④] 由此看来，含锑合金是相对稀少的合金类型，在各个地区有零星发现，且锑含量与器物类型并没有形成一定的规律，多数情况下可能与矿料来源有关。

锑字最早见于汉代许慎的《说文解字》："锑，鏽锑也"。从现代矿物学角度来看这里所说的锑，应该就是具有金属光泽的辉锑矿石。[⑤] 云南西部地区的巍山笔架山锑矿位于巍山牛街，邻近凤庆、昌宁二县境，矿物组分以黄锑华、锑华为主，辉锑矿少量矿体埋藏浅，开采条件好[⑥]，该矿区与洱海地区相距不远，很可能在古代已经被利用，古代工匠并未真正认识含锑矿物，很可能将其误当作锡石使用，以达到外表美观的效果。另外，使用自然界中广泛存在的黝铜矿也可能生产出含锑合金。含锑器物也可能是使用了含锑的共生矿冶炼所得。以上所述含锑器物基本都极具地方特色，如郑州发现的方鼎、汉中地区出土的镰形器和璋形器、昌宁地区出土的伞形钺、靴形钺等，应是本地制作，由此可见含锑器物的出现也是与当地使用的矿料有很大关系。剑川海门口、弥渡合家山两地都有铸造铜钺、铜锄等器物的石范出土，

---

① 巢云霞：《云南古哀牢地区出土铜器的技术研究》，北京科技大学，2009年，硕士学位论文，第78—80页。
② 赵凤杰：《曲靖地区出土青铜时代金属器的技术研究》，北京科技大学，2009年，硕士学位论文，第28—30、44—46页。
③ 李艳萍、王建平、杨帆：《昆明羊甫头墓地出土青铜器的分析研究》，《文物保护与考古科学》2007年第2期。
④ 崔剑锋、吴小红：《铅同位素考古与云南青铜器矿料产源研究》，文物出版社2008年版，第147—148页；四川省文管会、雅安地区文管所、宝兴县文管所：《四川宝兴汉塔山战国土坑积石墓发掘报告》，《考古学报》1999年第3期。
⑤ 中国基本古籍库（电子数据库），http://www.er07.com。
⑥ "中国矿床发现史·云南卷"编委会：《中国矿床发现史·云南卷》，地质出版社1996年版，第122—123页。

说明当地存在一定规模的冶铸活动，而附近又存在含锑矿物，因此，两地出土的含锑器物在本地生产是有可能的。

二 砷铜合金

洱海地区出土的铜砷合金主要集中在南诏风情岛（2件铜钺含砷分别为2.7%、6.1%）、弥渡合家山（尖叶形铜锄含砷3.7%）和德钦永芝墓葬（铜泡含砷23%）。按含砷量的多少可分为两类：南诏风情岛和弥渡合家山的3件均为低砷砷铜，德钦永芝的泡饰为高砷砷铜。

含砷器物多在早期文明中出现，包括西亚、印度河流域以及中国的新疆、甘肃、青海地区[①]，中原二里头偃师遗址[②]，垣曲商城遗址[③]，内蒙古朱开沟早商遗址[④]，汉中商代遗址[⑤]。其多为早期冶炼多金属共生铜矿或混合矿得到的产品。因为在冶金技术并不发达的早期阶段，炼铜的矿料很大程度上影响着铜器的合金成分。自然界存在铜砷或铜铁砷等共生矿，包括氧化矿和硫化矿两类，氧化矿主要有砷铁铜矿[$Cu_2Fe_2(AsO4)_2(OH)_4·H_2O$]、橄榄铜矿[$Cu_2(AsO_4)(OH)$]、臭葱石（$FeAsO_4·2H_2O$）等，硫化矿主要是砷硫铜矿（$Cu_3AsS_4$）、黝砷铜矿[$(Cu,Fe)_{12}As_4S_{13}$]和毒砂（$FeAsS$），这些矿物的使用都与砷铜的冶炼有密切关系。[⑥] 在人类利用地表的氧化矿、孔雀石等炼铜的早期阶段，很容易将铜砷氧化矿等共生矿当作孔雀石一起进行冶炼，

---

① 潜伟、孙淑云、韩汝玢：《古代砷铜研究综述》，《文物保护与考古科学》2000年第2期。

② 金正耀：《二里头青铜器的自然科学研究与夏文明探索》，《文物》2000年第1期。

③ 梁宏刚、李延祥、孙淑云等：《垣曲商城出土含砷渣块研究》，《有色金属》2005年第4期。

④ 李秀辉、韩汝玢：《朱开沟遗址早商铜器的成分及金相分析》，《文物》1996年第8期。

⑤ 陈坤龙：《陕西汉中出土商代铜器的科学分析与制作技术研究》，北京科技大学，2009年，博士学位论文，第85—90页。

⑥ Rapp, G. J., On the Origins of Copper and Bronze Alloying, Maddin, R., *The Beginning of the Use of Metals and Alloys*, MIT Press, 1988, pp. 21–27.

由此还原得到的铜器，一般都是含有一定量砷的青铜。在云南西部的昌宁和腾冲地区也发现了一些砷铜，砷含量在2%—7%，经分析可能是与使用了含砷的硫化矿。① 在云南西部地区有较多含砷的铜氧化矿、硫化矿及混合矿的分布。滇西地区的石磺厂砷矿位于大理西南方向，矿体赋存于层间破碎带中，砷品位平均为6.21%，矿物成分以雌黄为主，雄黄、黄铁矿次之，并有少量辰砂和孔雀石。② 弥渡合家山出土的石范中，尖叶形锄范型腔的形状与相应铜锄（砷铜合金）大小、形状吻合。此外，南诏风情岛也出土了8件陶范，这些现象说明两地都存在一定规模的冶铸活动，铜砷合金有可能就是在本地制作而成的。

德钦永芝墓葬出土的铜泡饰（M2:4—013，DY4），经检测为含砷23%、铅6%、铜70.7%的砷白铜，年代约在公元前2世纪（属西汉早期）。金相观察发现，是γ+（α+γ）共晶组织，基体为γ相，这是目前在云南境内首次发现的早期砷白铜实物。中国的早期砷铜主要集中发现于西北地区，中原地区仅有零星几例，大部分砷含量在9%以下，含砷量在10%以上的早期砷铜合金并不多见，特别是含砷超过20%的器物更为罕见。目前仅见潜伟检测的新疆焉不拉克墓地T11出土的铜珠XJ224，其砷含量达27%。③ 砷含量的高低与器物种类有关，高砷合金质地坚硬，有较强的抗腐蚀，表面具有银白色的光泽。本研究检测的这件泡饰，作为装饰品，很可能就是为了达到外表美观的效果。含砷量较高的装饰品在南美洲也有发现。墨西哥西部古代（公元600—公元1521年）合金技术中利用高砷合金制作装饰品就是典型一例④，其铜砷合金装饰品，含砷通常在5%—23%。然而，

---

① 巢云霞：《云南古哀牢地区出土铜器的技术研究》，北京科技大学，2009年，硕士学位论文，第38—39页。

② "中国矿床发现史·云南卷"编委会：《中国矿床发现史·云南卷》，地质出版社1996年版，第183页。

③ 潜伟、孙淑云、韩汝玢：《古代砷铜研究综述》，《文物保护与考古科学》2000年第2期。

④ Hosler, D. Sound, Color and Meaning in the Metallurgy of Ancient West Mexico, *World Archaeology*, 1995（1）.

本研究检测到的高砷器物（砷白铜）仅德钦永芝墓葬出土的一件铜泡饰，还不能排除其出现的偶然性。

第七节　镀锡技术

镀锡技术是表面装饰工艺的一种，青铜器表面镀锡使器物保持银白色的金属光泽，同时还可以在一定程度上减缓铜器的腐蚀。《诗经·秦风》中记载有："鋈錞（镈）"，张子高先生认为"鋈"字即为镀锡的意思[1]，这是有关镀锡的最早文献记载。

中国境内出土的先秦两汉时期的镀锡器主要有：甘肃灵台白草坡出土的西周早期虎形铜钺，可能经过了镀锡处理[2]；甘肃礼县、天水一带出土的春秋早期的镀锡铜器，包括铲、削、环、镞、板式带钩、马络饰等[3]；甘肃庆阳[4]、宁夏固原[5]、内蒙古凉城等地区[6]出土的春秋时期的鄂尔多斯式青铜器中发现有镀锡饰牌、镀锡带钩等；四川成都及峡江地区出土的战国中晚期巴蜀式青铜器中有镀锡虎斑纹剑、矛、戈[7]；盐源地区出土了战国至西汉的镀锡鱼纹鸡首杖[8]；本研究分析的云南祥云红土坡墓葬群出土的战国晚期至西汉早期的镀锡铜矛；云南滇池地区江川李家山、晋宁石寨山以及曲靖八塔台墓葬群出

---

[1] 张子高：《从镀锡铜器谈到鋈字本意》，《考古学报》1958年第3期。

[2] 甘肃省博物馆文物组：《灵台白草坡西周墓》，《文物》1972年第12期。

[3] Ma, Q., Scott, D. A., Tinned Belt Plaques of the Sixth to Fifth Century B. C. E from Gansu Province, China: A Technical Study, Jett, P., Winter, J., Douglas, J., McCarthy, B., Scientific Research in the Field of Asian Art: Proceedings of the First Forbes Symposium at the Freer Gallery of Art, *Archetype Publications in association with the Freer Gallery of Art*, Smithsonian Institution, 2003: 60 – 69.

[4] 刘得祯、许俊臣：《甘肃庆阳春秋战国墓葬的清理》，《考古》1988年第5期。

[5] 罗丰、韩孔乐：《宁夏固原近年发现的北方系青铜器》，《考古》1990年第5期。

[6] 内蒙古文物工作队：《毛庆沟墓地》，田广金、郭素新主编《鄂尔多斯式青铜器》，文物出版社1986年版，第227—231页。

[7] 姚智辉：《晚期巴蜀青铜器技术研究及兵器斑纹工艺探讨》，科学出版社2006年版，第49—92页。

[8] 杨建华：《三叉式护手剑与中国西部文化交流的过程》，《考古》2010年第4期。

第四章　洱海地区出土金属器的技术分析与结果讨论 ◆◆◆

土的西汉中晚期镀锡剑鞘、扣饰、铜锄、戈、铜鼓和贮贝器等。[①]

以上的考古发现表明，中国西北和内蒙古鄂尔多斯一带出土的镀锡器物相对比较多，镀锡器物多以游牧民族特色的动物牌饰为主。这种镀锡技术可以认为是活跃在北方地区游牧民族的一种主要的技术和文化特征。从北到南，镀锡器物的出土地点依次为内蒙古、宁夏、甘肃、四川和云南，这样的分布基本处在从东北到西南的半月形文化传播带上。[②] 镀锡器物也由内蒙古、宁夏、甘肃等地春秋时期的鄂尔多斯式的带扣、牌饰等，发展到战国中晚期巴蜀地区的虎斑纹兵器，云南红土坡战国中到西汉时期的铜矛、滇池地区西汉中晚期的铜鼓、贮贝器、持伞跪俑以及铜质兵器和农具等，由此看出这可能是北方游牧民族南迁的路线之一，镀锡技术可能是从北方地区沿着这一轨迹向西南地区传播、发展的，同时还结合了各地的文化和风俗等，反映出了不同地区对镀锡技术的传承和发展。

孙淑云、姚智辉等研究了巴蜀青铜兵器虎斑纹制作工艺，特对锡汞剂、高锡青铜膏剂、热镀高锡青铜液和热镀锡等方法进行了系统而全面的实验研究，得到的结果如下[③]：汞剂涂在器物表面后，汞与铜结合在 -38.8—128℃生成稳定化合物科汞铜（Cu_7Hg_6），在700℃左右加热40分钟驱汞，表面仍为银白色，但在室温下放置三个月后表面变暗、发污，且用不同比例锡汞剂加热更长时间仍得到上述情形，因此驱汞和地下埋藏不能将汞全部驱净。高锡青铜膏剂在古代制备起来存在一定困难，对加热温度和时间均要有一定控制，操作不易；青铜合金液在用铜棍蘸取时很难挂上，且合金量和温度无法控制。热镀锡法——用工具蘸锡液、贴锡箔或锡片加热、浸镀可以实现虎斑纹的效果，且热浸镀锡能得到与古代斑纹样品相似的厚度。

---

① 李晓岑、韩汝玢：《古滇国金属技术研究》，科学出版社2011年版，第82—89页。
② 童恩正：《试论我国从东北至西南的边地半月形文化传播带》，《考古与文物论集》，文物出版社1986年版，第17—42页。
③ 四川大学历史文化学院考古学系、重庆市文化局、云阳县文物管理所：《重庆云阳李家坝东周墓地1997年发掘报告》，《考古学报》2002年第1期。

本研究所分析的2件镀锡样品，出自祥云红土坡墓葬群，分别为曲刃铜矛和尖叶形铜矛（见图4-14）。这2件矛均为双面镀锡，基体成分为红铜和低锡青铜，镀层为η相和ε相。基体和镀层均未检测到含汞，根据孙淑云、姚智辉等的研究成果综合判断，这两件镀锡铜矛不是采用锡汞剂，而是热镀锡处理而成。N.D.米克斯（N.D. Meeks）进行了青铜器表面热镀锡实验[①]：在230℃以下，会生成η相和ε相，镀锡温度高于350℃，则会生成δ相。两件铜矛镀锡层均只有η相和ε相，可推断其镀锡温度不高于350℃。

从功能上看，经过表面镀锡处理的铜矛应是礼仪用器，是墓主人身份和社会地位的象征。这也是滇西地区首次发现的人工镀锡技术的铜器。据实地考察，表面呈银白色光泽的镀锡铜器在祥云红土坡还有很多，多为柳叶形铜矛。

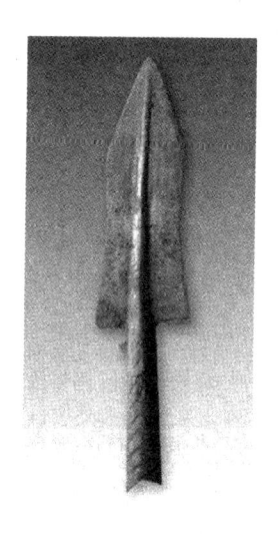

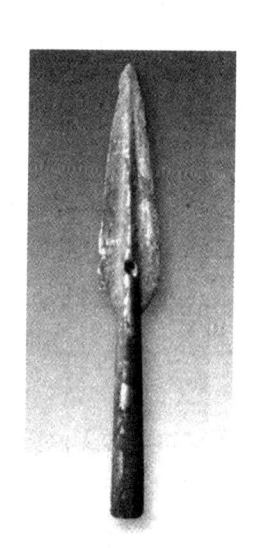

曲刃铜矛（9810）　　　　　　　　　尖叶形铜矛（9821）

图4-14　洱海地区出土的镀锡铜矛

---

① N. D. Meeks, Tin-Rich Surfaces On Bronze-Some Experimental and Archaeological Considerations, *Archaeometry*, 28, 1986 (2).

第四章　洱海地区出土金属器的技术分析与结果讨论　◆◆◆

在云南境内除在祥云红土坡出土镀锡器外，在滇池地区的晋宁石寨山、江川李家山以及曲靖八塔台等地出土的铜器中也常常见到这种表面镀锡工艺。这些墓葬中出土的镀锡器多达百件，主要包括兵器、生产工具、铜鼓、跪俑、扣饰和贮贝器等。李晓岑曾对这三个墓葬的18件镀锡器进行分析，结果显示镀锡层内锡的分布有分层现象，并可见亚结构，基体和镀层的成分有扩散现象，与红土坡的镀锡层有相同的金相学特征，是人工镀锡器物，镀层厚度在1—9微米，这些镀锡器物的基体成分多数是铜锡合金，其中有13件为双面镀锡，5件为单面镀锡。[1]

从出土墓葬的形制和规模来看，祥云红土坡墓葬群规模大，出土器物种类多，尤其是该墓葬群有大量杖首出土。权杖被认为是一种象征身份和权威的特殊器物，在古蜀国很早就有使用杖的习俗。[2] 结合祥云大波那出土的木椁铜棺、祥云检村出土的西汉时代的编钟等高规格随葬器物，说明青铜时代的祥云曾是洱海地区少数民族贵族的聚居之地，那么祥云红土坡墓葬群也极有可能是大型的贵族墓。而滇池地区的江川李家山、晋宁石寨山以及曲靖八塔台等地的墓葬群，根据其考古发现都是大规模的贵族墓葬群，且出土器物的种类和形制都较祥云红土坡墓葬群更为丰富。从目前的考古发现来看，镀锡器物仅发现于大型墓葬，说明可能是贵族使用的器物，作为礼仪之用。从年代上看，祥云红土坡出土镀锡矛墓葬的年代为战国晚期到西汉早期，而滇池地区的晋宁石寨山、江川李家山以及曲靖八塔台墓葬的年代则处于西汉中晚期之际。

从年代上看，祥云红土坡墓葬群的镀锡器和镀锡技术早于滇池地区；从技术角度看，两地镀锡器均采用相同的热镀锡技术，说明两地之间存在技术和文化的传承和交流关系，祥云一带可能是北方镀锡工艺进入云南进而到达滇池地区的一个环节。

---

[1] 李晓岑、韩汝玢：《古滇国金属技术研究》，科学出版社2011年版，第82—88页。
[2] 肖先进：《三星堆研究2》，文物出版社2007年版，第64页。

第八节 各遗存金属技术的关系

根据目前的考古发现和金属器分析结果，洱海地区最早的金属器出现于剑川海门口遗址，从器物形制和技术水平来看，都体现出土早期的特点。出土铜器地层的年代从公元前1800延续到公元前500年，出土铁器地层的年代为公元前400年到公元前100年，其材质经历了从红铜、铜锡合金到块炼铁的发展过程，结合该遗址同出的部分冶炼遗物、炭化稻麦痕迹和杆栏式建筑遗迹，它被认为是一处早期的人类居住场所，并存在冶铸活动。随着当时海门口先民的迁徙活动，金属制造技术可能被带到了与之相距不远的剑川鳌凤山地区，该墓葬群的年代在战国晚期至西汉早期。

剑川鳌凤山金属器中铜锡合金的配比较为合理，并且出现了新的合金类型——铜锡铅合金，制作工艺多样化，墓葬出现了贫富差距，与剑川海门口相比，无论是墓葬形制还是制作技术都体现出更为成熟的特点。与此同时，在洱海以北的德钦、香格里拉、宁蒗、洱源北山等墓葬群与鳌凤山处于同一时期，其铜器的制作技术基本相当。

位于洱海东南部的银梭岛遗址是与剑川海门口遗址基本处于同时期的青铜文化遗存。该遗址的第三、四期出土了鱼钩、锥、镯、镞、铜条等小件铜器，年代为公元前1200—前400年。其铜器的形制和技术水平均与剑川海门口遗址相当。与之邻近的南诏风情岛、祥云检村、祥云红土坡、弥渡苴力、弥渡合家山、楚雄张家屯金属器的年代均晚于银梭岛遗址，器物种类、形制和技术水平都较之更为成熟，且与洱海以北剑川鳌凤山等墓葬群的金属器有诸多相似之处。其中，祥云红土坡除了出土与检村等墓葬群技术水平相当的铜器外，还有纯铁器、金器出土，墓葬持续时间长，一直延续到西汉中晚期至东汉早期。从墓葬规模、随葬器物形制以及制作水平来看，红土坡墓葬的主人很可能是部落首领等具有一定社会地位的人物。

总体来看，洱海地区的冶金技术较早出现在剑川海门口和银梭岛遗址，随后伴随着人们的迁徙和不同部落之间的交流互动，金属技术可能又传播到了洱海其他地区，包括剑川鳌凤山、洱源、香格里拉、宁蒗、德钦、祥云、弥渡、楚雄等地区，技术水平有了进一步的发展。其中，同时期的弥渡苴力、弥渡合家山、楚雄张家屯等遗址的金属器技术水平基本相同；战国晚期至西汉初期的剑川鳌凤山、洱源北山、香格里拉、宁蒗大兴镇、德钦、祥云检村等遗址的金属器技术水平相当，基本属于同步发展的状态，较弥渡苴力等墓葬群更为进步。另外，有少数遗址如祥云红土坡，其墓葬规模大，持续时间长，金属器材质多样，技术水平更为成熟。

第五章

洱海地区典型金属器和冶铸遗物所反映的技术与文化内涵

第一节 剑

洱海地区出土的金属剑以铜剑为主，还有铜柄铁剑和铁剑等。这些剑广泛分布于各遗址和墓葬中，据不完全统计约200件，在该地区金属兵器中所占比例达15%。主要有四种类型：无格剑、三叉格剑、双圆饼茎首剑、曲柄剑，这其中又以三叉格剑为主。

第一，无格剑。形制较小，柄部无纹饰，主要出自德钦永芝（西汉早期）、香格里拉（战国末至西汉初）、永胜金官龙潭等遗址（见图5-1）。[1]

第二，三叉格剑。可分三式。Ⅰ式剑身中部起脊，剑格呈隆起三叉形，柄部为螺旋形凸纹，主要发现于德钦永芝（西汉早期）[2]、宁蒗大兴镇（战国末西汉初）[3]、剑川鳌凤山（战国末西汉初）[4]、鹿鹅山（西汉中晚期）、大墓坪（西汉中晚期）[5]等地。Ⅱ式剑格呈三叉形，螺旋纹剑柄上有纹饰，德钦永芝、德钦石底、宁蒗大兴镇、楚雄万家坝、大波那木椁墓、大波那铜棺墓等墓葬群都有出土。Ⅲ式剑柄

---

[1] 杨帆、万扬、胡长城：《云南考古（1979—2009）》，云南人民出版社2009年版，第207—218页。
[2] 同上书，第215页。
[3] 同上书，第202—204页。
[4] 同上书，第198—202页。
[5] 大理县文化馆：《云南大理收集到的一批铜器》，《考古》1966年第4期。

第五章 洱海地区典型金属器和冶铸遗物所反映的技术与文化内涵 ◆◆◆

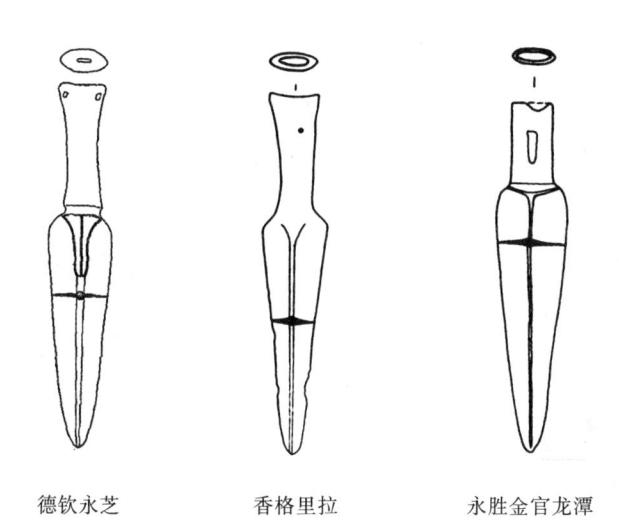

德钦永芝　　　香格里拉　　　永胜金官龙潭

图 5-1　洱海地区出土的无格剑

为粟米纹，剑格上端为方格纹或三角形纹，接近刃部一端是三叉形，两侧多有对称的三至五个突刺，主要出自南诏风情岛、大理大墓坪、五指山、金梭岛、宁蒗大兴镇、永胜金官龙潭等地（见图 5-2）。

Ⅰ式　　　Ⅱ式　　　Ⅲ式 a　　　Ⅲ式 b

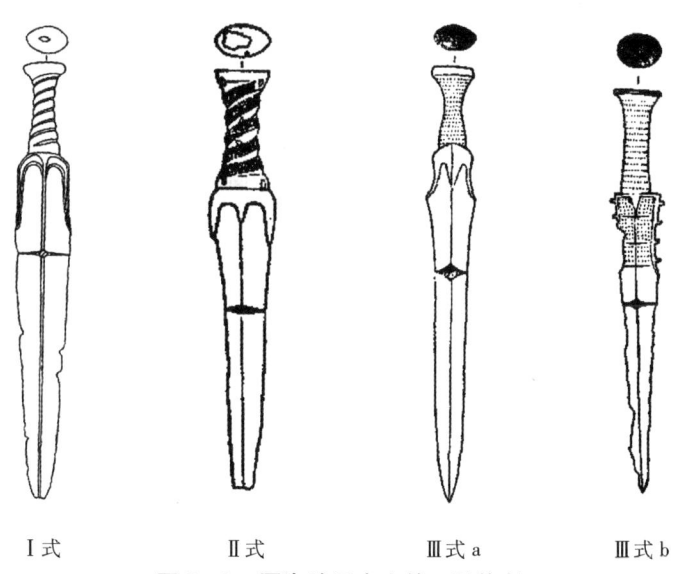

图 5-2　洱海地区出土的三叉格剑

Ⅰ式　德钦永芝（西汉早期）　　Ⅱ式　宁蒗大兴镇（战国末期到西汉早期）
Ⅲ式 a 大墓坪（西汉中晚期到东汉早期）　Ⅲ式 b 五指山（西汉中晚期到东汉早期）

· 195 ·

第三，双圆饼茎首剑。茎首有两个圆饼形装饰，并饰同心圆纹，剑格较宽，略成三叉形，永胜金官龙潭①、德钦纳古②、宁蒗大兴镇③、剑川鳌凤山④等墓葬群有出土（见图5-3）。

剑川鳌凤山　　　　　　　　宁蒗大兴镇（铜柄铁剑剑柄）

图5-3　洱海地区出土的双圆饼茎首剑

第四，曲柄剑。剑身平直、中脊起棱、曲柄。主要出于德钦纳古⑤和永胜金官龙潭墓葬群⑥（见图5-4）。

---

① 杨帆、万扬、胡长城：《云南考古（1979—2009）》，云南人民出版社2009年版，第207页。
② 同上书，第213页。
③ 同上书，第203页。
④ 同上书，第200页。
⑤ 同上书，第213页。
⑥ 同上书，第209页。

第五章 洱海地区典型金属器和冶铸遗物所反映的技术与文化内涵 ◆◆◆

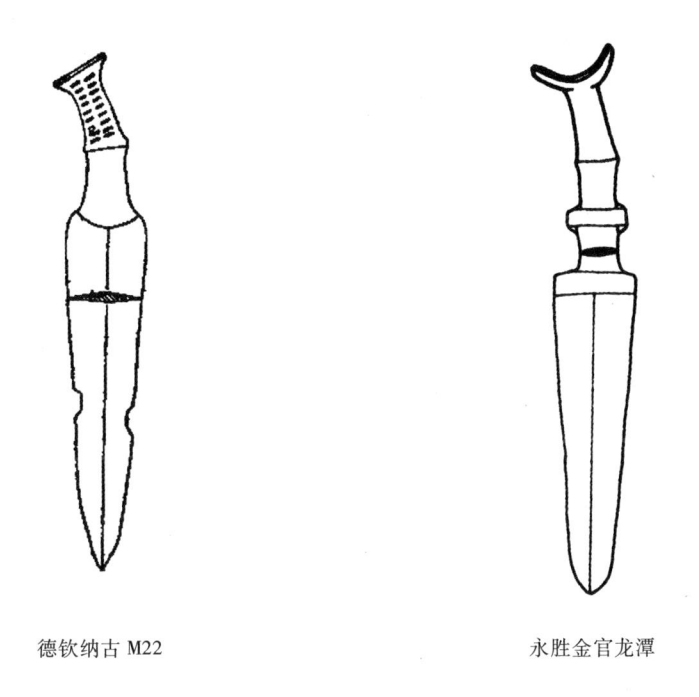

德钦纳古 M22　　　　　　　　　　　　永胜金官龙潭

图 5-4　洱海地区出土的曲柄剑

从年代上看，洱海地区的无格剑为战国末西汉初。Ⅰ式、Ⅱ式三叉格剑产生于战国末至西汉初，一直延续到西汉中晚期，如宁蒗大兴镇出土的Ⅰ、Ⅱ式剑为战国末至西汉初，剑川大墓坪和洱海鹿鹅山等地出土的Ⅰ式剑为西汉中晚期；Ⅲ式剑产生于西汉早期，持续到西汉中晚期至东汉早期，如南诏风情岛出土的这类剑为战国晚期至西汉早期，金梭岛出土的则为西汉中晚期至东汉早期。双圆饼茎首剑和曲柄短剑的年代主要集中在西汉早期，如永胜金官龙潭和德钦纳古等墓葬。可见，三叉格剑存在时间最长，双圆饼茎首剑和曲柄短剑的时间跨度明显较短。

以上四类剑在洱海地区的兵器中占有一定比例，是这一地区较为典型的器物，但这几类剑并非只见于洱海地区，如三叉式剑、双圆柄茎首剑、曲柄剑同时也是春秋战国时期中国北方草原文化的常见器物，另外在南北民族迁徙通道的川西地区也有发现，年代集中在战国中晚期至西汉初。至于无格剑，有学者认为其雏形见于公元前 1500 年中叶

◆◆◆　云南洱海地区出土青铜时代金属器的技术研究

时期的新疆天山北路墓地[1]，这类剑在西南峡江地区也有发现，如云阳李家坝出土的12件无格剑[2]。Ⅰ式三叉格剑在甘肃庆阳[3]、四川茂汶[4]、宝兴[5]、甘孜[6]、西昌[7]、盐源[8][9]和会理[10]等地有出土。Ⅱ和Ⅲ式剑在云南境内除洱海地区外，在滇池地区的江川李家山和晋宁石寨山墓葬群也有发现。此外，Ⅱ式剑在甘肃礼县[11]、四川茂汶等地有发现，Ⅲ式剑在宁夏固原和银川南部[12]、四川茂汶[13]、宝兴汉塔山[14]、理县[15]、盐源[16]等地有出土。这些地区发现的三叉式剑都与洱海地区的同类剑形制相似。洱海以北地区发现的双圆饼茎首剑，在四川西南部[17]也有发

---

[1]　苏奎：《西南夷地区三种含北方系青铜文化因素短剑的研究》，四川大学，2005年，硕士学位论文。

[2]　四川大学历史文化学院考古学系、重庆市文化局、云阳县文物管理所：《重庆云阳李家坝东周墓地1997年发掘报告》，《考古学报》2002年第1期。

[3]　庆阳地区博物馆、庆阳县博物馆：《甘肃庆阳城北发现战国时期葬马坑》，《考古》1988年第9期。

[4]　茂县羌族博物馆、阿坝藏族羌族自治州文物管理所：《四川茂县牟托一号石棺墓及陪葬坑清理简报》，《文物》1994年第3期。

[5]　四川省文管会、雅安地区文管所、宝兴县文管所：《四川宝兴汉塔山战国土坑积石墓发掘报告》，《考古学报》1999年第3期。

[6]　安志敏：《四川甘孜附近出土的一批铜器》，《考古通讯》1958年第1期。

[7]　童恩正：《我国西南地区青铜剑的研究》，《考古学报》1977年第2期。

[8]　凉山州博物馆、西昌市文管所、盐源县文管所：《盐源近年出土的战国西汉文物》，《四川文物》1999年第4期。

[9]　木基元：《丽江金沙江地区的考古发现与研究》，《中华文化论坛》2002年第4期。

[10]　唐翔：《会理新近收藏的几件青铜器》，《四川文物》1996年第3期。

[11]　早期秦文化联合考古队：《2006年甘肃礼县大堡子山东周墓葬发掘简报》，《文物》2008年第11期。

[12]　宁夏文物考古研究所、宁夏固原博物馆：《宁夏固原杨郎青铜文化墓地》，《考古学报》1993年第1期。

[13]　四川省文管会、茂汶县文化馆：《四川茂汶羌族自治县石棺葬发掘报告》，《文物资料丛刊》1983年第7辑。

[14]　四川省文管会、雅安地区文管所、宝兴县文管所：《四川宝兴汉塔山战国土坑积石墓发掘报告》，《考古学报》1999年第3期。

[15]　冯汉骥、童恩正：《岷江上游的石棺墓》，《考古学报》1973年第2期。

[16]　凉山州博物馆、西昌市文管所、盐源县文管所：《盐源近年出土的战国西汉文物》，《四川文物》1999年第4期。

[17]　同上。

第五章　洱海地区典型金属器和冶铸遗物所反映的技术与文化内涵

现，另外在中国河北北部[①②]、北京[③]、陕西[④]、内蒙古[⑤⑥⑦]、四川西南部[⑧]等地发现的双环首剑，其形制与云南西北部的双圆饼茎首剑总体风格上极为相似。洱海地区出土的曲柄剑，在四川宝兴[⑨]、盐源[⑩]、西昌[⑪]等地也有发现；另外，在内蒙古[⑫⑬]、河北[⑭⑮]、陕西[⑯]、山西[⑰⑱]、北京[⑲]等地发现的兽首或铃首曲柄短剑，除柄部纹饰外，整体风格也与洱海地区的曲柄剑十分相似。值得一提的是，甘肃河西走廊的四坝文化（公元前2000—前1600年）、哈密天山北路墓地（公元前2000—前1200年）出土的铜刀[⑳]，其刀柄为曲柄，整体形制与曲柄短剑甚为相似，且年代早于内蒙古、河北等地发现的曲柄短剑（商至春秋时期），因此曲柄短剑可能是由其发展演变而来。

---

① 刘来成：《河北怀来北辛堡战国墓》，《考古》1966年第5期。
② 乌恩岳斯图：《北方草原考古学文化研究》，科学出版社2007年版，第286页。
③ 同上。
④ 戴应新、孙嘉祥：《陕西神木县出土匈奴文物》，《文物》1983年第12期。
⑤ 李逸友：《内蒙古和林格尔县出土的铜器》，《文物》1959年第6期。
⑥ 乌恩岳斯图：《北方草原考古学文化研究》，科学出版社2007年版，第308页。
⑦ 辽宁省昭乌达盟文物工作站、中国科学院考古研究所东北工作队：《宁城南山根石椁墓》，《考古学报》1973年第2期。
⑧ 凉山州博物馆、西昌市文管所、盐源县文管所：《盐源近年出土的战国西汉文物》，《四川文物》1999年第4期。
⑨ 宝山县文化馆：《四川宝兴汉代石棺墓》，《考古》1982年第4期。
⑩ 唐翔：《会理新近收藏的几件青铜器》，《四川文物》1996年第3期。
⑪ 西昌地区博物馆：《西昌河西大石墓》，《考古》1978年第2期。
⑫ 邵国：《内蒙古敖汉旗发现的青铜器及有关遗物》，《北方文物》1993年第1期。
⑬ 田广金：《近年来内蒙古地区的匈奴考古》，《考古学报》1983年第1期。
⑭ 河北省文化局文物工作队：《河北青龙县抄道沟发现一批青铜器》，《考古》1962年第12期。
⑮ 郑绍宗：《中国北方青铜短剑的分期及形制研究》，《文物》1984年第2期。
⑯ 黑光、朱捷元：《陕西绥德墕头村发现一批窖藏商代铜器》，《文物》1975年第2期。
⑰ 杨绍舜：《山西石楼褚家峪、曹家垣发现商代铜器》，《文物》1981年第8期。
⑱ 吴振录：《保德县新发现的殷代青铜器》，《文物》1972年第4期。
⑲ 北京市文物管理处：《北京地区的又一次重要考古收获——昌平白浮西周木椁墓的新启示》，《考古》1976年第4期。
⑳ 潜伟：《新疆哈密地区史前时期铜器及其与邻近地区文化的关系》，知识产权出版社2006年版，第91页。

根据以上的考古发现，可以看出，三叉格剑、双圆饼茎首剑、曲柄剑在北方、四川和云南洱海地区出现的时间依次渐晚。形制具有典型的北方文化因素，与中国北方、四川地区的同类剑有着较多的共同特征，如剑柄的基本形状都为螺旋纹、粟米纹、双圆饼状或是曲柄状。但在细微之处如剑柄的纹饰、剑格的形状也逐渐形成了自身的特色，如北方地区的曲柄剑多为兽首，可能与北方地区多草原动物的文化影响有关。而洱海和四川的曲柄剑，剑柄处多饰有竹节，这可能受西南地区"邛竹"的影响。①

　　以往的研究认为西南地区的三叉格剑、双圆柄茎首剑、曲柄短剑是从北方系青铜文化中传播来的，或者说受到了北方青铜文化因素的影响产生的。② 童恩正认为由于生态自然、地理环境的相似，从中国东北至西南边地存在着一条半月形文化传播带，不同地域出现相同或相似的文化因素，其产生的原因可能来自直接的民族迁徙、间接的观念传播或是各地独立发明的可能性。③

　　目前的研究成果已从考古类型的角度将北方文化因素对西南地区产生的影响得以证实，但北方因素对西南特别是对洱海地区的影响程度和范围以及具有北方因素铜器的技术来源仍需做进一步探讨。

　　从分布范围来看，无格剑、三叉格剑、双圆柄茎首剑、曲柄剑在云南境内分布的范围有所不同，无格剑、双圆饼茎首剑、曲柄剑分布范围小，且主要集中在剑川鳌凤山、德钦纳古、宁蒗大兴镇、永胜金官龙潭等洱海以北的遗址和墓葬群中。三叉格剑分布范围相对广泛，Ⅰ式、Ⅱ式三叉格剑在洱海地区除合家山窖藏遗址、检村墓葬群外，其他主要墓葬和遗址均有发现。Ⅱ式、Ⅲ式三叉格剑除了集中出现在

---

① 苏奎：《西南夷地区三种含北方系青铜文化因素短剑的研究》，四川大学，2005年，硕士学位论文，第26—29页。

② 苏奎：《西南夷地区三种含北方系青铜文化因素短剑的研究》，四川大学，2005年，硕士学位论文；Williams, L. E., *Southeast Asia: A History*, Oxford University Press, 1976, pp. 3-23.

③ 童恩正：《试论我国从东北至西南的边地半月形文化传播带》，《考古与文物论集》，文物出版社1986年版，第17—42页。

第五章　洱海地区典型金属器和冶铸遗物所反映的技术与文化内涵

洱海地区外，在江川李家山[①]、晋宁石寨山[②]等地也有出土，且Ⅲ式剑的数量较多，从表面制作工艺和纹饰来看都更加细致和精美。说明这种来自北方的文化因素随着时间的推移在云南的影响进一步扩大，并且吸收了当地的文化因素。从剑的数量和种类来看，无格剑、双圆饼茎首剑、曲柄剑数量少，种类单一，而三叉格剑的数量和种类都相对丰富。三叉格剑的三种类型，其形制和纹饰逐渐趋于复杂，体现了制作技术不断发展的过程。

本研究对洱海地区出土的10件三叉格剑进行了技术分析，分别出自南诏风情岛、德钦纳古、永芝、宁蒗大兴镇、香格里拉、洱海北山土坑墓以及祥云红土坡墓葬群，年代集中在战国末至西汉初期和西汉中晚期，其材质有红铜、铜锡合金、铜铅锑合金以及块炼渗碳钢。

这样的材质构成基本上涵盖了洱海地区青铜时代金属器中常见的合金类型，体现了技术逐步发展的过程，说明三叉格剑在洱海地区有一个较为完整的技术发展序列，其制作技术应属于洱海地区金属器技术体系的一部分。

洱海地区存在的丰富矿产资源和剑川、弥渡、南诏等地出土的石范、陶范和鼓风管等冶铸遗物，为金属器的本地生产提供了依据。三叉格剑虽具有北方文化因素，但其在洱海地区有近乎完整的技术发展过程，加之存在本地冶铸活动的可能性，说明三叉格剑并非全部由北方地区直接传入，而是在受到了北方文化因素的影响后在本地制作而成的。

另外，三叉格剑在云南境内的传播和发展中，其制作技术也在逐渐成熟。滇池地区的江川李家山、晋宁石寨山等墓葬群出土三叉格剑的形制更具云南地方特色，从制作工艺和合金成分上也更为进步。如江川李家山铜柄铁剑纹饰繁缛，合金配比成熟，其铜质部分为铜锡合金，含锡量达到24.2%。[③] 这种现象说明具有北方文化因素的三叉格剑已基本被本地文化所接受，其形制和制作技术都逐步发展，成为云

[①]　云南省博物馆：《云南江川李家山古墓群发掘报告》，《考古学报》1975年第2期。
[②]　云南省博物馆：《云南晋宁石寨山古遗址及墓葬》，《考古学报》1956年第1期。
[③]　李晓岑、韩汝玢：《古滇国金属技术研究》，科学出版社2011年版，第137页。

南青铜文化的一部分。

通过以上的分析，对洱海地区出土的具有北方文化因素的剑可以得到几点启示：

首先，洱海地区出土的无格剑、三叉格剑、双圆饼茎首剑、曲柄剑都受到了北方文化因素不同程度的影响，总体特征基本相同，局部差异可能主要是由于地方文化因素影响造成的。

其次，从技术角度讲，洱海地区三叉格剑的材质经历了由红铜向锡青铜到块炼渗碳钢的发展过程，有较为完整的技术发展体系，加之洱海地区丰富的矿产资源和考古发现的冶铸遗物，说明可能是在本地制作而成。

最后，具有北方文化因素的无格剑、三叉格剑、双圆饼茎首剑、曲柄剑对洱海地区的影响程度不同，无格剑、双圆饼茎首剑、曲柄剑影响范围小、持续时间短；三叉格剑经历时间长，影响范围广，逐步被当地文化所接受。

第二节 铜铁复合器

洱海地区的铜铁复合器主要出土于丽江坝长水马鞍山[①]、宁蒗大兴镇、德钦永芝、永胜金官龙潭、大理大墓坪、大理海东（见图5-5）、南诏风情岛等地（见表5-1），年代从战国晚期持续到西汉中晚期，这些铜铁复合器主要是铜柄铁剑和铜骹铁矛，其形制与该地区出土的同类铜器基本相同，主体使用部位为铁质。其中铜柄铁剑包括三叉格剑和双圆饼茎首铜柄铁剑，三叉格剑主要是上文提及的Ⅱ和Ⅲ式剑。南诏风情岛出土了铸造Ⅲ式三叉格铜柄铁剑的陶范，其形制、大小都与同出的铜柄铁剑吻合（见图5-6），说明Ⅲ式三叉格铜柄铁剑应是在本地制作而成的。

---

① 西昌地区博物馆：《西昌河西大石墓》，《考古》1978年第2期。

第五章 洱海地区典型金属器和冶铸遗物所反映的技术与文化内涵 ◆◆◆

图5-5 大理海东金锁岛铜铁复合器剑柄拓本

图5-6 南诏风情岛铜柄铁剑及其铜柄铸范

本研究对洱海地区宁蒗大兴镇、德钦永芝以及南诏风情岛墓葬群的4件铜铁复合器进行取样分析，除2件锈蚀外，1件铜质部分的样品为含锡7.5%的铜锡合金，还有1件铁质部分的样品，经检测为块炼渗碳钢。

表5-1　　　　　　洱海地区出土铜铁复合器统计　　　　　单位：件

出土地点	器物名称	数量	年代	备注
丽江坝长水马鞍山石棺葬	三叉式铜柄铁剑	1	西汉中期	
宁蒗大兴镇	双环首铜柄铁剑	1	战国晚期到西汉早期	锈蚀
德钦永芝	三叉式铜柄铁剑	1	西汉早期	块炼渗碳钢
永胜金官龙潭	铜骹铁矛	3	西汉早期	
大理大墓坪	三叉式铜柄铁剑	1	西汉中晚期到东汉早期	
大理海东	三叉式铜柄铁剑	1	西汉中晚期到东汉早期	
南诏风情岛	三叉式铜柄铁剑	1	战国至西汉晚期	锈蚀
南诏风情岛	铜骹铁矛	1	战国至西汉晚期	铜质部分为铜锡合金

对于洱海地区铜铁复合器的来源及其与周边地区文化的关系，有必要深入探讨。

滇池地区较洱海地区发现的铜铁复合器数量多、种类丰富，且分布范围广，主要集中在晋宁石寨山、江川李家山、呈贡石碑村、呈贡天子庙和昆明羊甫头等墓葬群，其制作较洱海地区更为精致（见图5-7）。滇池地区的铜柄铁剑，柄部多饰有粟米纹，剑格纹饰更为繁缛，边缘有乳钉和圆圈纹相间，镂空纹饰有圆圈、三角和长方形，有些剑还配有金剑鞘，说明其使用功能已经发生了变化，成为墓主人身份和社会地位的象征。除洱海地区常见的铜柄铁剑、铜骹铁矛等器类外，滇池地区还出土了一些具有典型滇文化特征的铜铁复合器，如江川李家山出土的铜柄铁镰、铜梁铁壶、铜銎铁锥、铜铁马衔等。

根据已有的分析，呈贡石碑村3件铜柄铁剑，其中2件铁刃样品为亚共析钢和低碳钢，1件铜质部分为含锡4.2%的铜锡合金[①]；晋宁石寨山的3件样品，2件铁刃部分为锻打制作的钢制品，1件铜柄部为含锡10.9%的铜锡合金；江川李家山出土的铜铁马衔的铁质部分经鉴定为锻打的钢制品，M21出土的三叉式铜柄铁剑的铜质部分为含锡24.2%铜锡合金[②]。还有学者对晋宁石寨山铜柄铁刃剑进行了分析，发现剑的铁刃部分为高碳钢。[③] 从以上技术分析可见，滇池地区铜铁复合器的数量、种类，材质和制作工艺相对洱海地区来说更为多样化。

铜铁复合器不仅出现在洱海、滇池地区，而且在年代更早或相近的四川、甘青地区也能找到形制相似的同类器物。

四川、贵州等地出土的铜铁复合器，主要是铜柄铁剑。如岷江上游的汶川、茂县[④][⑤]、理县[⑥][⑦]，雅砻江及金沙江流域的凉山、盐边、盐源以及越西[⑧][⑨][⑩]等都出土了铜柄铁剑（见图5-8），这些剑的形制与洱海地区、滇池地区Ⅱ、Ⅲ式三叉格剑基本相同。四川和云南洱海地区的铜铁复合器数量并不多，主要器类是铜柄铁剑，另有少量的铜骹铁矛，形制与这些地区出土的同类铜器基本相同，其铜铁复合器年代主要在战国中晚期至西汉早期。

[①] 李晓岑、员雅丽、韩汝玢、田建、王涵：《昆明呈贡天子庙和呈贡石碑村出土铜铁器的科学分析》，《文物保护与考古科学》2010年第2期。

[②] 李晓岑、韩汝玢：《古滇国金属技术研究》，科学出版社2011年版，第94、137页。

[③] 杨根：《云南晋宁青铜器的化学成分分析》，《考古学报》1958年第3期。

[④] 四川省文管会、雅安地区文管所、宝兴县文管所：《四川宝兴汉塔山战国土坑积石墓发掘报告》，《考古学报》1999年第3期。

[⑤] 乌恩岳斯图：《北方草原考古学文化研究》，科学出版社2007年版，第286页。

[⑥] 童恩正：《我国西南地区青铜剑的研究》，《考古学报》1977年第2期。

[⑦] 冯汉骥、童恩正：《岷江上游的石棺墓》，《考古学报》1973年第2期。

[⑧] 安志敏：《四川甘孜附近出土的一批铜器》，《考古通讯》1958年第1期。

[⑨] 木基元：《丽江金沙江地区的考古发现与研究》，《中华文化论坛》2002年第4期。

[⑩] 苏奎、尹俊霞：《试析西南夷地区的三叉格铜柄铁剑》，《四川文物》2005年第2期。

◆◆◆ 云南洱海地区出土青铜时代金属器的技术研究

图 5-7 云南滇池地区出土的铜柄铁剑

a. 江川李家山 M21 铜柄铁剑（西汉中晚期）　b. 江川李家山 M26∶14 铜柄铁剑（西汉中晚期到东汉初期）　c. 晋宁石寨山铜柄铁剑（西汉中晚期）

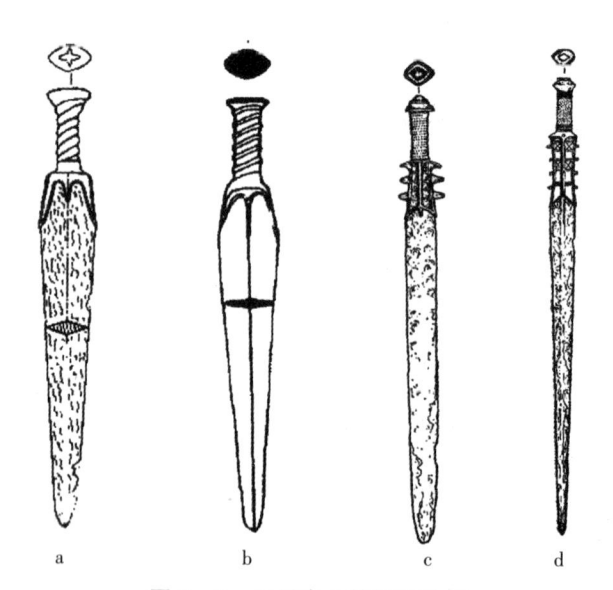

图 5-8 四川出土的铜柄铁剑

a. 四川茂汶牟托 1 号墓铜柄铁剑　b. 四川盐源（战国至西汉末）
c、d. 茂汶城关石棺墓（战国晚期到西汉前期）

·206·

第五章　洱海地区典型金属器和冶铸遗物所反映的技术与文化内涵 ◆◆◆

北方地区发现的最早的铜铁复合器是出土于河北藁城[①]和北京平谷刘家河的铁刃铜钺[②]，年代为商代中期。在河南[③]、陕西[④]、甘肃[⑤⑥⑦]、宁夏[⑧⑨⑩]、天津[⑪]、内蒙[⑫]等地先后出土了铜铁复合器，主要器形有铁刃铜钺、铁刃铜戈、铜銎铁锛、铜柄铁削、铜柄铁剑、铁铤铜镞、铜柄铁叶矛等，其年代从商代中期到西汉初，整体上早于西南地区。有学者对北方地区铜柄铁器进行成分和制作工艺研究，结果显示铁质部分的材质为陨铁、块炼铁和块炼渗碳钢，年代较早的铁质部分多为陨铁，西周晚期至春秋战国时期铜铁复合器的铁质部分以块炼渗碳钢为主。[⑬]

对于西南地区来说，相同形制的铜铁复合器在洱海地区以及岷江上游、雅砻江流域出现的时间较早，而在滇池地区出现较晚。Ⅲ式三叉格铜柄铁剑在四川茂汶牟托出现的时间在战国中晚期之际，于云南洱海地区主要出现在战国末至西汉初，而云南江川李家山的同类剑则属于西汉中晚期或更晚。可见，滇池地区出土的部分铜铁复合器，在

[①] 韩汝玢、柯俊：《中国科学技术史（矿冶卷）》，科学出版社2007年版，第357—358。

[②] 华泉：《评奥克拉德尼可夫关于螺旋纹、犁耕和铁的谬论》，《文物》1977年第8期。

[③] 潜伟：《新疆哈密地区史前时期铜器及其与邻近地区文化的关系》，知识产权出版社2006年版，第3—10页。

[④] 陈建立、杨军昌、孙秉君、潘岩：《梁带村遗址M27出土铜铁复合器的制作技术》，《中国科学（E辑：技术科学）》2009年第9期。

[⑤] 礼县博物馆：《秦西垂陵区》，文物出版社2004年版，第23页。

[⑥] 刘得祯、朱建唐：《甘肃灵台景家庄春秋墓》，《考古》1981年第4期。

[⑦] 刘得祯、许俊臣：《甘肃庆阳地区春秋战国墓葬的清理》，《考古》1988年第5期。

[⑧] 罗丰、韩孔乐：《宁夏固原近年发现的北方系青铜器》，《考古》1990年第5期。

[⑨] 罗丰：《以陇山为中心甘宁地区春秋战国时期北方青铜文化的发现与研究》，《内蒙古文物考古》1993年第1—2期。

[⑩] 周兴华：《宁夏中卫县狼窝子坑的青铜短剑墓群》，《考古》1989年第11期。

[⑪] 天津市文化局考古发掘队：《天津南郊巨葛庄战国遗址和墓葬》，《考古》1965年第1期。

[⑫] 佟柱臣：《考古学上汉代及汉代以前的东北疆域》，《考古学报》1956年第1期。

[⑬] 陈建立、杨军昌、孙秉君、潘岩：《梁带村遗址M27出土铜铁复合器的制作技术》，《中国科学（E辑：技术科学）》2009年第9期。

川西和云南洱海地区可以找到同类型器物，但云南滇池地区的铜铁复合器年代较晚。

另外，滇池地区还出土了一些洱海和川西地区没有的铜铁复合器类型，如铜銎铁戟、铜銎铁斧、铜銎宽刃铁凿、铜銎窄刃铁锥等独具滇池文化特征的器物，有些铜柄铁剑还配以金剑鞘，这些金剑鞘多出现在王室和贵族的墓葬中，说明铜柄铁剑的使用功能已经发生了转化。可见，这些滇池文化特有的器物可能是在吸收四川、北方文化的基础上在本地制造而成。

综合器物类型、年代和铜铁复合器铁质部分的制作技术，云南洱海地区铜铁复合器在器物文化风格上可能受到了北方地区、四川等地的影响，这种文化的影响可能也伴随着技术的交流。北方地区铜铁复合器铁质部分的材质经历了陨铁、块炼铁和块炼渗碳钢之变化，云南洱海地区目前经检测的为块炼渗碳钢，云南滇池地区则主要是亚共析钢，云南洱海地区的铜铁复合器技术有可能来自北方地区，继而影响到年代更晚的滇池地区，但也不排除受北方文化影响下这种技术来自云南本地或其他地方的可能性。

第三节　铜钺

西南地区特别是云南境内出土的铜钺，已有学者做过研究，主要集中在对铜钺总体分布情况和规律的探索，偶有提及洱海地区的铜钺，但以洱海地区铜钺为中心的专门研究尚不多见。为探讨洱海地区铜钺的基本发展情况及其与周边地区文化的关系，进而了解该地区青铜文化的面貌，接下来对洱海、滇池、滇南地区的铜钺进行初步比较分析。

洱海地区出土的铜钺主要包括对称形和不对称形铜钺，另外还有几类形制特殊的钺，如伞形钺、双刃钺等。对称形铜钺主要是圆刃或半圆刃有肩铜钺，这类铜钺的刃呈圆形或者半圆形，近銎处形成肩，扁圆銎口，器身多饰有弦纹或者"几"字纹。洱海地区最早的圆刃

第五章　洱海地区典型金属器和冶铸遗物所反映的技术与文化内涵　◆◆◆

（半圆刃）有肩形铜钺出现于剑川海门口遗址，而后在祥云大波那（战国）、云龙县布麻村（战国）、鹤庆黄坪、祥云红土坡（战国晚期到西汉早期）、弥渡合家山（战国中期）、祥云检村（战国晚期至西汉早期）①②、洱源北山土坑墓（战国晚期到西汉早期）、永胜金官龙潭（西汉早期）、海东大墓坪（西汉中晚期）、宾川挖罗山③④都有发现。这类对称形铜钺在云南境内主要分布在滇西的洱海和保山地区，目前在滇西北地区的德钦、香格里拉等墓葬和遗址还没有发现。

洱海地区出土的对称形铜钺根据形制和大小的差别，其使用功能也不尽相同。剑川鳌凤山墓地出土的铜钺，腰身向内弯折、刃尖更为凸出，两刃饰有圆圈纹，从其外观看可能为祭祀时的礼仪用器，但总体风格仍属圆刃有肩类型钺的变化发展（又见图4-12）。祥云红土坡墓葬群出土的一组铜钺（又见图4-13），形制较小，平均长5.2、宽3.8厘米，应是随葬用的明器。

洱海地区的对称形铜钺（见图5-9）与当地新石器时代石器的形制非常相似。滇西地区新石器时代遗址出土了大量石斧，有双肩、条形、梯形（见图5-10和图5-11）⑤以及亚腰形，主要分布在临沧地区的那蚌、云县忙怀、曼干遗址；保山地区的龙陵、潞西、施甸、昌宁西部、福贡；洱海地区的宾川白羊村、维西哥登等遗址⑥⑦。从形制上来看，这种圆刃或是半圆刃有肩铜钺可能是受双肩或条形石斧的影响发展演变而来。

---

① 大理州文物管理所、祥云县文化馆：《云南祥云检村石椁墓》，《文物》1983年第5期。
② 大理州文物管理所：《云南祥云县检村石棺墓》，《考古》1984年第12期。
③ 范勇：《我国西南地区的青铜斧钺》，《考古学报》1989年第2期。
④ 谢道辛、王涵：《云龙县首次发现青铜器》，《云南文物》1982年第1期。
⑤ 云南省文物考古研究所：《云南省龙陵县大花石遗址发掘简报》，《四川文物》2011年第2期。
⑥ 杨帆、万扬、胡长城：《云南考古（1979—2009）》，云南人民出版社2009年版，第44—56页。
⑦ 耿德铭：《试论怒江中游新石器时代的双肩石器》，《云南民族大学学报（哲学社会科学版）》1990年第1期。

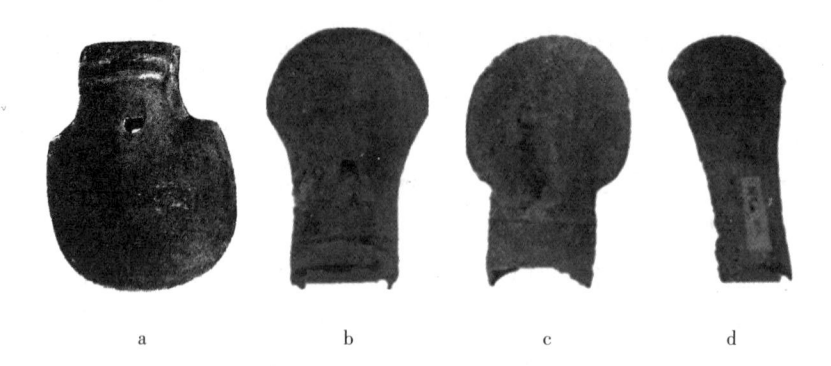

◆◆◆ 云南洱海地区出土青铜时代金属器的技术研究

a　　　　　　b　　　　　　c　　　　　　d

图 5-9　洱海地区出土的铜钺
a. 剑川海门口铜钺　b. 永平县仁德村铜钺　c、d. 祥云红土坡铜斧（钺）

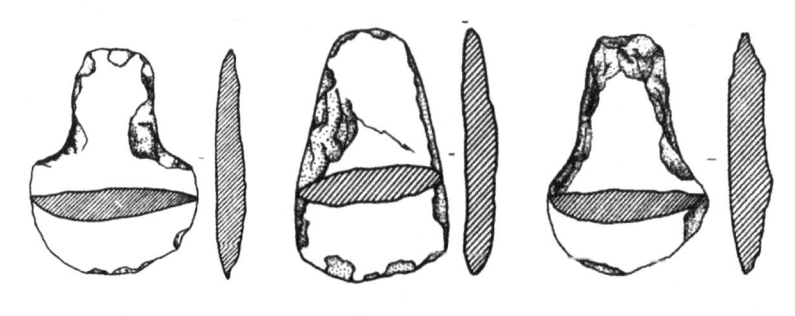

双肩石斧　　　　　　条形石斧　　　　　　梯形石斧

图 5-10　滇西地区龙陵大花石出土的石斧

龙陵出土不对称形石器①　　　　　云县曼干遗址②

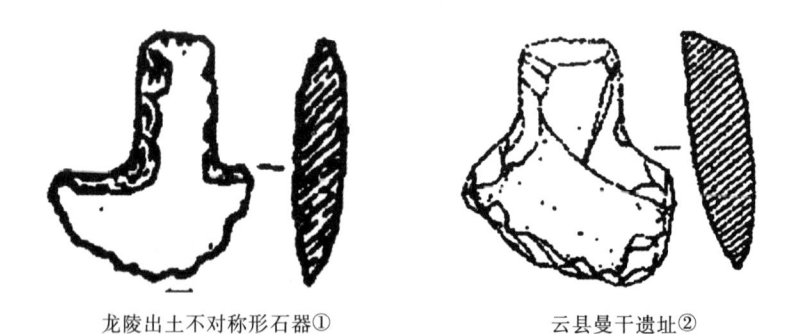

图 5-11　滇西地区出土的不对称形石器

---

① 耿德铭：《哀牢国与哀牢文化》，云南人民出版社2003年版，第1—165页。
② 云南省博物馆：《云南云县曼干遗址的发掘》，《考古》2004年第8期。

第五章 洱海地区典型金属器和冶铸遗物所反映的技术与文化内涵 ◆◆◆

洱海地区出土的不对称形铜钺,又称靴形铜钺①,与该地区出土的不对称形石器形制有相似之处,数量不多,目前仅见于大理、祥云、洱源等地。如南诏风情岛出土的靴形铜钺,形制较小且制作粗糙,表面没有纹饰;祥云大波那木椁墓出土的1件靴形钺,出土时带有木质手柄,较南诏风情岛同类钺更为精美。

双刃钺(见图5-12)和伞形钺(见图5-13)出土数量较少,主要集中在南诏风情岛墓葬群,其器形较小,且造型独特。

图5-12 南诏风情岛双刃钺　　　　图5-13 大理喜洲伞形钺

在滇西保山地区也有铜钺出土②,包括对称形和不对称形铜钺,其中对称形铜钺与洱海地区同类钺形制极为相似。另外,隆阳汶上下格箐钺、昌宁八甲山钺与洱海地区祥云大波那木椁墓出土的靴形钺形制相似(又见图4-12);昌宁卡巴哇钺与洱海地区南诏风情岛出土的伞形钺,也有很多相似之处,但卡巴哇钺的纹饰更为复杂,制作工艺也较为精美。(又见图5-13,见图5-14③)

---

① 汪宁生:《试论不对称形铜钺》,《考古》1985年第5期。
② 耿德铭:《哀牢国与哀牢文化》,云南人民出版社2003年版,第1—165页。
③ 同上。

· 211 ·

隆阳汶上下格箐钺　　　昌宁八甲山钺　　　昌宁卡巴哇钺

图 5-14　滇西地区不对形钺与伞形钺

洱海地区与保山地区出土铜钺的年代基本处于同一时期，即战国中晚期至西汉时期。有学者曾对保山地区出土的 10 件圆刃或半圆刃铜钺进行技术分析，显示有铜锡合金 3 件、铜锡砷合金 4 件、红铜、铜砷以及铜锡铅合金各 1 件，加工工艺主要是铸造和铸后冷加工各 4 件，热锻和热锻后冷加工各 1 件。[①] 对洱海地区和保山地区铜钺的技术特征进行对比研究，发现两地对称形铜钺均发现了红铜、铜锡合金和铜砷合金等材质，从合金中砷、锡的含量可以看出，其合金技术基本相当；加工工艺均以铸造为主，且都出现了热锻和铸后冷加工。结合年代、合金类型和加工工艺来看，两地制作对称形铜钺的技术水平相当；保山地区与洱海地区的不对称形铜钺和伞形钺在形制上相似，但前者的纹饰和工艺更为复杂，其材质主要是铜锡铅和铜锡锑合金，锡含量均较高，最高可达到 27.5%；目前检测的洱海地区靴形钺的合金类型以红铜和低砷砷铜为主。因此从形制和合金配比技术来看，保山地区不对称铜钺和伞形钺的制作技术更为成熟。

根据以上初步分析，洱海地区出土的圆刃或半圆刃对称形铜钺与滇西其他地区出土的同类钺在形制上极为相似，可能是在当地新石器时代典型器物有肩石斧、条形石斧等石器的基础上发展而来。不对称形钺和伞形钺发现数量少，从目前的分析看，祥云大波那和南诏风情

---

① 巢云霞：《云南古哀牢地区出土铜器的技术研究》，北京科技大学，2009 年，硕士学位论文，第 55—63 页。

岛的靴形钺、伞形钺与保山地区的同类钺有相似之处，但后者的技术更为成熟。

滇池地区以不对称形铜钺为主，钺銎较长，有的钺銎上饰有当地青铜器上常见的几何花纹，有单耳，或铸有立体人物、动物纹饰，刃略成半圆形，两端不对称，器形精美、制作技术成熟，主要出自晋宁石寨山（见图5-15，a）、江川李家山（见图5-15，b）、昆明羊甫头墓葬群，年代偏晚（主要集中在西汉时期）。另外，在位于洱海与滇池地区之间的楚雄万家坝墓群也有铜钺出土（见图5-15，c），年代为战国早期，銎较长、饰有简单的几何纹饰，有单耳，其形制和纹饰没有晋宁石寨山、江川李家山铜钺精致和繁缛，从时间和形制上来看，都像是滇池地区靴形钺的雏形。

晋宁石寨山①   江川李家山②   楚雄万家坝③

图5-15　滇池地区不对称形铜钺

滇池地区的不对称形铜钺，较之洱海地区来说，年代更晚、形制更为精美、技术相对成熟。在当地新石器时代石器中没有发现相似的类型。这一地区的不对称形铜钺很可能受到了洱海地区铜钺制作技术的影响，同时吸收了滇池青铜文化中常见的纹饰因素而发展起来的。而楚雄出土的不对称形铜钺可能是技术传播和发展中的过渡类型。

---

① 杨帆、万扬、胡长城：《云南考古（1979—2009）》，云南人民出版社2009年版，第72页。
② 同上书，第79页。
③ 云南省文物工作队：《楚雄万家坝古墓群发掘报告》，《考古学报》1983年第3期。

◆◆◆ 云南洱海地区出土青铜时代金属器的技术研究

滇南红河流域青铜文化以元江县洼垤打篙陡青铜时代墓地为代表，出土的铜钺有伞形钺、靴形钺、对称形铜钺（见图5-16）。伞形钺銎较长，刃呈对称半圆形，銎上饰有几何纹饰。靴形钺銎部多饰有重圈纹和弦纹组成的纹带[①]，另外还有勾叶纹、椭圆重圈纹、平行线纹以及这些纹饰组合的图案，也有少数靴形钺无纹饰。对称形铜钺，少有或有简单的纹饰，与该地区出土的伞形钺和靴形钺相比，形制和纹饰都相对简单。

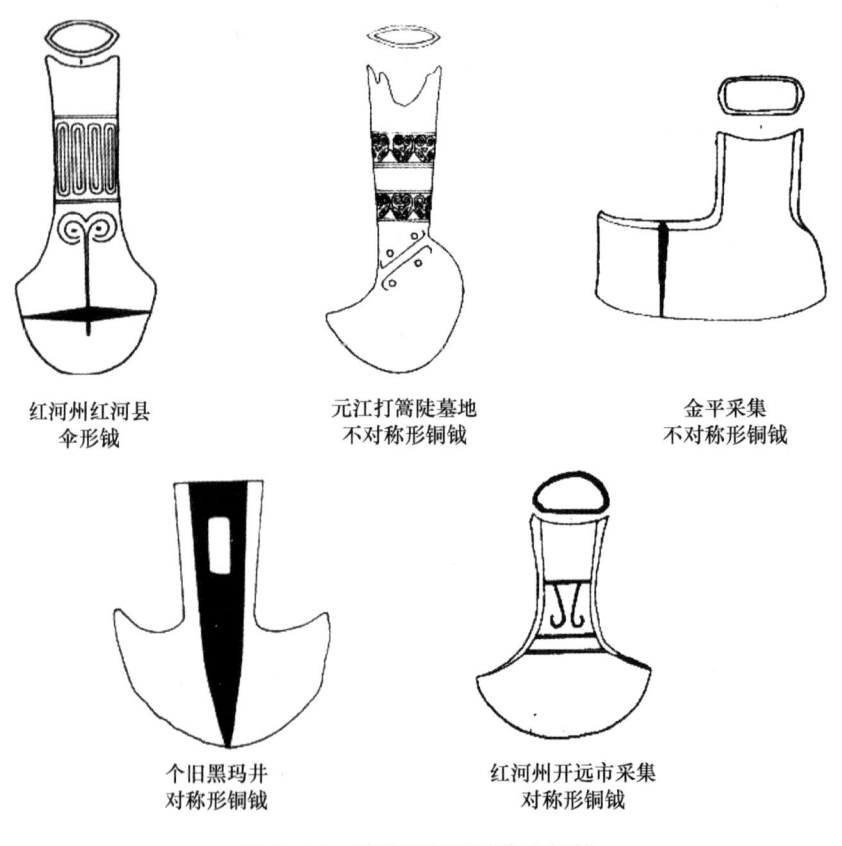

红河州红河县 　　元江打篙陡墓地 　　金平采集
伞形钺　　　　　 不对称形铜钺　　　　不对称形铜钺

个旧黑玛井　　　　红河州开远市采集
对称形铜钺　　　　对称形铜钺

图5-16　滇南红河流域出土铜钺

---

① 云南省文物考古研究所：《云南元江县洼垤打篙陡青铜时代墓地》，《文物》1992年第7期。

笔者也对元江打篙陡墓地出土的5件铜钺进行了取样分析，包括伞形钺和不对称铜钺，4件定量分析为铜锡合金，锡含量均在10%以上，另外1件锈蚀严重，定性分析也为铜锡合金。发掘者根据地层关系将该墓地划分为三期，从这几件器物的合金成分来看，应属于该墓地的第三期，即战国晚期。从合金成分和器物形制来看，红河流域出土的铜钺较滇西地区特别是洱海地区更为成熟，且出现的时间略晚于滇西地区。

综上所述，洱海地区的铜钺不论从年代、器物形制，还是合金类型，与滇池和滇南红河流域地区相比都具有相对较早的特点。从技术角度看，滇池和滇南地区的铜钺可能是受到了滇西（洱海）地区铜钺技术的影响发展而来的具有地方特色的器物。

第四节　生产工具

洱海地区的铜质工具，据本研究初步统计，占该地区出土金属器总数的15%，这些铜质工具的性能、使用范围、在实际生产中能否发挥作用等，是需要深入探讨的问题。

古代青铜工具的使用，许多典籍中都有记载，如《诗经·周颂·臣工》："命我众人，庤乃钱镈，奄观铚艾。"钱是铲子，镈即锄头，铚短镰也。[1] 目前的考古资料证实了，在先秦时期，中国境内出土了7000多件铜质工具，分布于全国各地471个县（市）1074个以上的地点。[2] 据考古资料统计，西周以前的铜质工具并不多见，而西周以后的铜质工具达到5929件。[3] 进入春秋战国时期，铜质工具的数量开始大增，种类和形制也更为多样。

从出土数量来看，虽然目前已经有7000余件铜质工具出土，但

---

[1] 王大道：《云南滇池区域青铜时代的金属农业生产工具》，《考古》1977年第2期。
[2] 陈振中：《先秦青铜生产工具》，厦门大学出版社2004年版，第14—15、21—26页。
[3] 王大道：《云南滇池区域青铜时代的金属农业生产工具》，《考古》1977年第2期。

在长达一千余年的历史时期中,铜质工具在出土器物中所占的比例却是极其有限的,绝大部分工具是木、石、骨、蚌器等,与同出的数量众多的青铜兵器和礼器相比,铜质工具的相对数量其实是很少的。如河北省藁城县台西村商代遗址共出土数千件文物,所有农具均为石器、骨器和蚌器,却没有发现一件铜质农具。[①] 陕西长安张家坡西周遗址和墓葬中出土了 600 余件工具,其中只出土 1 件铜斧和 1 件铜刀。[②] 在冶矿遗址的考古发现中,如江西瑞昌铜岭商周铜矿遗址和湖北大冶铜绿山遗址出土了许多用来铲运矿石的木锹和木铲,而不是铜铲和铜锄。[③] 商周时期中原地区农业生产中虽然已经出现了铜质生产工具,但所占比例并不大,在实际生产活动中发挥的作用较为有限,而这些有限的铜质生产工具多出自大型墓葬,说明它们多被少数统治阶级和贵族拥有。

云南境内出土的铜质生产工具,主要集中在滇西和滇池地区。截至目前,本研究涉及的洱海地区出土的铜质生产工具至少已达到 426 件,其中以锄的数量最多,占到总数的一半以上,其次是斧为 93 件,另外还有锥、凿、刀、削、锛、镬、镰、犁、铲、钻、鱼钩等共计 14 类生产工具。从器物类型来看,这些生产工具主要是农具及少量的手工工具(见表 5-2)。此外,王大道对滇池地区出土的青铜时代铜质生产工具进行了统计,达 424 件,种类主要有镬、锄、锸、镰和斧,其中斧的数量最多,有 287 件。[④] 就目前的考古发现来看,洱海与滇池地区出土的铜质生产工具数量相当。

[①] 河北省文物管理处台西考古队:《河北藁城台西村商代遗址发掘简报》,《文物》1979 年第 6 期。
[②] 中国社会科学院考古研究所沣西发掘队:《1967 年长安张家坡西周墓葬的发掘》,《考古学报》1980 年第 4 期。
[③] 陈文华:《关于夏商西周春秋时期的青铜农具问题》,《农业考古》2002 年第 9 期。
[④] 王大道:《云南滇池区域青铜时代的金属农业生产工具》,《考古》1977 年第 2 期。

第五章 洱海地区典型金属器和冶铸遗物所反映的技术与文化内涵

表5-2 　　　　　　洱海地区出土铜质生产工具统计　　　　　单位：件

墓葬名称	镰	镬	犁	锛	削	凿	刀	锥	铲	斧	钴	鱼钩	锄	锸	小计	出处
剑川海门口	1			1	2	2	8	1	1	1	1				18	[11]、[12]、[13]
剑川鳌凤山					3	2									5	[14]
祥云大波那木椁铜棺墓				1						8					9	[15]
祥云大波那木椁墓										2			14		16	[19]
祥云检村石椁墓			1		2	2							23	2	30	[20]
祥云检村石棺墓													2		2	[198]、[22]
祥云红土坡墓14号墓						2							43		47	[24]
楚雄万家坝古墓群					5		4			44			100		153	[25]
楚雄张家屯古墓群		2								11			46		59	[26]
弥渡苴力战国石墓					3					2		6	2		13	[27]
弥渡合家山										2			22		24	[28]
德钦永芝古墓群						1				1					2	[21]
德钦石底古墓						1										[38]
宁蒗县大兴镇古墓葬					2					4					6	[39]
宁蒗干坝子墓地				√	√										不详	①
大理银梭岛遗址							√			√					不详	[43]
大理鹿鹅山		1								1			1		2	[40]
大理大墓坪		1											1		1	[40]
大理金梭岛										2					2	[40]
大理五指山										1					1	[40]
永胜金官龙潭					1					19			1		21	[33]207—210
楚雄大海波	2									2					4	[199]
姚安白鹤水库										1			7		8	[45]96
小计	1	2	3	4	8	12	8	12	1	93	1	1	276	4	426	

注：√表示该遗址有这类器物出土，但具体数量不详。

① 根据云南考古官方网站提供资料整理。

根据以上的统计，洱海地区铜质生产工具的分布范围较为广泛，在各主要遗址和墓葬群均有发现。与兵器相比，铜质生产工具在金属器中所占的比例较低。从形制上看，器形简单，制造粗糙；从功能上看主要有两类，一类为实用器，形制较大且表面有使用痕迹；另一类为随葬品，器形较小，更像是实用器的模型。

本研究对洱海地区21件铜质工具的分析显示，从战国中期到战国末至西汉初期，铜质生产工具的制作技术并没有明显的变化，其合金类型以红铜为主，2件铜锡合金和1件铜砷合金，锡、砷的含量均低于5%；加工方式主要是铸造和铸后冷加工。此外，李晓岑曾对楚雄万家坝和祥云大波那的共16件铜质工具进行分析，结果显示其合金类型以红铜为主，3件铜锡合金中锡含量也仅有2%左右。[①]

红铜材质的生产工具，其质地较软，使用效率低，从其机械性能上看并不适合实际使用。根据对这些器物的分析发现，有一部分形制较小的生产工具，可能作为随葬品，如弥渡合家山的小型铜锄、祥云红土坡的小型铜斧；另一部分生产工具，形制较大，多进行过铸后冷加工以提高其硬度和使用性能，在刃部多发现有使用痕迹，有些甚至已弯曲变形，如楚雄张家屯、祥云检村发现的铜锄。这些证据都说明红铜质地的生产工具确实在生产活动中得到过应用。

这种现象的产生可能有几个原因：第一，在青铜技术发展的初级阶段，锡并不易获得，在统治者眼中仍是一种较为珍贵的物质。为了维护和巩固自身的地位和利益，他们有可能将有限的资源用在更需要的地方，即战争和礼仪之需，本研究显示铜锡合金中兵器和装饰品所占的比例最多，也印证了这一点；第二，这些生产工具中有一部分作为财富和社会地位的象征，被少数贵族所拥有并随葬，因此其使用性能是否满足生产的需要很可能被忽略；第三，虽然与铜质生产工具伴出的器物中发现的石器、骨器等其他质地的工具较少，但根据对考古材

---

① 李晓岑、韩汝玢：《古滇国金属技术研究》，科学出版社2011年版，第123—126页。

第五章　洱海地区典型金属器和冶铸遗物所反映的技术与文化内涵

料的统计，铜质工具在所有材质工具中所占的比例较低，加之洱海地区发现有大量新石器时代的石质生产工具，说明这些石质生产工具在青铜时代可能仍在使用，并在生产活动中发挥着一定的作用，而红铜质地的生产工具由于其数量少、使用性能差，对生产活动发挥的作用有限。

李晓岑还对滇池地区出土的14件铜质农具进行了分析，结果显示有红铜6件、铜锡合金5件、铜锡铅合金3件，锡含量较洱海地区生产工具中的锡含量高，多数在5%以上，最高可达13.4%，其中有2件铜锡合金的铜锄表面有镀锡现象。其生产工具的合金技术已较洱海地区有明显的进步和发展。[①]

云南新石器时代的石质工具主要包括斧、锛、凿、锥、刀、锤、镰等类型，从形制上看，在石质工具之后的铜质工具与之有很多相似之处，如滇西地区出土的有肩石斧与铜斧在形制上极为相似。早期的铜质工具可能是仿造相应的石质工具制作而成，并在其发展过程中逐渐形成具有自身特点的样式，如铜锄、铜镬。

从新石器时代晚期开始，剑川海门口、大理银梭岛等遗址中逐渐出现了小件的铜质工具，形制简单，种类和数量都较少，与其伴出器物中有石蚌骨器，这些器物在生产活动中占据主导地位。从战国中期开始，铜质工具的数量、种类和分布范围都有了较大的发展，有些是用于农业生产的实用器，有些是用于祭祀的礼仪用器，在生产活动中发挥的作用有所增强，但由于其材质以红铜为主，机械性能较差，其使用性能并不完全符合生产活动的需要，因此不可能完全排除石质工具，随着时代发展和技术进步，铜质工具中青铜的比例不断增加，如滇池地区西汉以后的大型墓葬中生产工具的制作技术已经明显进步，石质生产工具在生产活动中发挥的作用可能也逐渐减弱。

[①] 李晓岑、韩汝玢：《古滇国金属技术研究》，科学出版社2011年版，第123—126页。

第五节 铸范

云南境内青铜时代（公元前1800年—前1200年—西汉中晚期）使用的铸范材料有石范、陶范和金属范，其中石范和陶范主要发现于滇西和滇西南地区且以石范数量最多，最早的石范是发现于龙陵大花石遗址的1扇斧范，质地为砂岩，年代为商代中晚期，随后在剑川海门口遗址第五文化层先后出土了2扇钺范，质地为片麻岩，年代处于公元前1100—前500年。剑川鳌凤山墓葬群出土了3件石范为斧范和钺范，质地为砂岩。弥渡合家山窖藏遗址出土了石范19件（砂石质）、陶范3件（黄砂陶质），年代为战国中晚期，其中石范包括甲范2件、戈范5件、矛范1件、锄范4件、凿范4件、斧范1件、铃范2件，陶范有矛、短剑范2件、锄范1件。南诏风情岛出土了8扇陶范，包括锄范、剑范和甲范，年代为战国末至西汉早期。

除龙陵大花石（新石器时代遗址）外，另外几个遗址均出土了与范形相同或相似的铜器。剑川海门口和剑川鳌凤山出土的石范均为双面范，两面范均开设型腔，范上刻有简单的线条纹饰，且有烟熏的痕迹，在同出的铜钺或铜斧上也有同样的纹饰（见图5-17，a、图5-17，b）。合家山有5件铜器的形制与该窖藏出土的范形基本一致，这些铜器分别是：条形铜锄（见图5-17，c）、尖叶形铜锄、心形铜锄、斧、铃，初步判断这些范可能是铸造这批铜器或与之相似的铜器后遗留下来的。该遗址同出石范和陶范，说明弥渡合家山的范铸技术可能正处于发展过渡时期，陶范铸造是继石范铸造而起的[①]，弥渡合家山还出土有2扇一范两器形范，分别为石戈范和陶矛、短剑范，说明当时该地区在从制范到铸铜的技术过程中已经积累了一定的经验。

---

① 王大道：《曲靖朱街石范铸造的调查及云南青铜器铸造的几个问题》，《考古》1983年第11期。

第五章 洱海地区典型金属器和冶铸遗物所反映的技术与文化内涵 ◆◆◆

在距离弥渡合家山不远的南诏风情岛墓葬群，出土的范均为陶范，经实地考察，这些范表面有烟熏痕迹，且与同出器物的形制相同，如铜柄铁剑范（又见图5-6），应是用于铸造相应器物的陶范。

剑川海门口钺范 　　　　　　　　剑川鳌凤山斧范

弥渡合家山条形锄范及相应器物

图5-17　洱海地区出土的铸范及相应器物

上述这些现象说明，洱海地区青铜时代存在本地冶铸活动。

在云南以南的东南亚地区也有大量的石范和陶范出土，泰国东北部的班清早期遗址上层（Ban Chiang）（公元前1700—前900）[1]、农诺塔

---

[1] White, J. C., Dating Early Bronze at Ban Chiang, Thailand, Pautreau, J. P., Coupey, A. S., Zeitoun, V. and Rambault, E., In from Home erectus to the living traditions: Choice of Papers from the 11th International Conference of the European Association Southeast Asian Archaeologists Bougon (25th-29th September 2006), 2008, pp. 91-104.

· 221 ·

遗址（Non Nok Tha）（公元前1500—前1000）①、班纳迪遗址（Ban Na Di）（公元前1313—前903）②、铁器时代隆泰遗址（Non Chai）（公元前400—200）③、普隆采矿遗址（Phu Lon）（公元前1000年）④ 等地出土了石范和陶范；泰国中部的农帕外遗址（Non Pa Wai）（公元前1500—前1000）Ⅱ期出土了陶范；尼肯翰遗址（Nil Kam Haeng）Ⅰ发现了陶范（公元前1301—前900）。⑤ 湄公河下游越南境内的栋作遗址（Doc Chua）（公元前796—前472）出土了50多扇石范和陶范，用来铸造斧、矛、凿、鱼钩和铃；越南南部的翰贡遗址（Hang Gon）（公元前1500—前1000）出土了用于铸造铜针和斧的石范⑥；越南北部的同登遗址（Thanh Den）（公元前1400—前1000）出土了铸造鱼钩、矛、斧的石范和陶范；在柬埔寨中部洞里萨胡平原（the Tonle Sap plains）的姆鲁普雷遗址（Mlu Prei）发现了直銎斧砂岩石范1扇⑦、三隆森贝丘遗址（Samrong Sen）出土了1扇砂岩斧范（公元前1749—前1253）⑧。石范材质以砂岩为主，陶范也大都为黄砂质。这些遗址不仅出土了石范和陶范，同时还发现了坩埚、炉渣和铜器，其中铜器的种类包括有銎工具、铜镯、鱼钩、斧、矛、戈、凿、铃等。不论是铸范还是器物，都与洱海地区出土的同类器物有很多相似之处。如中国云南剑川鳌凤山（战国末到西汉初）（见图5-21）、柬埔寨姆鲁普雷遗址（Mlu Prei）出土的斧范（见图5-22）⑨，均为砂石质，形制基本相同，两刃呈圆弧状；一范两器的现象在云南和东南亚地区也更有相似性，如合家山的戈范（见图

---

① Higham, C. F. W., *The Bronze Age of Southeast Asia*, Cambridge University, 1996, pp. 191 - 194.
② Ibid., pp. 199 - 204.
③ Bayard, D., Charoenwongsa, P. and Rutnin, S., Excavations at Non Chai, Northeastern Thailand, 1977 - 1978, *Asian Perspectives*, 25, 1982/1983（1）.
④ Higham, C. F. W., *The Bronze Age of Southeast Asia*, Cambridge University, 1996, p. 185.
⑤ Ibid., pp. 266 - 274.
⑥ Ibid., pp. 208 - 211.
⑦ Ibid., pp. 24 - 25.
⑧ Ibid., pp. 208 - 211.
⑨ Ibid., p. 181.

5-18①）和矛、短剑范（见图 5-19②）、越南同登遗址的镞范（见图 5-20③），同是一范两器型。

图 5-18 合家山出土的石戈范

图 5-19 合家山出土的陶矛、短剑范

图 5-20 越南同登遗址石铜镞范

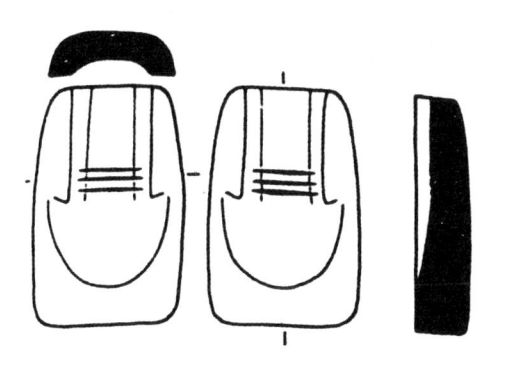

图 5-21 中国云南剑川鳌凤山石质斧范

图 5-22 柬埔寨姆鲁普雷遗址斧范

---

① ［日］後藤直、菅谷文則、三船温尚、中井一夫、宮原晋一：《雲南省出土鑄型調査報》，奈良県立橿原考古学研究所、アジア鋳造技術史学会主編《石笵を用いた鋳造の研究》2008 年版，第 9—24 頁。

② 同上。

③ Gutman, P., Hudson, B., The Archaeology of Burma (Myanmar) from the Neolithic to Pagan, Glover, I., Hudson, B., *Southeast Asia: From Prehistory to History*, Routledge Curzon, 2004, pp. 1, 92.

从年代上看，东南亚地区出土的大部分石范、陶范的年代略早于洱海地区；两地石范的材质均以砂岩为主，陶范材质以黄沙为主；石范、陶范以及铜器中有很多相似的因素。因此从地理、时间和器物形制上综合考虑，洱海地区与东南亚地区的石范、陶范铸造技术可能存在着交流和互动。

公元前5000年，石范技术最早出现于欧亚草原的西部。公元前3000年末到公元前1500年，包括新疆东部、甘青许多地区在内的中国西北地区开始出现石范铸造技术[1]，随后在中国北方的内蒙古东北部（早商）[2]、辽宁（公元前1700±135年至公元前1670±125年）[3]、山西（公元前1900年至公元前1500年）[4]、河南（公元前1900年至公元前1500年）[5] 等地均有石范出土。这些石范的材质多样，有砂岩、滑石、玄武岩、石灰岩、片麻岩。

欧亚草原和中国北方地区出土的石范在年代上明显早于中国洱海地区和东南亚地区，其石范材质与后者不同，说明很可能是就地取材在本地制造而成的。至于其是否对中国洱海地区和东南亚地区的石范技术产生过影响，还需要更多的考古证据才能证明。

---

[1] 刘学堂、李溯源：《新疆发现的铸铜石范及其意义》，《西域研究》2008年第4期。
[2] 内蒙古自治区文物考古研究所、鄂尔多斯博物馆：《朱开沟：青铜时代早期遗址发掘报告》，文物出版社2000年版，第64页。
[3] 辽宁省文物考古研究所、吉林大学考古系：《辽宁彰武平安堡遗址》，《考古学报》1992年第4期。
[4] 中国社会科学院考古研究所等：《夏县东下冯》，文物出版社1988年版，第75—76、122、167页。
[5] 中国社会科学院考古研究所：《殷墟的发现与研究》，文物出版社1985年版，第87—88页。

第六章

洱海地区的青铜文化及其与外界的交流

第一节 洱海地区青铜文化的基本状况

根据目前的考古发现和研究结果，剑川海门口遗址是洱海地区最早出现冶铜技术的地点之一。出土器物有石器、陶器、骨器、牙器、木器、铜器、铁器、动物骨骼和农作物遗骸等。剑川海门口遗址出土的石器应属于滇西地区新石器时代文化的一部分，石斧、石刀、石锛、纺轮等都与滇西地区同类器物器形相同。剑川海门口遗址出土的铜器多为小件器物、形制简单，有铜斧、铜钺、鱼钩、铜锥、饰片、铜镯、铜箭镞等，从形制来看，多与该地区的石器相同或相似，很可能是在新石器时代文化的基础上延续和发展而来的。与铜器同出的还有制钺的石范，形制、花纹与铜钺相似，因此这些铜器应是在当地制作而成的。

从金属成分分析结果来看，剑川海门口遗址出土的金属器按出现年代的先后依次为红铜、铜锡合金和块炼铁，金属材质体现了逐渐成熟、近乎完整的发展过程。另外，部分器物也受到了其他文化因素的影响，如双耳彩陶罐、半月形穿孔石刀受到了黄河上游新石器文化的影响[1]；长条形和梯形石斧、石锛受到了澜沧江上游石器文化的影

---

[1] 李昆声：《论云南与黄河流域新石器文化的关系》，《云南考古学论集》，云南人民出版社1998年版，第76页。

响①。具有中原风格的陶豆在该遗址也有发现。第七文化层出土的木耜，年代在距今1800—1200年，是一种具有北方特色的生产工具，该遗址还出土了炭化的稻、麦、粟等农作物遗骸②，这些都是黄河流域和长江流域农耕文化特有的作物。

前文的分析表明，洱海地区其他墓葬群和遗址出土的金属器可能是在剑川海门口遗址铜器制作技术的基础之上发展而来的，这些铜器的形制和技术水平基本相当，具有典型的区域特征，此外也受到了其他文化因素的影响。剑川鳌凤山墓葬群的葬式和器物受到了来自北方文化因素的影响，仰身直肢葬，双耳罐、半月形穿孔石刀、三叉格铜剑、双圆饼茎首剑都体现了北方氐、羌民族的文化特征；洱源、祥云、弥渡、楚雄等地出土的铜器受到了来自北方文化、中原文化和东南亚青铜文化的共同影响。如三叉格铜剑、铜铁复合器、镀锡铜矛是受北方文化因素影响的结果。铜矛多呈柳叶形，骹端附环耳的形制与内地殷商、西周时期青铜矛的形制基本相似，说明其产生受到了内地殷商式铜矛的影响。③祥云大波那墓葬群、检村墓葬群出土的编钟、豆、尊与楚器的风格相似。大波那出土的铜杯、铜箸和铜匕也是中原地区的典型器物。如中国洱海地区的条形斧和靴形钺在泰国的班怀曼遗址（Huai Muang）也有发现。④剑川海门口、剑川鳌凤山、弥渡合家山等地出土的石范，在泰国能诺他遗址⑤和越南东山文化遗址⑥中都有相似形制的范发现。

---

① 汪宁生：《云南考古》，云南人民出版社1980年版，第26页。
② 云南省文物考古研究所、大理州文物管理所、剑川县文物管理所：《云南剑川县海门口遗址》，《考古》2009年第7期。
③ 谢崇安：《滇桂地区与越南北部上古青铜文化及其族群研究》，民族出版社2010年版，第166页。
④ Bennett, A., Prehistoric Copper Smelting in Central Thailand, Charoenwongsa, P., Bronson, B., *The Stone and Periods in Thailand*, Thai Prehistory Study Group, 1988, pp. 125 - 135.
⑤ Solheim, W. G., An Earlier Agricultural Revolution, *Scientific American*, 226, 1972, pp. 34 - 41.
⑥ Murowchick, Robert Edwin, The Political and Ritual Significance of Bronze Production and Use in Ancient Yunnan, *Journal of East Asian Archaeology*, 2001, 3 (1).

以上的分析看出，洱海地区青铜文化具有典型的本地特征，但它并不是孤立存在的，在发展过程中也受到了北方、中原文化和东南亚青铜文化的共同影响。在下文中将详述与其他文化的关系。

第二节　洱海地区与滇池地区青铜文化的关系

滇池地区青铜文化的分布范围是东北到曲靖，南不过元江，西界至禄丰，与滇西青铜文化相衔接①，主要的考古发现集中在晋宁石寨山、江川李家山、呈贡天子庙、呈贡石碑村、曲靖八塔台、昆明羊甫头、会泽水城、安宁太极山等墓葬群。这些墓葬中既有大型的贵族墓，也有中小型平民墓。青铜文化开始于战国早中期（以昆明羊甫头早期墓 M19 为代表）一直持续到东汉初期（以江川李家山墓 M69 为代表），从公元前 500 年至公元 50 年，历时 500 年。出土器物的种类主要是生产工具、生活用具、兵器、乐器和装饰品，既有如三叉格剑、斧、锄、矛、镯等与洱海地区形制相同或相似的器物，也有鲜明地方特征的贮贝器、跪俑、枕、伞盖、针线盒等。

根据考古发现看，滇池地区青铜文化较洱海地区更为成熟。第一，器物种类更为丰富。兵器中的弩机、盔、狼牙棒、戚、啄等；生活用具中的盉、贮贝器、鍪、壶、盘、洗、烹炉、熏炉、线盒、带钩、勺、案等；乐器中的锣和箫；装饰品中的马具、人俑等，都是洱海地区没有发现的器物类型，这些器物极具鲜明的地方特征，尤其是贮贝器上的人物、动物以及房屋模型等，真实地反映了古滇国的社会生活。第二，同类器物的形制更为精美。如滇池地区的铜鼓主要是"石寨山型"鼓，其造型和纹饰较洱海地区的"万家坝"铜鼓精致。第三，器物材质多样化。洱海地区早期墓多以红铜为主，晚期墓中出现了少量的铜铁复合器和铁器，金银器只是零星出现。而滇池地区早

---

① 王大道：《滇池区域的青铜文化》，云南省博物馆主编《云南省博物馆学术论文集》，云南人民出版社 1989 年版，第 146—165 页。

期墓中青铜占绝大多数，其他材质较少；晚期墓不仅出现了铜铁复合器，纯铁器数量也不断增加，同时金银器大量出现。

李晓岑对滇池地区出土铜器的科学分析表明，铜器的材质以锡青铜为主，分析的136件铜器中有铜锡合金84件、铜锡合金31件、红铜19件、铜铅合金2件。[①] 按时间来看，战国时期，红铜占有一定的比例，也有较多铜锡合金和铜锡铅合金。西汉时，红铜器大大减少，铜锡合金占很大比例，铜锡铅合金比例有所增加。东汉时，检测的铜器均为铜锡铅合金。金相组织分析显示，铜器制作以铸造方法为主，占80.2%，根据器物的性能和使用目的，还采用了热锻和铸后冷加工的方法，分别占10.7%和9.1%。

洱海地区与滇池地区金属器的区别与联系主要有以下几点：第一，合金成分。滇池地区的铜器中，除加入锡和铅外，未出现其他合金元素。洱海地区的铜器除含有锡、铅外，还有一些铜器有砷、锑等合金元素，这些元素经分析大多数并非有意加入，而是矿料中所带。第二，合金类型所占比例。洱海地区铜器首先以红铜为主（45%），其次为铜锡合金（34%）、铜锡铅合金（4%），另外有少量的铜砷、铜砷铅、铜铅锑、铜锑、铅锑砷铜合金。滇池地区合金类型首先以铜锡合金为主（60.7%），其次为铜锡铅合金（23.7%）、红铜（14.1%）、铜铅合金（1.5%）[②]。第三，不同种类器物的材质。洱海地区兵器中首先以红铜所占比例最大，其次为铜锡合金，另外有几件特殊的合金类型，包括铜砷、铜铅锑、铅锑砷铜合金，而滇池地区的兵器主要是含锡量低于17%的锡青铜；洱海地区生产工具中红铜占绝对比重，滇池地区分析生产工具中的合金类型主要是红铜和铜锡合金，另外还出现了铜锡铅合金，含锡合金中锡含量较洱海地区生产工具高。第四，表面装饰工艺。两地均发现了镀锡工艺，滇池较洱海地区出土的镀锡器数量多，种类更为丰富，但两地的镀锡器均采用的是

---

① 李晓岑、韩汝玢：《古滇国金属技术研究》，科学出版社2011年版，第53—61页。
② 同上书，第55页。

第六章 洱海地区的青铜文化及其与外界的交流 ◆◆◆

热镀锡技术，属于同一技术体系，在技术上存在着传承关系。鎏金工艺仅发现在滇池地区的铜器中。第五，铁质品。从数量上看，洱海地区出土的铁制品数量较少，滇池地区的铁器和金器已经大量出现。洱海地区铁制品的材质有块炼铁和块炼渗碳钢，其中块炼铁主要出现在海门口遗址的第三文化层，年代为公元前400—前100年，块炼渗碳钢主要集中在战国晚期至西汉中晚期的墓葬和遗址中。滇池地区铁器的材质多样，有锻铁器和铸铁器，其中锻铁器最迟出现于战国中晚期，当时有亚共析钢制品，而炒钢、贴钢、经过淬火处理的钢制品和铸铁器发现于西汉中晚期墓葬中。[1] 第六，金器。洱海地区的金器目前仅见于祥云红土坡墓葬群的饰片，其合金类型为金银合金，含金量为91%左右，含银量为8%左右。滇池地区西汉中期以后，金器大量出现用于制作装饰品，其合金类型为金银和金银铜合金，银含量多少不等，最高可达16.4%，铜含量最高达8.2%。第七，制作工艺。洱海和滇池地区铜器的制作工艺均以铸造为主，根据不同器物的使用功能还采用了铸后冷加工和热锻的方法。洱海地区分析的铁器均为折叠锻打而成，滇池地区的铁器有铸造和锻造两种。两地出土的金器均为热锻而成。[2] 第八，铸范。洱海地区的铸范有石范和陶范，且以石范为主；滇池地区铸范包括石范、陶范和金属范。[3] 这一方面说明滇池地区的铸范材料较洱海地区有进一步的发展，同时说明两地均存在本地冶铸活动，更多的是技术交流而非器物的直接传入。

楚雄是连接洱海与滇池地区的过渡地带，根据考古发现楚雄万家坝墓地是一处大型的墓葬群，发现墓葬79座，出土器物共1245件。发掘者根据随葬器物组合、打破关系等因素将这些墓葬分为两类。Ⅰ类墓墓葬规模小，随葬器物少；Ⅱ类墓多为大墓，随葬器物数量大，品种多。Ⅰ类墓多体现洱海地区的特点；Ⅱ类墓多体现出滇池地区的

---

[1] 李晓岑、韩汝玢：《古滇国金属技术研究》，科学出版社2011年版，第93—99页。
[2] 同上书，第103—105页。
[3] 同上书，第115—118页。

· 229 ·

特点①（见图6-1、图6-2②、图6-3、图6-4③）。从器物形制上看，洱海地区常见的三叉格剑、细条形铜镯、双耳陶罐、圆刃对称形铜钺在Ⅰ类墓中均有发现；具有滇池风格的镂空铜饰牌、蛇头形茎首无格青铜短剑、臂甲、条形斧、钺等器物在Ⅱ类墓中有发现。另外，有学者通过对昆明羊甫头早期墓的研究认为该墓葬的文化因素应来自于楚雄万家坝。④从技术角度看，Ⅱ类墓出土铜器的技术水平较Ⅰ类墓更为成熟。李晓岑对 M1（Ⅰ类墓）和 M23（Ⅱ类墓）出土铜器的

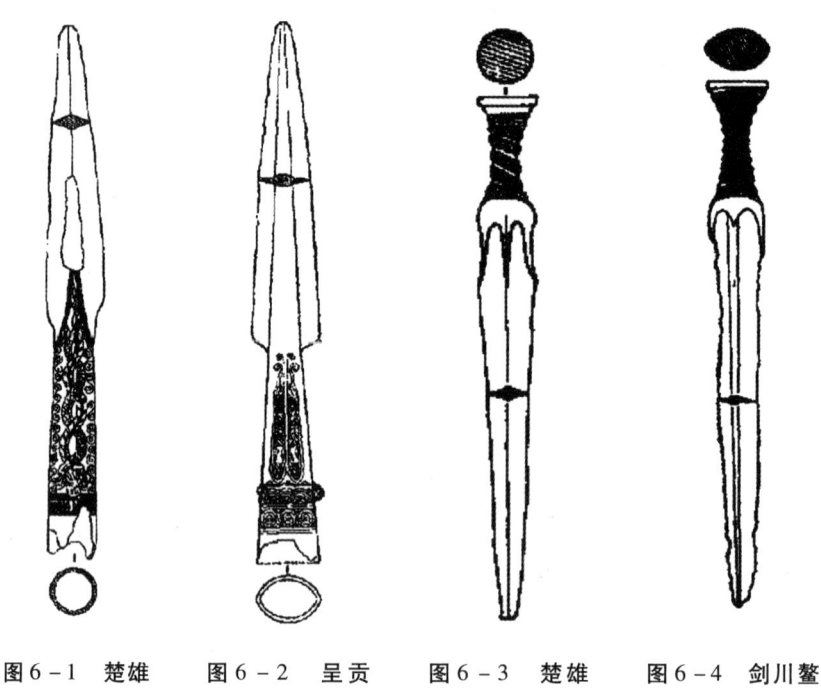

图6-1 楚雄万家坝 M72 出土铜矛

图6-2 呈贡天子庙 M41 出土铜矛

图6-3 楚雄万家坝 M63 出土三叉格铜剑

图6-4 剑川鳌凤山出土三叉格铜剑

---

① 云南省文物工作队：《楚雄万家坝古墓群发掘报告》，《考古学报》1983年第3期。
② 昆明市文物管理委员会：《呈贡天子庙滇墓》，《考古学报》1985年第4期。
③ 云南省文物考古研究所：《剑川鳌凤山古墓发掘报告》，《考古学报》1990年第2期。
④ 杨帆、梅丽琼：《滇文化概述及研究》，《滇王国文物精品集》，中国社会科学出版社2004年版，第30—40页。

分析显示，M1 出土的铜器均为红铜，铸造而成；M23 出土的铜器中铜锡合金已占近一半，并开始在合金中加入铅，加工方式除铸造外，还出现了铸后冷加工、热锻和热锻后冷加工等多种方法。另外，在Ⅱ类墓中还发现了锡含量在 95% 以上的锡制品和铜箔器物，这些都是技术进一步成熟的表现。[①] 可见，楚雄万家坝是洱海地区和滇池地区文化的交汇地，该地区出土的铜器兼具了洱海和滇池地区青铜文化的特点，应是这两类青铜文化中的过渡类型。

综合以上分析，洱海地区青铜文化开始时间早于滇池地区，延续时间也较长，其材质经历了从红铜、青铜到块炼渗碳钢的发展过程，而滇池地区青铜文化从一开始就以青铜为主，到西汉时，铜锡合金和铜锡铅合金比例都继续增加，铁器的材质也更为多样化，技术上体现了较为成熟的特点。另外在表面装饰工艺、金器和铁制品的制作技术、铸范材料等诸多方面都较洱海地区更为进步。在洱海和滇池地区之间的楚雄万家坝墓地是两类青铜文化的交汇区。因此，滇池地区较为发达的青铜文化并非一蹴而就，从年代、器物种类和形制、技术发展水平来看都应是在洱海地区青铜文化的技术上发展而来的，在其发展过程中不断注入本地文化因素，技术水平不断提高，而楚雄万家坝墓地就是这种文化和技术传承的中间环节。

第三节　洱海地区与北方、中原文化的关系

洱海地区青铜文化中具有诸多北方文化因素。这主要体现在铜器和伴出器物的形制、葬俗、铜器的制作技术等方面。根据目前的考古证据，从新石器时代晚期，洱海地区就陆续出现了一些具有北方文化风格的器物，相似或相同的器物在两地出现，说明云南洱海与中国北方地区可能存在着交流和联系。

---

① 李晓岑、韩汝玢：《古滇国金属技术研究》，科学出版社 2011 年版，第 148 页。

一 石刀

陕甘青地区早期文化中常见的长方形石刀①（见图6-6、图6-8）、东北地区红山文化中常见的半月形穿孔石刀②（见图6-10），在云南维西戈登村（见图6-7）、云南元谋大墩子、云南宾川白羊村（见图6-9）、云南祥云华清洞、云南剑川海门口（见图6-5）等遗址均有出土。

图6-5 云南剑川海门口遗址长方形双孔石刀

图6-6 陕西西安马王村龙山文化长方形双孔石刀

---

① 罗二虎：《中国西南地区古代的系绳石刀》，《四川文物》2000年第2期。
② 瑜琼：《东北地区半月形穿孔石刀研究》，《北方文物》1990年第1期。

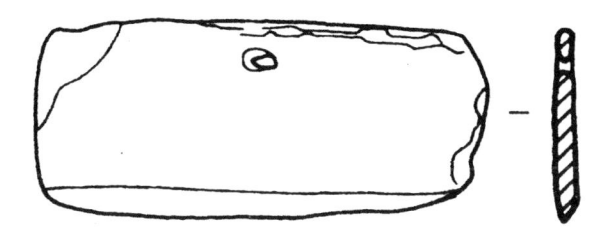

第六章 洱海地区的青铜文化及其与外界的交流 ◆◆◆

图6-7 云南维西戈登遗址长方形单孔石刀

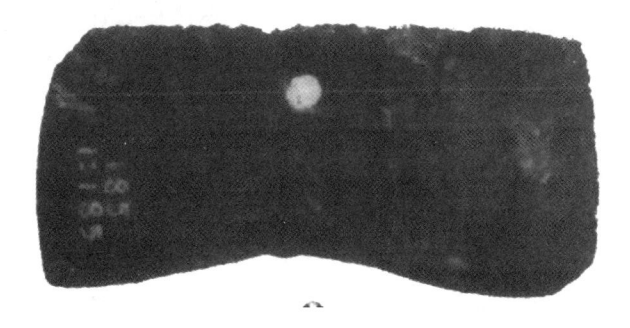

图6-8 甘肃宁定长方形单孔石刀

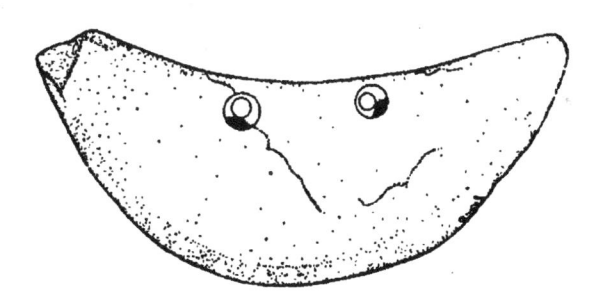

图6-9 云南宾川白羊村半月形双孔石刀

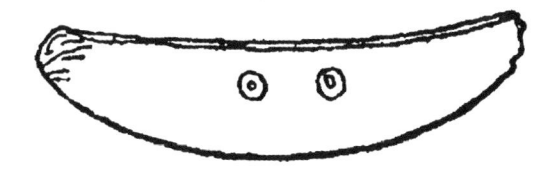

图6-10 吉林西团山半月形双孔石刀

二 陶罐

齐家文化中典型的单耳或双耳陶罐,在西南地区四川、云南、贵州青铜时代的墓葬中广泛分布①(见图6-11、图6-12)。

云南德钦永芝石棺墓标本014②　　甘肃酒泉干骨崖四坝文化舞人纹罐M48:4③

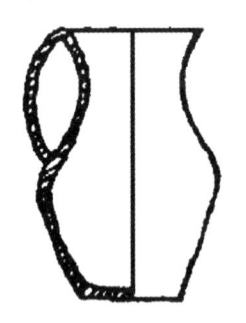

甘肃岷县杏林X:9④　　四川凉山喜德拉克单耳罐M8:5⑤

图6-11　云南、甘肃、四川出土的新石器时代单耳陶罐

---

① 谢崇安:《略论西南地区早期平底双耳罐的源流及其族属问题》,《考古学报》2005年第2期。
② 云南省博物馆文物工作队:《云南德钦永芝发现的古墓群》,《考古》1975年第4期。
③ 谢崇安:《中江塔梁子东汉崖墓胡人壁画雕像考释——兼论印欧人种入居我国西南的时代问题》,《四川文物》2005年第5期。
④ 甘肃岷县文化馆:《甘肃岷县杏林齐家文化遗址调查》,《考古》1985年第11期。
⑤ 凉山彝族地区考古队:《四川凉山喜德拉克公社大石墓》,《考古》1978年第2期。

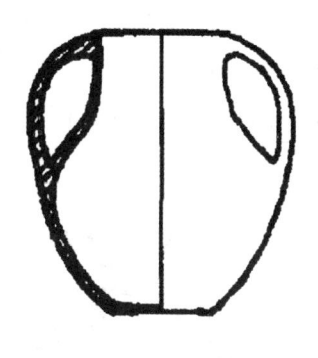

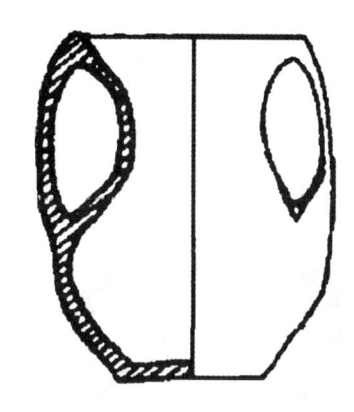

第六章 洱海地区的青铜文化及其与外界的交流 ◆◆◆

云南剑川鳌凤山 M152∶2① 　　　　甘肃卓尼齐家文化（纳浪大族坪）②

四川汶川昭店 M1∶7③
图6-12 云南、甘肃、四川出土的新石器时代双耳陶罐

云南境内的单耳或双耳陶罐主要集中在滇西洱海地区，出自剑川海门口、大理银梭岛遗址，剑川鳌凤山、宁蒗大兴镇、德钦石底、南

---

① 云南省文物考古研究所：《剑川鳌凤山古墓发掘报告》，《考古学报》1990年第2期。
② 甘南藏族自治州文化局：《甘肃卓尼县纳浪乡考古调查简报》，《考古》1994年第7期。
③ 叶茂林等：《四川汶川县昭店村发现的石棺葬》，《考古》1999年第7期。

华孙家屯[①]、楚雄万家坝竖穴土坑墓以及德钦纳古、永芝、香格里拉等石棺墓葬。从纹饰来看，甘青地区马家窑—马厂文化遗存中陶器的最典型纹饰是旋涡纹饰，而这种纹饰也基本保留在四川和云南旋涡纹陶罐中[②]（见图6-13）。

云南德钦石底采014，M1:1[③]　　　　　　甘肃东街崖头122[④]

四川茂汶城关DM12:2[⑤]

图6-13　云南、甘肃、四川出土的新石器时代旋涡纹陶罐

---

① 云南省文物考古研究所：《云南南华县孙家屯墓地发掘简报》，《考古》2001年第12期。
② 谢崇安：《略论西南地区早期平底双耳罐的源流及其族属问题》，《考古学报》2005年第2期。
③ 云南省博物馆文物工作队：《云南德钦县石底古墓》，《考古》1983年第3期。
④ 甘肃省博物馆文物工作队：《甘肃东乡崖头辛店文化墓葬清理记》，《文物》1981年第4期。
⑤ 四川省文管会、茂汶县文化馆：《四川茂汶羌族自治县石棺葬发掘报告》，《文物资料丛刊》1983年第7辑。

三 铜器

从形制上，洱海地区出土的无格剑、三叉格铜剑、三叉格铜柄铁剑、双圆饼茎首剑、曲柄剑都受到了北方文化因素不同程度的影响；宁蒗大兴镇出土的弧背铜刀、祥云大波那和楚雄万家坝出土的动物饰牌、德钦永芝出土的鹿头形杖头饰、德钦纳古和永芝墓地出土的马饰等器物也都具有北方草原文化因素。① 从早期铜器的制作技术和相关遗存来说，剑川海门口遗址和甘青地区齐家文化遗存如甘肃永靖大何庄、秦魏家，甘肃广河齐家坪，甘肃武威皇娘娘台，青海贵南尕马台等遗址均出土了凿、钻头、刀、锥、斧、镯等小件铜器，器形相似、形制简单、制作原始，材质均以红铜和铜锡合金为主，制作技术均有石范铸造和锻造技术。② 另外，云南剑川海门口遗址、甘肃永靖大何庄、甘肃武威皇娘娘台、甘肃永靖秦魏家等遗址都有随葬卜骨的现象。③ 从表面镀锡器物来看，洱海地区和我国北方西北、内蒙古等地均发现了表面镀锡的铜器。洱海地区镀锡器的数量和种类都较少，主要为镀锡铜矛；北方镀锡器种类和数量更为丰富，主要以游牧民族特色的动物饰牌为主。从技术角度看，两地的镀锡器均具有热镀锡技术的典型特征，但也存在一些不同之处。在鄂尔多斯式青铜牌饰和甘肃礼县铜带钩的镀锡层中还发现有铅，可能使用了含铅的镀层金属；镀锡层的厚度有所差异，北方地区相对较厚，基本都处于10微米以上，大多数是20—40微米④，而洱海地区出土镀锡器的镀锡层厚度则都小于10微米。

---

① 张增祺：《云南青铜时代的"动物纹"牌饰及北方草原文化遗物》，《考古》1987年第9期。
② 孙淑云、韩汝玢：《中国早期铜器的初步研究》，《考古学报》1981年第3期。
③ 张忠培：《齐家文化研究（下）》，《考古学报》1987年第2期。
④ 韩汝玢、[美]埃玛·邦克：《表面富锡的鄂尔多斯青铜饰品的研究》，《文物》1993年第9期；孙淑云：《宁夏固原春秋战国时期两件青铜饰物表面镀锡层的SEM-EDS分析与研究》，中国文化遗产研究院主编《文物科技研究5》，科学出版社2007年版，第11—17页。

四 葬俗

云南境内的元谋大墩子、宾川白羊村、剑川鳌凤山等遗址发现的瓮棺葬，在北方地区的新石器时代前期就已出现，遍及黄河和长江两大流域。[1] 石棺葬是洱海地区青铜时代另一种主要的葬俗，主要发现于德钦永芝、德钦石底、德钦纳古、香格里拉、祥云红土坡、祥云检村、弥渡苴力、宾川古底等地[2]年代基本处于战国中晚期至西汉早期。在北方地区，石棺葬在新石器时代就已出现，马家窑文化半山类型的甘肃景泰张家台墓地[3]，青海境内的宗日文化墓地[4]和青海湖附近的辛店、卡约文化墓地中均有发现[5]。岷江上游也是石棺葬分布较为密集的区域，最早发现于新石器时代晚期，在战国中晚期至西汉初期达到鼎盛。[6] 甘青地区的石棺葬文化很可能沿着南北交流的天然通道——雅砻江、大渡河、岷江等河流首先影响到四川地区，之后通过进一步的交流活动对云南地区也产生了一定的影响。

另外，根据考古发现，洱海地区出土的铜器中也有中原文化因素。如铜豆、铜杯、铜箸、无胡铜戈、无格扁茎剑、阔刃细骹矛、镈和匕等都是中原文化中常见的器物。从社会功能来看，洱海地区出土的编钟、铜铃、铜鼓、铜尊等礼乐器是阶级社会祭祀、礼仪活动的需要，这种文化传统是中原文化中礼乐制度的重要组成部分，洱海地区出土的青铜礼乐器虽然没有直接继承中原同类器物的特点，但间接地传承了其文化内涵。

综上所述，洱海地区从新石器时代起就出现了与北方文化相似的

---

[1] 许宏：《略论我国史前时期的瓮棺葬》，《考古》1989年第4期。
[2] 杨帆、万扬、胡长城：《云南考古（1979—2009）》，云南人民出版社2009年版，第206—207页。
[3] 甘肃省博物馆：《甘肃景泰张家台新石器时代的墓葬》，《考古》1976年第3期。
[4] 青海省文物管理处、海南州民族博物馆：《青海同德县宗日遗址发掘简报》，《考古》1998年第5期。
[5] 陈洪海、格桑本、李国林：《试论宗日文化的性质》，《考古》1998年第5期。
[6] 徐学书：《岷江上游石棺葬文化与滇文化、滇西青铜文化关系探讨》，《中华文化论坛》2001年第3期。

因素，这种相似性一直持续到青铜时代。从战国中后期开始，出土器物中具有中原文化的因素逐步显现。洱海地区各墓葬中具有的北方文化因素是有差异的。洱海以北的德钦、宁蒗、香格里拉、永胜金官龙潭等地墓葬群发现的具有北方因素的器物较多，如铜柄铁剑、铜削、双环首剑、曲茎剑、圆形饰牌等北方文化特征的器物在这里均有发现，这里很可能是北方文化因素进入云南的通道之一。而另一具有北方文化特征的表面镀锡技术，仅出现在洱海以东地区。此外，四川成都[1]、盐源[2]；云南晋宁石寨山、江川李家山、曲靖八塔台等墓葬[3]均发现了与洱海地区技术特征相同的表面镀锡技术，说明镀锡技术可能是沿着"半月形文化传播带"首先到达巴蜀地区进而影响到洱海及云南其他地区。

第四节　洱海地区与东南亚青铜文化的关系

云南地处中国西南边陲地区，与东南亚的中南半岛紧密相邻，在地理上形成了一个大区域。纵贯这一区域的几条河流都是南北走向，且大多流经云南境内，经中南半岛后注入大海，主要有伊洛瓦底江、萨尔温江、湄公河、湄南河、红河等河流。由于地缘接近和河流的沟通作用，这一地区自古以来就存在着民族迁徙和文化交流活动，存在着相似的文化因素。

一　与泰国青铜文化的关系

泰国北部和东北部有一些用棉纸抄写的古籍，其中有的涉及历史

---

[1] 姚智辉：《晚期巴蜀青铜器技术研究及兵器斑纹工艺探讨》，科学出版社2006年版，第49—92页。

[2] 崔剑峰、吴小红、刘弘、唐亮：《四川盐源出土的一件镀锡九节鱼纹鸡首杖》，中国文化遗产研究院主编：《文物科技研究5》，科学出版社2007年版，第18—23页。

[3] 李晓岑、韩汝玢：《古滇国金属技术研究》，科学出版社2011年版，第181—187、125—126页。

上的云南洱海、澜沧江与古代河蛮的传说。有学者考证，泰国最早的古籍"丹南"中讲到的农些湖就是洱海，从远古的洪荒混沌时代起，一直持续到后来的南诏国、大理国时期，这些记载从侧面反映出该国先民在古代可能和洱海发生过联系，甚至可能在南诏国建立前曾在洱海一带居住过。①

据现有的考古资料，早在新石器时代云南与东南亚的交流就已经通过湄公河等河流开始了，体现两地之间存在文化联系的器物主要是石器和陶器。云南元谋大墩子、宾川白羊村、滇西云县、忙怀等地出土的有肩有段石器（见图6-14）②，在泰国东北部湄公河流域、越南同奈盆地也有发现（见图6-15）③；元谋大墩子、宾川白羊村、龙陵大花石、永仁菜园子、德钦石底等遗址出土的印纹陶器，多有几何纹、

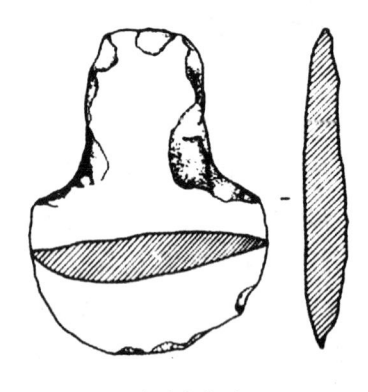

龙陵大花石　　　　　　　　　　　永仁菜园子

图6-14　中国滇西地区石器

---

① 谢远章：《泰国古籍有关云南洱海、澜沧江及河蛮的传说》，《东南亚南亚研究》2009年第1期。
② 杨帆、万扬、胡长城：《云南考古（1979—2009）》，云南人民出版社2009年版，第46、10页。
③ Nguyen, K. S., Pham, M. H. and Tong, T., Northern Vietnam from the Neolithic to the Han Period, Glover, I., Hudson, B., *Southeast Asia: From Prehistory to History*, Routledge Curzon, 2004, p.194.

第六章 洱海地区的青铜文化及其与外界的交流 ◆◆◆

图 6-15 越南前东山文化石器

旋涡纹、点线纹以及稻壳印痕等，这都与中南半岛新石器遗址出土的同类器物相似（见图 6-16、图 6-17、图 6-18）。[①]

图 6-16 泰国班清遗址旋涡纹陶罐

---

① Higham, C. F. W., Mainland Southeast Asia from the Neolithic to the Iron Age, Glover, I., Hudson, B., *Southeast Asia: From Prehistory to History*, Routledge Curzon, 2004, pp. 41-67.

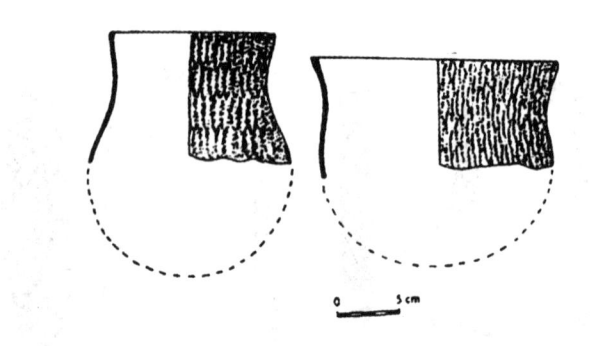

图 6-17　越南前东山文化陶罐

图 6-18　中国临沧那蚌遗址陶罐

进入青铜时代后，这种文化的联系更加紧密。以下就泰国班清文化的典型特征进行梳理，在葬俗、器物种类、形制的基础上，试图从技术的角度与洱海地区进行比较。

泰国班清文化主要有能诺他遗址（Non Nok Tha）、泰国班清遗址（Ban Chiang）、班纳迪（Ban Na Di）和普隆（Phu Lon）等遗址。

能诺他遗址位于泰国东北部普渊县东部，共有墓葬 217 座，葬式主要是仰身土坑葬，仅有 9 座墓葬出土铜器共 79 件，主要为铜镯，还包括有銎铜斧和铜箭头等，器形简单、多为小件器物；冶炼遗物有石范、坩埚和冶炼渣等。该遗址出土的铜器均为铜锡合金，锡含量最

第六章 洱海地区的青铜文化及其与外界的交流

高可达15%，年代较晚的铜器中有添加铅的现象，其中出自 M69 和 M90 的有銎斧进行了铸后冷加工，为石范铸造而成。① 根据碳十四年代测定，出土铜器地层的年代为公元前 1500—前 1000。②

泰国班清遗址位于泰国东北部乌隆地区，墓葬形制为仰身葬和屈肢葬，并有儿童瓮棺葬，出土的陶器有绳纹、黑灰色磨光刻纹陶器以及旋涡纹彩陶器。对于泰国班清遗址的年代，目前还存在着争议，主要有两种观点：乔伊斯·怀特（Joyce C. White）根据葬式、地层及陶器的变化，将遗址的年代修正为公元前 2000 年左右；海厄姆（Charles Higham）认为泰国班清遗址的年代可能晚至公元前 1500 年—前 1000 年。③ 泰国班清文化出土的铜器形制较小，纹饰朴素，铜器有鱼钩、箭头、矛、铜镯、斧、小铜鼓、编钟、铜杖头饰和一些不成形的铜器碎片等，除铜器外还有 3 件铜柄铁矛和 1 件铁镯；冶炼遗物有石范、陶范、炉渣和坩埚。铜器主要为铜锡合金，锡含量在 10% 左右或者更高，如手镯（泰国班清 1115），含锡 10%；颈环（泰国班清 918），含锡 22%—25%；此外还出现有铜锡铅合金，26 件铜器中有 8 件含铅在 1%—1.5%。④ 有銎工具大多进行了铸后加工，如 M76 的有銎矛，为锡青铜，器物边缘进行了铸后冷加工和热处理。而脚镯、手镯等装饰品，未见有任何铸后加工的痕迹。⑤

---

① Smith, C. S., Bronze Technology in the East, Needham, J., Teich, M., Young, R. M., *Changing Perspectives in the History of Science*: *Essays in Honor of Joseph Needham*, Heinemann, 1973, pp. 21 – 32, 29.

② Higham, C. F. W., *The Bronze Age of Southeast Asia*, Cambridge University, 1996, pp. 191 – 194.

③ White, J. C., Dating Early Bronze at Ban Chiang, Thailand, Pautreau, J. P., Coupey, A. S., Zeitoun, V. and Rambault, E., In from Home erectus to the living traditions: Choice of Papers from the 11th International Conference of the European Association Southeast Asian Archaeologists Bougon (25th – 29th September 2006), 2008, pp. 91 – 104.

④ Wheeler, T. S., Maddin, R., The Techniques of the Early Thai Metalsmith, *Expedition*, 1976 (4).

⑤ White, J. C., Early East Asian Metallurgy: The Southern Tradition, Maddin, R., *The Beginning of the Use of Metals and Alloys*: *Papers from the 2nd International Conference on the Beginning of the Use of Metals and Alloys*, Zhengzhou, China, 21 – 26 October 1986, MIT Press, 1988, pp. 175 – 181.

班纳迪遗址（Ban Na Di）共有墓葬60座，出土的铜器主要有铜镯、矛、箭头、鱼钩等，铁器有镯、指环、刀等，冶炼遗物也发现了坩埚、熔炉、炉渣、砂石范等；此外，随葬器物中还有陶罐以及陶制的动物、人物模型等。[①] 坩埚中剩余铜块的成分为含锡10%的铜锡合金。[②]

普隆遗址（Phu Lon）是东南亚地区第一个被发掘的史前采矿遗址（以开采孔雀石为主），除发现矿井和一些采掘工具外，还有石范、陶范和坩埚，一些坩埚上附着炉渣，这些炉渣中有金属铜颗粒、锡，其中2块铜渣经分析均为锡青铜。有学者认为，大多数冶炼遗物的年代证明该遗址属于公元前1000年。[③]

从以上泰国班清文化遗址出土的器物来看，泰国东北部呵叻（Khorat plateau）高原早期青铜文化具有相似的冶金技术特征。出土铜器的类型多为形制简单的小件器物，有铜镯（手镯、脚镯）、鱼钩、矛、钺、箭头、斧、小铜鼓、编钟等；冶炼遗物有石范、陶范、坩埚、土炉、炉渣等（见图6-19）。根据这些冶炼遗物和已开采的铜矿判断，泰国班清文化铜器应是本地制作且冶铜技术已初具规模。另外也有部分器物是采用失蜡法铸成，如班纳迪遗址、泰国班清遗址出土的一些手镯、脚镯等，造型奇特、形制复杂，有的手镯甚至残存有铸造时留下的虫蜡。[④] 铜器的类型主要是铜锡合金，锡含量多在10%或更高。矛、斧等工具的刃部进行了铸后冷加工和受热处理，铜镯等装饰品多为铸造而成，没有进行铸后加工。青铜器多数都含有锡，且锡含量较高，这种现象并不像青铜文化初期的特征，而是发展到一定阶段的表现。

---

① Higham, C. F. W., *The Bronze Age of Southeast Asia*, Cambridge University, 1996, pp.199-204.

② Higham, C. F. W., Mainland Southeast Asia from the Neolithic to the Iron Age, Glover, I., Hudson, B., *Southeast Asia: From Prehistory to History*, Routledge Curzon, 2004, p.53.

③ White, J. C., Hamilton, E. G., The Transmission of Early Bronze Technology to Thailand: New Perspectives, *Journal of World Prehistory*, 2009（22）.

④ Ibid.

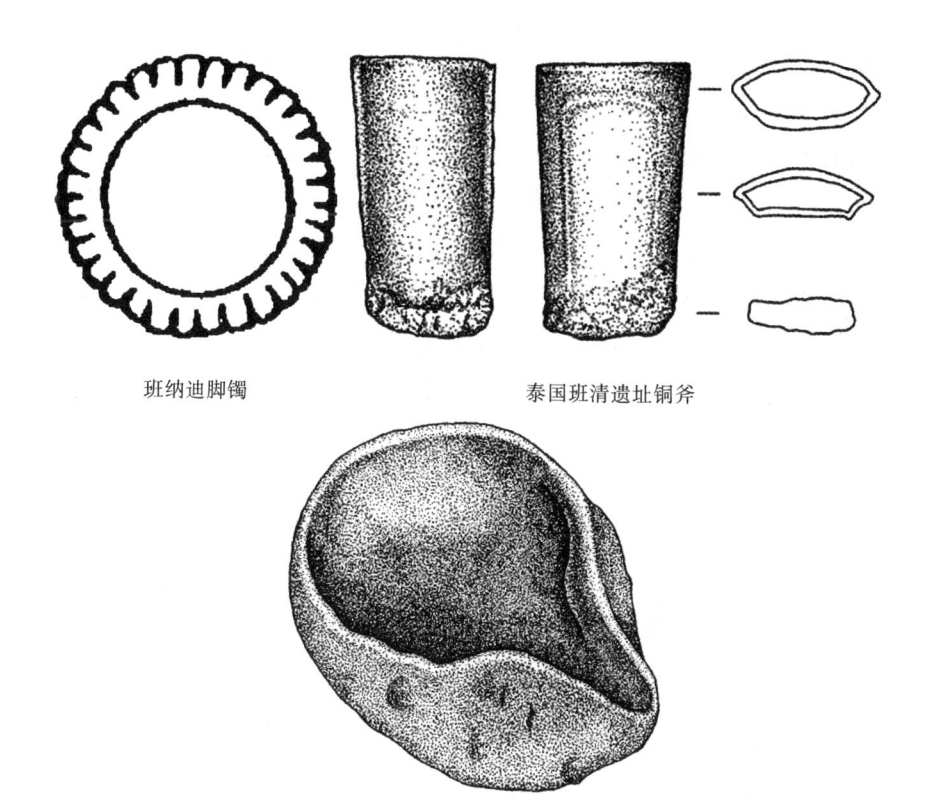

第六章　洱海地区的青铜文化及其与外界的交流 ◆◆◆

班纳迪脚镯　　　　　泰国班清遗址铜斧

泰国班清遗址坩埚

图6-19　泰国班清文化遗址出土的典型器物①

洱海青铜文化与泰国班清文化的区别与联系主要有以下几点：第一，就葬俗来看，石棺葬和瓮棺葬在洱海地区和泰国班清文化中均有发现。第二，从器物类型来看，洱海地区剑川海门口和大理银梭岛遗址出土的铜器为小件器物，形制简单，制作工艺较为粗糙，其中斧、钺、手镯、鱼钩、箭头等铜器的类型与泰国班清文化非常相似。另外，泰国班清文化出土的条形铜斧、铜矛与洱海地区出土的同类器物相似（见图6-20、图6-21）。第三，冶铸遗物。泰国班清文化遗址有大量

---

① Higham, C. F. W., *The Bronze Age of Southeast Asia*, Cambridge University, 1996, p. 202.

· 245 ·

的石范、陶范以及坩埚等冶炼遗物被发现,而在洱海地区的剑川海门口、剑川鳌凤山、弥渡合家山等地也有石范、陶范等冶炼遗物出土,说明范铸技术可能是泰国东北部与洱海地区较为常用的铜器制作工艺。第四,材质类型。洱海地区的铜器以红铜为主,铜锡合金中锡含量在10%以上的器物接近一半;泰国班清文化的铜器基本为锡青铜,且大多数锡含量均在10%或以上。第五,铜器的制作工艺。洱海地区铜器主要采用石范、陶范铸造;泰国班清文化有失蜡法和范铸两种技术,失蜡法主要用于铸造形制复杂的手镯和脚镯。两地出土的有銎工具都采用管銎双合范铸技术浇铸而成(见图6-22、图6-23)。

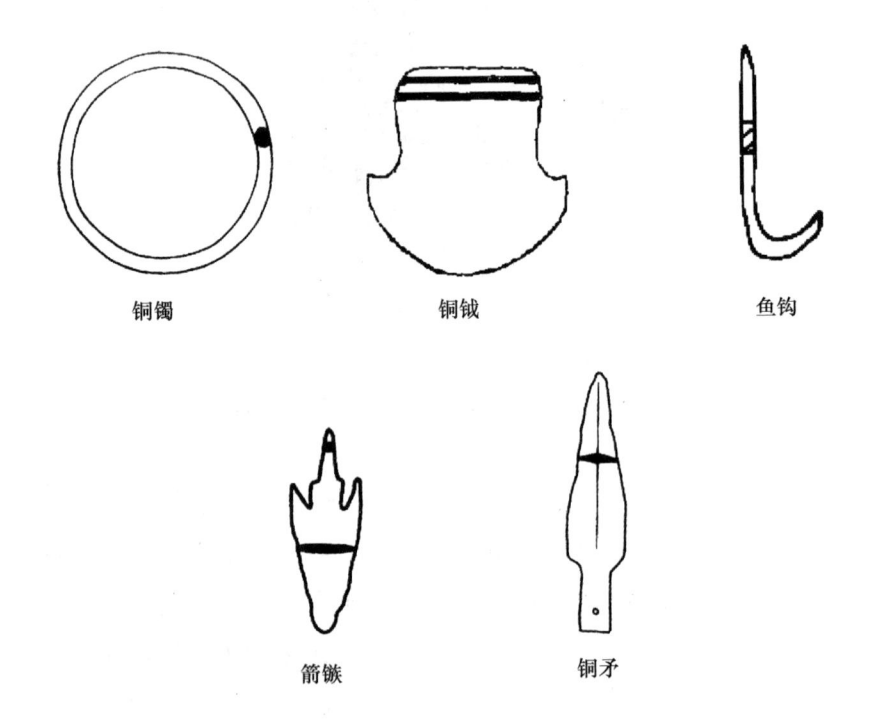

铜镯　　　　　铜钺　　　　　鱼钩

箭镞　　　　　铜矛

图6-20　中国洱海地区出土的铜器(Ⅰ)[①]

[①] 杨帆、万扬、胡长城:《云南考古(1979—2009)》,云南人民出版社2009年版,第36—45、119—212页。

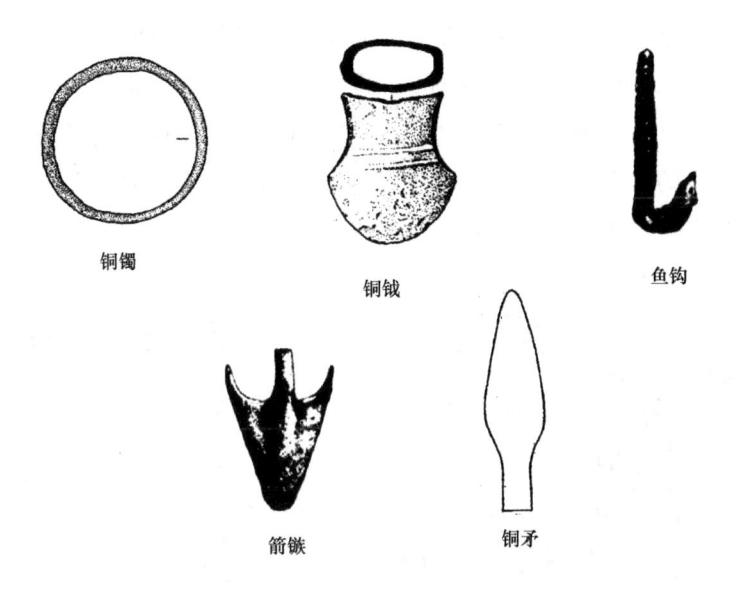

第六章 洱海地区的青铜文化及其与外界的交流

铜镯　　　　　铜钺　　　　鱼钩

箭镞　　　铜矛

图 6-21　泰国班清文化出土的铜器①②

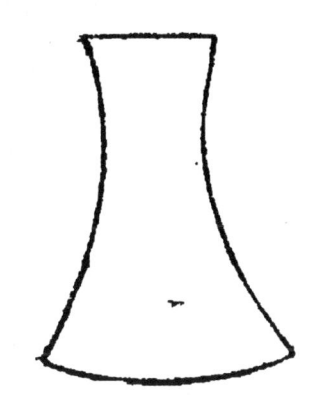

图 6-22　泰国班清文化管銎条形斧③

---

① 王大道：《云南青铜文化及其与越南东山文化泰国班清文化的关系》，《考古》1990年第6期。
② Higham, C. F. W., *The Bronze Age of Southeast Asia*, Cambridge University, 1996, pp. 202-209.
③ 王大道：《云南青铜文化及其与越南东山文化泰国班清文化的关系》，《考古》1990年第6期。

这种技术是中亚塞伊玛-图尔宾诺青铜器群以及安德罗诺沃文化和卡拉苏克文化的典型特征（见图6-23）①，洱海和泰国班清文化中发现的有銎工具是受到了中亚冶金传统的影响还是存在技术的偶然性，仍需要更多的证据加以证明。另外，两地发现的工具类器物如斧、矛等大多都进行了铸后冷加工和受热处理。

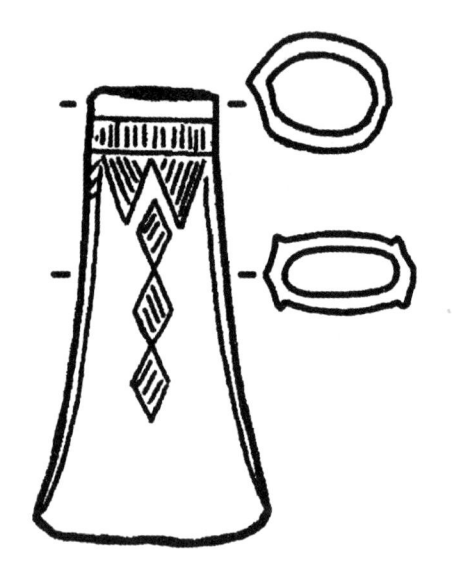

图6-23　塞伊玛-图尔宾诺文化　　　图6-24　中国德钦永芝
　　　　管銎条形斧②　　　　　　　　　　　　条形斧③

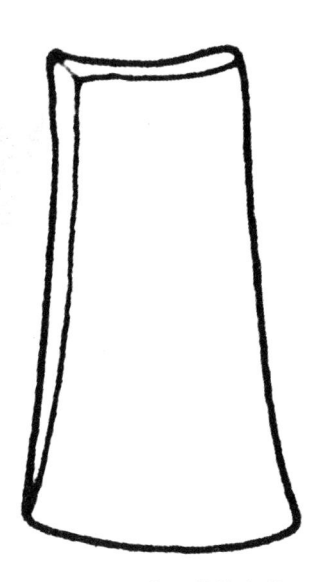

综上所述，洱海地区特别是剑川海门口、大理银梭岛等早期遗址的文化面貌与泰国班清文化较为相似。无论是丧葬习俗、铜器种类和形制以及范铸技术等都有很多相似之处。从技术角度看，泰国班清文

---

① ［俄］E. H. 切尔内赫、C. B. 库兹明内赫著，王博、李明华译，张良仁审校：《欧亚大陆北部的古代冶金：塞伊玛-图尔宾诺现象》，中华书局2010年版，第67—68、225、192—193页。
② 同上。
③ 云南省博物馆文物工作队：《云南德钦永芝发现的古墓群》，《考古》1975年第4期。

第六章 洱海地区的青铜文化及其与外界的交流 ◆◆◆

化铜器的合金类型较洱海地区更为成熟，锡含量更高且较为稳定；铸造工艺也更为多样，除洱海地区常见的范铸技术，还有铸造复杂器物的失蜡法。由于目前泰国班清文化的年代尚存争议，二者的先后关系还无法定论，但综合上述分析初步判断，洱海地区青铜文化与泰国班清文化有诸多相似之处，从技术角度看，泰国班清文化在铜器的合金材质和制作工艺方面更为成熟。

二 与越南青铜文化的关系

越南北部东山文化是越南青铜文化的典型代表，但在东山文化之前，越南经历了"前东山文化"，这一文化分为三个发展期：冯原文化期（Phung Nguyen）、铜豆文化期（Dong Dau）、丘扪文化期（Co Mun），这三类文化遗存主要分布在红河中游及支流沿岸地区。

冯原文化分为三期，从公元前 2500—前 2000 年后，持续到公元前 1500 年，其中早、中期为新石器时代；晚期遗址出土了铜器碎片，被认为是越南青铜文化的开端。该文化共发现遗址 52 个，其中只有 11 个晚期的遗址出土了铜块，为铜锡合金，还有使用过的陶范和石范。该文化遗址较为常见的是石器和陶器，石器有石斧、石锛、钻头、石刀、镰刀、锯、鱼钩、矛头、戈、箭头、镯、珠子、耳环等。[①] 其中，有肩石斧和梯形石斧也是我国西南、岭南地区常见的类型。二里头、三星堆等遗址常见的殷周式玉石牙璋、石戈在这里也有发现（见图 6-25）。另外，早中期遗址中常见印纹陶罐，与云南洱海地区陶罐纹饰极为相似（见图 6-26）。

铜豆文化遗存处于冯原文化层之上，分布范围进一步向红河三角洲延伸，年代为公元前 1400—前 1000 年。[②] 石器形制与冯原文化相似，

---

① Nguyen, K. S., Pham, M. H. and Tong, T., Northern Vietnam from the Neolithic to the Han Period, Glover, I., Hudson, B., *Southeast Asia: From Prehistory to History*, Routledge Curzon, 2004, pp. 189 – 190.
② Pham, L. H., Nguyen, Q. M., The Results of Radiocarbon Dating Methods in Vietnam and Some Remarks, *Khảocồhọc*, 2001 (3).

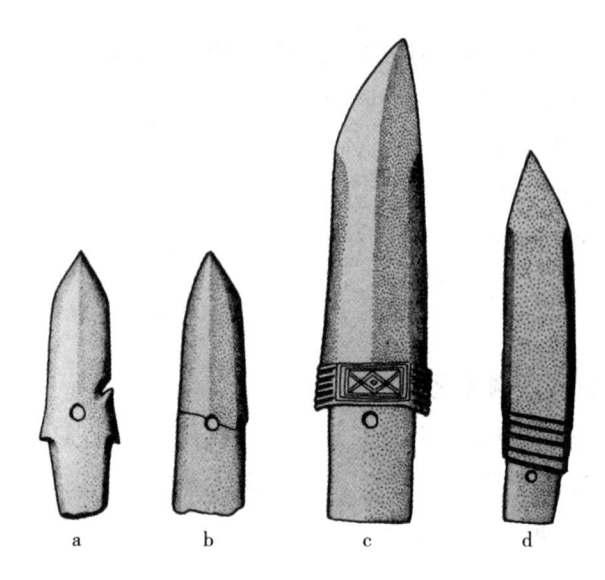

◆◆◆ 云南洱海地区出土青铜时代金属器的技术研究

图 6-25 越南与中国出土的早期石戈①
a. 越南冯原文化　b. 中国岭南　c. 中国四川三星堆　d. 中国河南二里头

越南冯原文化②　　　　　　中国云南洱海地区永平新光遗址③

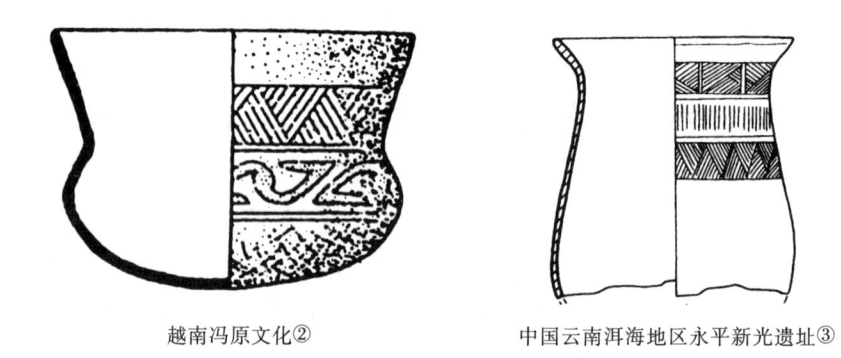

图 6-26 越南与中国云南洱海地区出土的陶罐

---

① Higham, C. F. W., *The Bronze Age of Southeast Asia*, Cambridge University, 1996, p. 89.
② Nguyen, K. S., Pham, M. H. and Tong, T., Northern Vietnam from the Neolithic to the Han Period, Glover, I., Hudson, B., *Southeast Asia: From Prehistory to History*, Routledge Curzon, 2004, p. 191.
③ 杨帆、万扬、胡长城:《云南考古 (1979—2009)》, 云南人民出版社2009年版, 第35页。

第六章 洱海地区的青铜文化及其与外界的交流 ◆◆◆

石质装饰品开始减少。陶器仍延续原来的形制和纹饰。铜豆文化遗存首次出土了不对称形铜钺①，青铜器有斧、凿、箭镞、鱼钩和矛。这一时期的诸多遗址中都发现有铸范和坩埚，在越南铜豆和越南同登（Thanh Den）遗址还发现了铸造前用于熔化铜和锡的黏土炉。越南同登遗址出土了46件石范和陶范碎片，20件铸铜坩埚残片、4件熔铜炉和一些青铜渣块②，青铜器如鱼钩、矛和斧等器物使用双合范铸造。越南同登遗址出土的双箭镞范与洱海地区合家山的双戈范都是"一范两器"型（又见图5-17、图5-19）。越南河内考古研究所对斧、矛、鱼钩、镯等22件铜器进行光谱成分分析，结果表明主要为铜锡合金，合金成分与泰国东北部相似，锡含量为6.8%—28%，平均含量为11%；另外有3件箭镞是较少见的铜锑合金，锑含量在2.9%—6.5%，不含锡。③

丘扣文化是继铜豆文化之后的遗存，分布范围进一步向河谷地区延伸。碳十四年代测定铜豆文化过渡到丘扣文化的时间为公元前1000年，丘扣文化过渡到东山文化的时间为公元前800—前700年。④石器仍然延续前面文化遗存的特征，有梯形斧、有肩斧、凿、镯及各种形制的耳环；陶器形制更为复杂，纹饰有直线、曲线、点纹、S纹和三角纹；铜器铸造技术继承了铜豆文化的特点，但已考虑到合金中铜、锡的比例与器物功能的关系。⑤铜器的种类和功能都有明显增加，分为四类：装饰品、工具、祭祀用品、兵器，最重要的变化是青铜合金已被用于农业和手工业生产。鱼钩、锥子、刀、斧、矛、箭镞、镰

---

① Hà, V. T., Nouvelles recherches prehistoriques et protohistohistoriques au Vietnam, *Bulletin de l'Ecole française d'Extrême-Orient*, 1980 (68).

② Ha, V. T., *Archaeology of Vietnam* 3, Hanoi: Social Sciences Publishing House, 2002, pp. 36-41.

③ Trinh, S., Spectrographic Analysis of Bronze Artefacts in Go Mun and Dong Dau Cultures (in Vietnamese), *Khảocồhọc*, 1990 (75).

④ Dungworth, D., Seprendipity in the Foundry? Tin Oxide Inclusions in Copper and Copper Alloys as an Indicator of Production Process, *Bulletin of the Metals Museum*, 2000 (32), 192.

⑤ Pham, H. P., Nguyen. K. T. and Hoang, X. C., Spectroscopic Analysis of Archaeological Specimens from Dong Dau, *Khảocồhọc*, 1970 (7-8).

刀、锤、锄、铲等器物为铸造而成，一些器物如铜斧、矛、箭镞、鱼钩、钺与洱海地区海门口遗址同类器物形制相似，但合金成分存在差异，光谱分析结果显示这些铜器大多数为铜锡合金，有1件箭镞为铜锑合金，含锑2.1%。[1]

对越南前东山文化三个时期的分析可以看出，从新石器时代开始这一文化就与中国云南、岭南等地区存在相似的文化因素，这种相似性一直持续到青铜时代。有肩石斧、梯形石斧都是这一地区常见的石器类型。石戈、玉石牙璋等器物可能是殷商文化对越北地区影响的结果。印纹陶器的纹饰与滇西地区（包括洱海地区）陶器中常见的几何纹、旋涡纹、曲线和三角纹等有相似之处。前东山文化遗存出土的铜器，年代从公元前1500年持续到公元前800—前700年，均为小件器物，制作粗糙、形制简单，包括斧、鱼钩、矛、镯、箭镞等，大多数为铜锡合金，锡含量平均为11%；出土的石范、陶范以及坩埚等冶炼遗物，说明铜器是在本地铸造而成。铜器形制和石范、陶范等冶炼遗物与洱海青铜文化、泰国班清文化都有相似之处（见图6-27、图6-28），合金类型和泰国班清文化相似，均以含锡量在10%以上的铜锡合金为主。另外，与泰国班清文化不同的是，前东山文化和洱海地区海门口遗址均发现了铜锑合金，且锑含量均在5%以下，但前东山文化和洱海地区均未见泰国班清文化中使用失蜡法铸造而成的形制复杂的铜镯。

东山文化是继前东山文化之后，越南北部青铜文化发展繁荣直至衰落的阶段，在该文化的晚期，局部地区已过渡到早期铁器时代，年代从公元前5世纪持续到公元1世纪。东山文化分为红河类型、马江类型和嘎江类型，在出土的2800余件器物中，青铜器有1500余件。[2] 该文化出土的青铜器与前东山文化相比，无论是数量、种类还是制作技术都有了明显的进步。

---

[1] Trinh, S., Spectrographic Analysis of Bronze Artefacts in Go Mun and Dong Dau Cultures (in Vietnamese), *Khảocồhọc*, 1990 (75).

[2] 王大道：《云南青铜文化及其与越南东山文化泰国班清文化的关系》，《考古》1990年第6期。

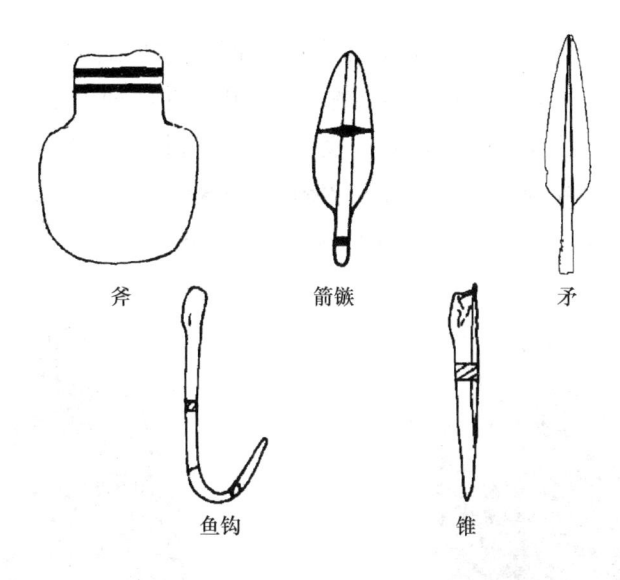

第六章 洱海地区的青铜文化及其与外界的交流 ◆◆◆

斧　箭镞　矛

鱼钩　锥

图 6-27　中国云南洱海地区出土的铜器（Ⅱ）①

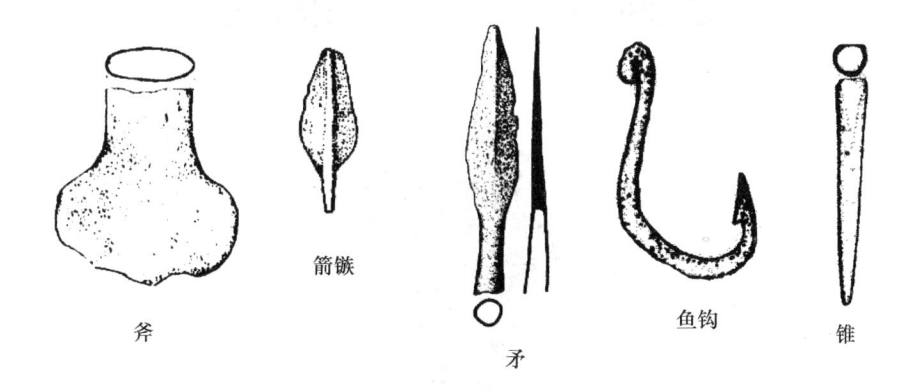

斧　箭镞　矛　鱼钩　锥

图 6-28　越南前东山文化铜器②

---

① 杨帆、万扬、胡长城：《云南考古（1979—2009）》，云南人民出版社 2009 年版，第 38、11、5 页；Kaplan, S. M., Some Observation on Chi-Chia and Lifan, *Harvard Journal of Asiatic Studies*, 1948, 11 (1).

② Higham, C. F. W., *The Bronze Age of Southeast Asia*, Cambridge University, 1996, pp. 97-99.

· 253 ·

◆◆◆ 云南洱海地区出土青铜时代金属器的技术研究

中国洱海地区一些铜器的形制仍与越南东山文化有着相似之处。如铜钟、铜鼓、不对称形铜钺等器物是前东山文化时期少见的器物类型，但都存在于东山文化和洱海青铜文化。祥云检村、大波那出土的中原文化风格的环钮编钟，在越南清化密山、越溪等地均有发现（见图6-29）。云南和越南出土环钮编钟的纹饰主要是卷云纹和勾连雷纹。

祥云大波那① 　　　　　　　祥云检村

越南清化密山
图6-29　中国洱海地区与越南东山文化环钮编钟

---

① 张政业：《白子国国王张乐进求及其家世评述》，《云南民族学院学报》（哲学社会科学版）2001年第9期。

· 254 ·

第六章 洱海地区的青铜文化及其与外界的交流 ◆◆◆

楚雄万家坝出土的羊角钮钟在越南兴安也有发现,形制基本相同(见图6-30)。南诏风情岛出土的不对称形铜钺与东山文化早中期出土的不对称形铜钺(见图6-31)有相似之处。另外,洱海地区出土的三角援直内戈在东山文化中也有发现(见图6-32)。

楚雄万家坝① 越南兴安

图6-30 中国洱海地区与越南东山文化羊角钮钟

中国洱海青铜文化(鹤庆黄坪)

越南东山文化

图6-31 中国洱海地区与越南东山文化三角援直内戈

---

① 云南省文物工作队:《楚雄万家坝古墓群发掘报告》,《考古学报》1983年第3期;袁华韬:《羊角钮钟若干问题研究》,广西民族大学,2007年,硕士学位论文,第44页。

◆◆◆ 云南洱海地区出土青铜时代金属器的技术研究

中国洱海地区　　　越南东山文化①

图6-32　中国洱海地区与越南东山文化不对称形铜钺

尽管洱海地区部分铜器的形制与东山文化有着相似之处，但合金类型有所不同。洱海地区铜鼓的主要类型是楚雄万家坝型铜鼓，形制古朴、造型简单、内壁多有简单的纹饰、鼓身常有烟熏痕迹、合金类型主要是红铜和锡含量小于5%的铜锡合金。② 东山文化铜鼓种类丰富、制作精美，有"先黑格尔Ⅰ型鼓"（见于老街、河东省美良松林、永福陶舍等地）③、黑格尔Ⅰ型铜鼓和蛙饰鼓，这几类分别与洱海地区的万家坝型铜鼓、滇池地区的石寨山铜鼓型以及广西的北流型铜鼓形制相似。东山文化还派生出一些独具地方特色的铜鼓形式，如带钮铜鼓、虎钮铜鼓等。东山铜鼓合金成分主要是铜锡合金和铜锡铅合金，锡含量在10%左右。④

综上所述，洱海地区出土的石器、陶器和前东山文化同类器物有很多相似之处，铜器的种类和形制与前东山文化、东山文化均有相似之处。从技术角度看，前东山文化和东山文化铜器的合金配比较洱海地区更为成熟。

---

① 谢崇安：《滇桂地区与越南北部上古青铜文化及其族群研究》，民族出版社2010年版，第225页。
② 李晓岑、韩汝玢：《古滇国金属技术研究》，科学出版社2011年版，第141页。
③ [越]范明玄：《关于老街1993年所发现之东山铜鼓的介绍》，《广西民族艺术》，1997年增刊——铜鼓和青铜文化的再探索。
④ 崔剑锋、吴小红：《铅同位素考古与云南青铜器矿料产源研究》，文物出版社2008年版，第152页。

·256·

第五节 小结

　　根据以上分析，中国洱海地区青铜文化中具有北方和中原文化因素，同时与东南亚青铜文化关系密切。北方文化与中国洱海地区的相互联系可能主要是伴随着氐羌等少数民族的南迁，通过金沙江、澜沧江等河流的连接作用而实现的；东南亚与中国洱海地区青铜文化的联系主要是地缘接近以及红河、湄公河的沟通作用。北方文化、中国中原文化以及东南亚青铜文化因素在洱海地区各遗址中的分布是有差异的，洱海以北包括德钦、宁蒗、香格里拉等墓葬群中北方文化因素较为明显，东南亚青铜文化、中原文化因素在这一地区没有发现。如德钦、宁蒗、香格里拉、永胜金官龙潭等墓葬群出土的铜柄铁剑、铜削、双环首剑、曲茎剑、圆形饰牌系北方文化的典型器物，但东南亚青铜文化中常见的石范、靴形钺，中原文化风格的铜尊、铜豆目前在该地区均没有发现。从新石器时代起，洱海地区出土的器物就与泰国班清文化、越南前东山文化有诸多相似之处，这种相似性一直持续到青铜时代，中国洱海地区青铜文化在器物类型、葬俗和冶炼遗物等方面与泰国、越南青铜文化有诸多相似因素，从技术角度看，泰国班清文化、越南东山文化和东山文化铜器的合金配比更为成熟。

第七章

结 论

通过对云南洱海地区出土的105件青铜时代金属器的技术分析和研究,可得到以下结论:

第一,洱海地区的金属器以红铜和铜锡合金为主,还有铜锡铅合金、铜砷合金、铜砷铅合金、铜锑合金、铜铅锑合金、铅锑砷铜合金、金银合金、块炼铁、块炼渗碳钢。含锑、砷等特殊材质的合金多与使用的矿料有关。兵器、生产工具、装饰品、生活用具、乐器五类器物,在材质比例构成上各有特色。金属器的制作工艺采用了锻造和铸造技术,其中铸造技术包括石范和陶范铸造,且以石范铸造为主。块炼铁、块炼渗碳钢、金银合金等材质的器物均为折叠锻打而成。海门口、弥渡、洱源北山等遗址出土的铜镯主要是热锻成形。

第二,不同种类的金属器,其技术水平有差异。兵器以红铜和铜锡合金为主,年代越晚,其制作技术越成熟;生产工具以红铜为主,从年代上看,其合金类型和加工方式并没有明显的变化;装饰品的材质以铜锡合金为主,随年代推移逐渐出现了铜锡铅合金、块炼铁和金银合金等材质;乐器均为铜锡合金,技术水平较为成熟,符合其使用性能的需要;生活用具的材质经历了从红铜、铜锡合金到块炼渗碳钢的发展过程。

第三,含锑合金、砷铜合金特别是砷白铜的发现,为洱海地区的冶金史增添了新的内容。通过调查地质矿产资料,结合当地出土的冶铸遗物判断,洱海地区存在本土冶铸活动,而且含锑合金和砷白铜有可能也是在本地生产的。

第四，洱海地区的镀锡铜器采用表面热镀锡技术，与滇池地区的镀锡工艺具有相同的技术特征，均受到了北方镀锡技术的影响，祥云一带可能是北方镀锡工艺进入云南进而到达滇池地区的一个环节。

第五，洱海地区的冶金技术较早出现在剑川海门口和银梭岛遗址，伴随着人们的迁徙和不同部落之间的交流互动，金属技术可能影响到洱海其他地区。

第六，作为云南青铜文化的重要组成部分，洱海地区出土的金属器具有其鲜明的区域特征，同时与其他地区的青铜文化存在着交流和互动。洱海地区作为西南丝路的必经之道，自古就在技术和文化交流中扮演着重要的角色，也由此形成了其青铜文化多样性的特点。

参考文献

[1] 韩汝玢、柯俊：《中国科学技术史（矿冶卷）》，科学出版社 2007 年版。

[2] 张增祺：《云南青铜文化研究》，云南省博物馆主编《云南青铜文化论集》，云南人民出版社 1991 年版。

[3] 大理白族自治州地方志编纂委员会：《大理白族自治州志》，云南人民出版社 1998 年版。

[4] 羊向东：《云南洱海盆地早期人类活动的花粉证据》，《科学通报》2005 年第 2 期。

[5] 童恩正：《我国西南地区青铜剑的研究》，《考古学报》1977 年第 2 期。

[6] 张增祺：《云南青铜文化的类型与族属问题》，云南省博物馆主编《云南青铜文化论集》，云南人民出版社 1991 年版。

[7] 李昆声：《云南文物考古四十五年——纪念云南省博物馆建馆 45 周年（1951—1996）》，《云南文物》1996 年第 2 期。

[8] 吴金鼎：《云南苍洱境考古报告》，《国立中央研究院专刊》1942 年第 1 期。

[9] 国家文物局：《中国文物地图集（云南分册）》，云南科技出版社 2003 年版。

[10] 何超雄：《1978 年剑川海门口遗址第一探方的发掘》，《云南文物》1993 年第 35 期。

[11] 云南省博物馆：《剑川海门口古文化遗址清理简报》，《考古通

讯》1958年第6期。

［12］云南省博物馆：《云南剑川海门口青铜时代早期遗址》，《考古》1995年第9期。

［13］闵锐：《剑川县海门口遗址第三次考古发掘情况》，《大理学院学报》2008年第7期。

［14］云南省文物考古研究所：《剑川鳌凤山古墓发掘报告》，《考古学报》1990年第2期。

［15］云南省文物工作队：《云南祥云大波那木椁铜棺墓清理简报》，《考古》1964年第12期。

［16］张政业：《白子国国王张乐进求及其家世评述》，《云南民族学院学报》（哲学社会科学版）2001年第9期。

［17］李家瑞：《云南祥云大波那铜棺墓的上下限》，《考古》1965年第9期。

［18］中国科学院考古研究所实验室：《放射性碳素测定年代报告》，《考古》1977年第3期。

［19］大理州文管所、祥云县文化馆：《云南祥云大波那木椁墓》，《文物》1986年第7期。

［20］大理州文物管理所、祥云县文化馆：《云南祥云检村石椁墓》，《文物》1983年第5期。

［21］云南省博物馆文物工作队：《云南德钦永芝发现的古墓群》，《考古》1975年第4期。

［22］大理州文物管理所：《云南祥云县检村石棺墓》，《考古》1984年第12期。

［23］李晓岑、员雅丽：《云南祥云红土坡古墓群出土金属器的初步分析》，《文物》2011年第1期。

［24］大理白族自治州博物馆：《云南祥云红土坡14号墓清理简报》，《文物》2011年第1期。

［25］云南省文物工作队：《楚雄万家坝古墓群发掘报告》，《考古学报》1983年第3期。

[26] 张家华：《楚雄张家屯出土青铜器初探》，《云南文物》1994 年第 9 期。

[27] 云南省文物工作队：《弥渡苴力战国石墓》，《云南文物》1982 年第 12 期。

[28] 弥渡县文物管理所：《云南弥渡合家山出土古代陶范和青铜器》，《文物》2000 年第 11 期。

[29] 王大道：《云南青铜文化及其与越南东山文化泰国班清文化的关系》，《考古》1990 年第 6 期。

[30] 王大道：《楚雄万家坝古墓群时代及分期的再探索》，云南省博物馆主编《云南省博物馆建馆三十周年文集》，云南人民出版社 1981 年版。

[31] 《德钦县志》编纂委员会：《德钦县志》，云南民族出版社 1997 年版。

[32] 云南省博物馆文物工作队：《云南德钦县纳古石棺墓》，《考古》1983 年第 3 期。

[33] 杨帆、万扬、胡长城：《云南考古（1979—2009）》，云南人民出版社 2009 年版。

[34] 李逸友：《内蒙古和林格尔县出土的铜器》，《文物》1959 年第 6 期。

[35] 刘来成：《河北怀来北辛堡战国墓》，《考古》1966 年第 5 期。

[36] 云南省博物馆：《云南江川李家山古墓群发掘报告》，《考古学报》1975 年第 2 期。

[37] 郭继艳：《云南地区石棺葬的分区研究》，《四川文物》2002 年第 2 期。

[38] 云南省博物馆文物工作队：《云南德钦县石底古墓》，《考古》1983 年第 3 期。

[39] 云南省博物馆文物工作队：《云南宁蒗县大兴镇古墓葬》，《考古》1983 年第 3 期。

[40] 大理县文化馆：《云南大理收集到的一批铜器》，《考古》1966

年第 4 期。

[41] 中国科学院考古研究所实验室：《放射性碳素测定年代报告（四）》，《考古》1977 年第 3 期。

[42] 据大理州文管所杨德文先生相告，材料未发表据。

[43] 云南省文物考古研究所、大理市博物馆、大理市文物管理所、大理州文物管理所：《云南大理市海东银梭岛遗址发掘简报》，《考古》2009 年第 8 期。

[44] 阚勇：《滇西青铜文化浅谈》，云南省博物馆主编《云南青铜文化论集》，云南人民出版社 1991 年版。

[45] 张增祺：《滇西青铜文化初探》，《云南青铜器论丛》编辑组主编：《云南青铜器论丛》，文物出版社 1981 年版。

[46] Kaplan, S. M., Some Observation on Chi-Chia and Lifan, *Harvard Journal of Asiatic Studies*, 1948, 11 (1).

[47] 章鸿钊：《古矿录（卷五·云南）》，地质出版社 1954 年版。

[48] 云南省文物考古研究所、大理州文物管理所、剑川县文物管理所：《云南剑川县海门口遗址》，《考古》2009 年第 7 期。

[49] 王大道：《从现代石范铸造看云南青铜器铸造的几个问题》，《云南文物》1983 年第 6 期。

[50] 徐学书：《关于滇文化和滇西青铜文化年代的再探讨》，《考古》2006 年第 7 期。

[51] 李晓岑、韩汝玢：《云南剑川县海门口遗址出土铜器的技术分析及其年代》，《考古》2006 年第 7 期。

[52] 崔剑锋、吴小红：《铅同位素考古与云南青铜器矿料产源研究》，文物出版社 2008 年版。

[53] 汪宁生：《云南考古》，云南人民出版社 1980 年版。

[54] 苍铭：《云南边地移民史》，民族出版社 2004 年版。

[55] 高路、董永利等：《云南 16 个少数民族群体的线粒体 DNA 多态性研究》，《遗传学报》2005 年第 2 期。

[56] 段丽波、龚卿：《中国西南氐羌民族溯源》，《广西民族大学学

报》（哲学社会科学版）2007年第4期。

[57] 王大道：《云南出土青铜时代铸范及其铸造技术初论》，云南省文物考古研究所主编：《云南考古文集》，云南民族出版社1998年版。

[58] 李伟卿：《中国南方铜鼓的分类和断代》，《考古》1979年第1期。

[59] 李晓岑、韩汝玢：《古滇国金属技术研究》，科学出版社2011年版。

[60] 韩汝玢、李晓岑：《云南古滇地区的金属制作技术与北方草原青铜文化》，中国文化遗产研究院主编：《文物科技研究5》，科学出版社2007年版。

[61] 李昆声、黄德荣：《论云南早期铜鼓》，云南省博物馆主编《云南青铜文化论集》，云南人民出版社1991年版。

[62] 李昆声、黄德荣：《再论云南早期铜鼓》，云南省博物馆主编，《云南青铜文化论集》，云南人民出版社1991年版。

[63] 李昆声、黄德荣：《论万家坝铜鼓》，《考古》1990年第5期。

[64] 李昆声、黄德荣：《再论万家坝型铜鼓》，《考古学报》2007年第2期。

[65] 肖明华：《剑川海门口1978年发掘所获铜器及其有关问题》，云南省博物馆主编，《云南青铜文化论集》，云南人民出版社1991年版。

[66] 葛季芳：《云南出土铜葫芦笙探讨》，《考古》1987年第9期。

[67] 谢崇安：《滇桂地区与越南北部上古青铜文化及其族群研究》，民族出版社2010年版。

[68] Murowchick, Robert Edwin, The Political and Ritual Significance of Bronze Production and Use in Ancient Yunnan, *Journal of East Asian Archaeology*, 2001, 3（1）.

[69] Murowchick, Robert Edwin, *The Ancient Bronze Metallurgy of Yunnan and Its Environs: Development and Implications*, Harvard Univer-

sity Ph. D dissertations, 1989.

[70] 杨德文:《从出土文物看战国至汉代滇西地区的锄耕农业》,《云南文物》1992年第12期。

[71] Higham, C. F. W., *The Bronze Age of Southeast Asia*, Cambridge University, 1996.

[72] 王光文、翟国强:《试论中国西南地区青铜文化的地位》,《思想战线》2006年第6期。

[73] Tzehuey, C., Incipient Metallurgy in Yunnan: New Data for Old Debates, Mei, J., Rehren, Th., *Metallurgy and Civilisation: Eurasia and Beyond*, Archetype Publications Ltd, 2009.

[74] TzeHuey, C., Western Yunnan and Its Steppe Affinities, Mair, V. H. ed., *The Bronze Age and early Iron Age peoples of Eastern Central Asia*, Vol. 1, Institute for the Study of Man Inc., 1998.

[75] 李晓岑、韩汝玢:《云南祥云县大波那木椁铜棺墓出土铜器的研究》,《考古》2010年第7期。

[76] 曹献民:《云南青铜器铸造技术》,云南青铜器论丛编辑组主编《云南青铜器论丛》,文物出版社1981年版。

[77] 孙淑云等:《广西、云南铜鼓合金成分及金属材质的研究》,中国铜鼓研究会主编:《中国铜鼓研究会第二次学术讨论会论文集》,文物出版社1986年版。

[78] 李晓岑等:《云南早期铜鼓矿料来源的铅同位素考证》,《考古》1992年第5期。

[79] 李晓岑、韩汝玢、孙淑云:《云南楚雄万家坝出土铜、锡器的分析及有关问题》,《文物》2008年第9期。

[80] 吴坤仪、孙淑云:《中国古代铜鼓的制作技术》,《自然科学史研究》1985年第1期。

[81] 吴坤仪:《广西、云南铜鼓铸造工艺初探》,中国铜鼓研究会《中国铜鼓研究会第二次学术研讨会论文集》,文物出版社1986年版。

[82] Banard, N., The Entry of Cire-perdue Investment Casting, and Certain Other Metallurgical Techniques (mainly metalworking) into South China and Their Progress, Bulbeck, F. D., Banard, N., *Ancient Chinese and Southeast Asian Bronze Age Cultures*, University of Washington, 1988.

[83] 李晓岑：《云南古代的青铜制作技术》，《云南民族学院学报》（哲学社会科学版）1996年第4期。

[84] 林声：《谈云南开始制造铁器的问题》，《考古》1963年第4期。

[85] 童恩正：《对云南冶铁业产生时代的几点意见》，《考古》1964年第4期。

[86] 张增祺：《云南开始用铁器时代及其来源问题》，《云南社会科学》1982年第6期。

[87] 张增祺：《云南铜柄铁剑及其有关问题的初步探讨》，《考古》1982年第1期。

[88] 邱宣充、黄德荣：《楚雄万家坝出土锡器的初步研究——兼谈云南古代冶金的一些问题》，《云南省博物馆建馆三十周年纪念文集》，云南省博物馆1981年版。

[89] 黄德荣：《云南楚雄万家坝出土的鎏金铜器——谈我国鎏金产生的年代及技术》，云南省博物馆主编《云南青铜文化论集》，云南人民出版社1991年版。

[90] 王昆林：《云南楚雄出土春秋时期青铜戈的理化分析》，《云南师范大学学报》2003年第3期。

[91] 赵文玉：《云南早期铁器的初步研究》，《文学界》（理论版）2010年第9期。

[92] 徐学书：《岷江上游石棺葬文化与滇文化、滇西青铜文化关系探讨》，《中华文化论坛》2001年第3期。

[93] ［英］亚当·史密思：《川西、滇西北、藏东地区石棺葬文化研究》，北京大学，2001年，硕士学位论文，第79页。

[94] 张增祺:《云南青铜时代的"动物纹"牌饰及北方草原文化遗物》,《考古》1987年第9期。

[95] 张增祺:《再论云南青铜时代"斯基泰文化"的影响及其传播者》,云南省博物馆主编《云南青铜文化论集》,云南人民出版社1991年版。

[96] 张增祺:《从出土文物看战国至西汉时期云南和中原地区的密切联系》,《文物》1978年第10期。

[97] 崔剑峰、吴小红、刘弘、唐亮:《四川盐源出土的一件镀锡九节鱼纹鸡首杖》,中国文化遗产研究院主编:《文物科技研究5》,科学出版社2007年版。

[98] 杨建华:《三叉式护手剑与中国西部文化交流的过程》,《考古》2010年第4期。

[99] 苏奎:《西南夷地区三种含北方系青铜文化因素短剑的研究》,四川大学,2005年,硕士学位论文。

[100] Williams, L. E., *Southeast Asia: A History*, Oxford University Press, 1976.

[101] William, W., Pre-Han Communication from West China to Thailand, Glover, I., Suchitta, P. and Villiers, J., *Early Metallurgy, Trade and Urban Centres in Thailand and Southeast Asia*, White Lotus, 1992.

[102] Higham, C. F. W., Mainland Southeast Asia from the Neolithic to the Iron Age, Glover, I., Hudson, B., *Southeast Asia: From Prehistory to History*, Routledge Curzon, 2004.

[103] Gutman, P., Hudson, B., The Archaeology of Burma (Myanmar) from the Neolithic to Pagan, Glover, I., Hudson, B., *Southeast Asia: From Prehistory to History*, Routledge Curzon, 2004.

[104] Nguyen, K. S., Pham, M. H. and Tong, T., Northern Vietnam from the Neolithic to the Han Period, Glover, I., Hudson, B., *Southeast Asia: From Prehistory to History*, Routledge Curzon,

2004.

[105] Piaskowski, J., Distinguishing between Directly and Indirectly Smelted Iron and Steel, *Archaeomaterials*, 1992 (6).

[106] 韩汝玢、孙淑云、李秀辉、潜伟:《中国古代铜器的显微组织》,北京科技大学冶金与材料史研究所、北京科技大学科学技术与文明研究中心主编:《中国冶金史论文集(4)》,科学出版社2006年版,第61—81页。

[107] 李晓岑、员雅丽:《滇西和滇南几件铜器的科学分析》,《大理学院学报》2008年第12期。

[108] Chase, W. T., Chinese Bronzes: Casting, Finishing, Patination and Corrosion, Scott, D. A., Podany, J. and Considine, B., *Ancient and Historic Metals: Conservation and Scientific Research*, The J. Paul Trust, 1994.

[109] Dungworth, D., Serpendipity in the Foundry? Tin Oxide Inclusions in Copper and Copper Alloys as an Indicator of Production Process, *Bulletin of the Metals Museum*, 2000 (32).

[110] Mei, J., Shell, C., Li, X. and Wang, B., A Metallurgical Study of Early Copper and Bronze Artefacts from Xinjiang, China, *Bulletin of the Metals Museum*, 1998 (30).

[111] 梁宏刚:《二里头遗址出土铜器的制作技术研究》,北京科技大学,2004年,博士学位论文。

[112] "中国矿床发现史·云南卷"编委会:《中国矿床发现史·云南卷》,地质出版社1996年版。

[113] Moorey, P. R. S., Materials and Manufacture in Ancient Mesopotamia: The Evidence of Archaeology and Art: Metals and Metalwork, Glazed Materials and Glass, *BAR International Series 237*, Archaeo Press, 1985.

[114] Davies, O., Antimony Bronze in Central Europe, *Man*, 1935 (9).

［115］Shalev, S., Northover, J. P., The Metallurgy of the Nahal Mishmar Hoard Reconsidered, *Archaeology*, 1993（1）.

［116］Tylecote, R. F., *A History of Metallurgy（²nd Edition）*, The Institute of Materials, 1992.

［117］Fink, C. G., Kopp, A. H., Ancient Egyptian Antimony Plating on Copper Objects: A Rediscovered Ancient Egyptian Craft, *Metropolitan Museum Studies*, 1933（2）.

［118］Dyson, R. H., Sciences Meet in ancient Hasanlu, *Natural History*, 1964, 73（8）.

［119］Dayton, J. E., *Minerals, Metals, Glazing and Man*, 1978.

［120］Pike, A. W. G., Cowell, M. R. and Curtis, J. E., The Use of Antimony Bronze in the Koban Culture, *Historical Metallurgy Society*, 1996（1）.

［121］孙淑云、潜伟、王辉:《火烧沟四坝文化铜器成分分析及制作技术的研究》,《文物》2003年第8期。

［122］河南省文物研究所、郑州市博物馆:《郑州新发现商代窖藏青铜器》,《文物》1983年第3期。

［123］裴明相:《郑州商代青铜器铸造述略》,《中原文物》1989年第3期。

［124］李敏生、黄素英、季连琪:《殷墟金属器物成分的测定报告（二）——殷墟西区铜器和铅器测定》,《考古学集刊（4）》,中国社会科学出版社1984年版。

［125］陈坤龙:《陕西汉中出土商代铜器的科学分析与制作技术研究》,北京科技大学,2009年,博士学位论文。

［126］巢云霞:《云南古哀牢地区出土铜器的技术研究》,北京科技大学,2009年,硕士学位论文。

［127］赵凤杰:《曲靖地区出土青铜时代金属器的技术研究》,北京科技大学,2009年,硕士学位论文。

［128］李艳萍、王建平、杨帆:《昆明羊甫头墓地出土青铜器的分析

研究》,《文物保护与考古科学》2007 年第 2 期。

[129] 中国基本古籍库（电子数据库）http://www.er07.com。

[130] 潜伟、孙淑云、韩汝玢:《古代砷铜研究综述》,《文物保护与考古科学》2000 年第 2 期。

[131] 金正耀:《二里头青铜器的自然科学研究与夏文明探索》,《文物》2000 年第 1 期。

[132] 梁宏刚、李延祥、孙淑云等:《垣曲商城出土含砷渣块研究》,《有色金属》2005 年第 4 期。

[133] 李秀辉、韩汝玢:《朱开沟遗址早商铜器的成分及金相分析》,《文物》1996 年第 8 期。

[134] Rapp, G. J., On the origins of copper and bronze alloying, Maddin, R., *The beginning of the use of metals and alloys*, MIT Press, 1988.

[135] Hosler, D. Sound, Color and Meaning in the Metallurgy of Ancient West Mexico, *World Archaeology*, 1995 (1).

[136] 张子高:《从镀锡铜器谈到鋈字本意》,《考古学报》1958 年第 3 期。

[137] 甘肃省博物馆文物组:《灵台白草坡西周墓》,《文物》1972 年第 12 期。

[138] Ma, Q., Scott, D. A., Tinned Belt Plaquesof the Sixth to Fifth Century B. C. E from Gansu Province, China: A Technical Study, Jett, P., Winter, J., Douglas, J., McCarthy, B., Scientific Research in the Field of Asian Art: Proceedings of the First Forbes Symposium at the Freer Gallery of Art, *Archetype Publications in association with the Freer Gallery of Art*, Smithsonian Institution, 2003.

[139] 刘得祯、许俊臣:《甘肃庆阳春秋战国墓葬的清理》,《考古》1988 年第 5 期。

[140] 罗丰、韩孔乐:《宁夏固原近年发现的北方系青铜器》,《考

古》1990年第5期。

[141] 内蒙古文物工作队:《毛庆沟墓地》,田广金、郭素新主编:《鄂尔多斯式青铜器》,文物出版社1986年版。

[142] 姚智辉:《晚期巴蜀青铜器技术研究及兵器斑纹工艺探讨》,科学出版社2006年版。

[143] 童恩正:《试论我国从东北至西南的边地半月形文化传播带》,《考古与文物论集》,文物出版社1986年版。

[144] N. D. Meeks., Tin-Rich Surfaces On Bronze-Some Experimental and Archaeological Considerations, *Archaeometry 28*, 1986 (2).

[145] 肖先进:《三星堆研究2》,文物出版社2007年版,第64页。

[146] 四川大学历史文化学院考古学系、重庆市文化局、云阳县文物管理所:《重庆云阳李家坝东周墓地1997年发掘报告》,《考古学报》2002年第1期。

[147] 庆阳地区博物馆、庆阳县博物馆:《甘肃庆阳城北发现战国时期葬马坑》,《考古》1988年第9期。

[148] 茂县羌族博物馆、阿坝藏族羌族自治州文物管理所:《四川茂县牟托一号石棺墓及陪葬坑清理简报》,《文物》1994年第3期。

[149] 四川省文管会、雅安地区文管所、宝兴县文管所:《四川宝兴汉塔山战国土坑积石墓发掘报告》,《考古学报》1999年第3期。

[150] 安志敏:《四川甘孜附近出土的一批铜器》,《考古通讯》1958年第1期。

[151] 凉山州博物馆、西昌市文管所、盐源县文管所:《盐源近年出土的战国西汉文物》,《四川文物》1999年第4期。

[152] 木基元:《丽江金沙江地区的考古发现与研究》,《中华文化论坛》2002年第4期。

[153] 唐翔:《会理新近收藏的几件青铜器》,《四川文物》1996年第3期。

[154] 早期秦文化联合考古队：《2006年甘肃礼县大堡子山东周墓葬发掘简报》，《文物》2008年第11期。

[155] 宁夏文物考古研究所、宁夏固原博物馆：《宁夏固原杨郎青铜文化墓地》，《考古学报》1993年第1期。

[156] 四川省文管会、茂汶县文化馆：《四川茂汶羌族自治县石棺葬发掘报告》，《文物资料丛刊》1983年第7辑。

[157] 冯汉骥、童恩正：《岷江上游的石棺墓》，《考古学报》1973年第2期。

[158] 乌恩岳斯图：《北方草原考古学文化研究》，科学出版社2007年版。

[159] 戴应新、孙嘉祥：《陕西神木县出土匈奴文物》，《文物》1983年第12期。

[160] 辽宁省昭乌达盟文物工作站、中国科学院考古研究所东北工作队：《宁城南山根石椁墓》，《考古学报》1973年第2期。

[161] 宝山县文化馆：《四川宝兴汉代石棺墓》，《考古》1982年第4期。

[162] 西昌地区博物馆：《西昌河西大石墓》，《考古》1978年第2期。

[163] 邵国：《内蒙古敖汉旗发现的青铜器及有关遗物》，《北方文物》1993年第1期。

[164] 田广金：《近年来内蒙古地区的匈奴考古》，《考古学报》1983年第1期。

[165] 河北省文化局文物工作队：《河北青龙县抄道沟发现一批青铜器》，《考古》1962年第12期。

[166] 郑绍宗：《中国北方青铜短剑的分期及形制研究》，《文物》1984年第2期。

[167] 黑光、朱捷元：《陕西绥德焉头村发现一批窖藏商代铜器》，《文物》1975年第2期。

[168] 杨绍舜：《山西石楼褚家峪、曹家垣发现商代铜器》，《文物》

1981 年第 8 期。

[169] 吴振录：《保德县新发现的殷代青铜器》，《文物》1972 年第 4 期。

[170] 北京市文物管理处：《北京地区的又一次重要考古收获——昌平白浮西周木椁墓的新启示》，《考古》1976 年第 4 期。

[171] 潜伟：《新疆哈密地区史前时期铜器及其与邻近地区文化的关系》，知识产权出版社 2006 年版。

[172] 云南省博物馆：《云南晋宁石寨山古遗址及墓葬》，《考古学报》1956 年第 1 期。

[173] 李晓岑、员雅丽、韩汝玢、田建、王涵：《昆明呈贡天子庙和呈贡石碑村出土铜铁器的科学分析》，《文物保护与考古科学》2010 年第 2 期。

[174] 杨根：《云南晋宁青铜器的化学成分分析》，《考古学报》1958 年第 3 期。

[175] 苏奎、尹俊霞：《试析西南夷地区的三叉格铜柄铁剑》，《四川文物》2005 年第 2 期。

[176] 华泉：《评奥克拉德尼可夫关于螺旋纹、犁耕和铁的谬论》，《文物》1977 年第 8 期。

[177] 陈建立、杨军昌、孙秉君、潘岩：《梁带村遗址 M27 出土铜铁复合器的制作技术》，《中国科学（E 辑：技术科学）》2009 年第 9 期。

[178] 礼县博物馆：《秦西垂陵区》，文物出版社 2004 年版，第 23 页。

[179] 刘得桢、朱建唐：《甘肃灵台景家庄春秋墓》，《考古》1981 年第 4 期。

[180] 刘得桢、许俊臣：《甘肃庆阳地区春秋战国墓葬的清理》，《考古》1988 年第 5 期。

[181] 罗丰：《以陇山为中心甘宁地区春秋战国时期北方青铜文化的发现与研究》，《内蒙古文物考古》1993 年第 1—2 期。

[182] 周兴华：《宁夏中卫县狼窝子坑的青铜短剑墓群》，《考古》1989年第11期。

[183] 天津市文化局考古发掘队：《天津南郊巨葛庄战国遗址和墓葬》，《考古》1965年第1期。

[184] 佟柱臣：《考古学上汉代及汉代以前的东北疆域》，《考古学报》1956年第1期。

[185] 范勇：《我国西南地区的青铜斧钺》，《考古学报》1989年第2期。

[186] 谢道辛、王涵：《云龙县首次发现青铜器》，《云南文物》1982年第1期。

[187] 云南省文物考古研究所：《云南省龙陵县大花石遗址发掘简报》，《四川文物》2011年第2期。

[188] 耿德铭：《试论怒江中游新石器时代的双肩石器》，《云南民族大学学报（哲学社会科学版）》1990年第1期。

[189] 汪宁生：《试论不对称形铜钺》，《考古》1985年第5期。

[190] 耿德铭：《哀牢国与哀牢文化》，云南人民出版社2003年版。

[191] 云南省博物馆：《云南云县曼干遗址的发掘》，《考古》2004年第8期。

[192] 云南省文物考古研究所：《云南元江县洼垤打篙陡青铜时代墓地》，《文物》1992年第7期。

[193] 王大道：《云南滇池区域青铜时代的金属农业生产工具》，《考古》1977年第2期。

[194] 陈振中：《先秦青铜生产工具》，厦门大学出版社2004年版。

[195] 河北省文物管理处台西考古队：《河北藁城台西村商代遗址发掘简报》，《文物》1979年第6期。

[196] 中国社会科学院考古研究所沣西发掘队：《1967年长安张家坡西周墓葬的发掘》，《考古学报》1980年第4期。

[197] 陈文华：《关于夏商西周春秋时期的青铜农具问题》，《农业考古》2002年第9期。

[198] 何超雄：《祥云检村发掘三座石椁墓》，《云南文物》1979 年第 8 期。

[199] 云南省博物馆：《近年来云南出土铜鼓》，《考古》1981 年第 4 期。

[200] 王大道：《曲靖朱街石范铸造的调查及云南青铜器铸造的几个问题》，《考古》1983 年第 11 期。

[201] White, J. C., Dating Early Bronze at Ban Chiang, Thailand, Pautreau, J. P., Coupey, A. S., Zeitoun, V. and Rambault, E., In from Home erectus to the living traditions: Choice of Papers from *the 11th International Conference of the European Association Southeast Asian Archaeologists Bougon* (25th – 29th September 2006), 2008.

[202] Bayard, D., Charoenwongsa, P. and Rutnin, S., *Excavations at Non Chai, Northeastern Thailand, 1977 – 1978*, Asian Perspectives 25, 1982/1983 (1).

[203] [日] 後藤直、菅谷文則、三船温尚、中井一夫、宮原晋一：《雲南省出土鑄型調査報》，奈良県立橿原考古学研究所、アジア鋳造技術史学会主編：《石笵を用いた鋳造の研究》2008 年版。

[204] 刘学堂、李溯源：《新疆发现的铸铜石范及其意义》，《西域研究》2008 年第 4 期。

[205] 内蒙古自治区文物考古研究所、鄂尔多斯博物馆：《朱开沟：青铜时代早期遗址发掘报告》，文物出版社 2000 年版。

[206] 辽宁省文物考古研究所、吉林大学考古系：《辽宁彰武平安堡遗址》，《考古学报》1992 年第 4 期。

[207] 中国社会科学院考古研究所等：《夏县东下冯》，文物出版社 1988 年版。

[208] 中国社会科学院考古研究所：《殷墟的发现与研究》，文物出版社 1985 年版，第 87—88 页。

[209] 李昆声：《论云南与黄河流域新石器文化的关系》，《云南考古

学论集》，云南人民出版社 1998 年版。

[210] Bennett, A., Prehistoric Copper Smelting in Central Thailand, Charoenwongsa, P., Bronson, B., *The Stone and Periods in Thailand*, Thai Prehistory Study group, 1988.

[211] Solheim, W. G., An Earlier Agricultural Revolution, *Scientific American*, 226, 1972.

[212] 王大道：《滇池区域的青铜文化》，云南省博物馆主编《云南省博物馆学术论文集》，云南人民出版社 1989 年版。

[213] 昆明市文物管理委员会：《呈贡天子庙滇墓》，《考古学报》1985 年第 4 期。

[214] 杨帆、梅丽琼：《滇文化概述及研究》，《滇王国文物精品集》，中国社会科学出版社 2004 年版。

[215] 罗二虎：《中国西南地区古代的系绳石刀》，《四川文物》2000 年第 2 期。

[216] 瑜琼：《东北地区半月形穿孔石刀研究》，《北方文物》1990 年第 1 期。

[217] 谢崇安：《略论西南地区早期平底双耳罐的源流及其族属问题》，《考古学报》2005 年第 2 期。

[218] 云南省文物考古研究所：《云南南华县孙家屯墓地发掘简报》，《考古》2001 年第 12 期。

[219] 谢崇安：《中江塔梁子东汉崖墓胡人壁画雕像考释——兼论印欧人种入居我国西南的时代问题》，《四川文物》2005 年第 5 期。

[220] 甘肃岷县文化馆：《甘肃岷县杏林齐家文化遗址调查》，《考古》1985 年第 11 期。

[221] 凉山彝族地区考古队：《四川凉山喜德拉克公社大石墓》，《考古》1978 年第 2 期。

[222] 甘南藏族自治州文化局：《甘肃卓尼县纳浪乡考古调查简报》，《考古》1994 年第 7 期。

[223] 叶茂林等:《四川汶川县昭店村发现的石棺葬》,《考古》1999年第7期。

[224] 甘肃省博物馆文物工作队:《甘肃东乡崖头辛店文化墓葬清理记》,《文物》1981年第4期。

[225] 孙淑云、韩汝玢:《中国早期铜器的初步研究》,《考古学报》1981年第3期。

[226] 张忠培:《齐家文化研究(下)》,《考古学报》1987年第2期。

[227] 韩汝玢、[美]埃玛·邦克:《表面富锡的鄂尔多斯青铜饰品的研究》,《文物》1993年第9期。

[228] 孙淑云:《宁夏固原春秋战国时期两件青铜饰物表面镀锡层的SEM-EDS分析与研究》,中国文化遗产研究院主编:《文物科技研究5》,科学出版社2007年版。

[229] 许宏:《略论我国史前时期的瓮棺葬》,《考古》1989年第4期。

[230] 甘肃省博物馆:《甘肃景泰张家台新石器时代的墓葬》,《考古》1976年第3期。

[231] 青海省文物管理处、海南州民族博物馆:《青海同德县宗日遗址发掘简报》,《考古》1998年第5期。

[232] 陈洪海、格桑本、李国林:《试论宗日文化的性质》,《考古》1998年第5期。

[233] http://mekongboatcruise.com(笔者进行过改绘)。

[234] 谢远章:《泰国古籍有关云南洱海、澜沧江及河蛮的传说》,《东南亚南亚研究》2009年第1期。

[235] Smith, C. S., Bronze Technology in the East, Needham, J., Teich, M., Young, R. M., *Changing Perspectives in the History of Science: Essays in Honor of Joseph Needham*, Heinemann, 1973.

[236] Wheeler, T. S., Maddin, R., *The Techniques of the Early Thai Metalsmith*, Expedition, 1976 (4).

[237] White, J. C., Early East Asian Metallurgy: The Southern Tradition, Maddin, R., *The Beginning of the Use of Metals and Alloys: Papers from the 2nd International Conference on the Beginning of the Use of Metals and Alloys, Zhengzhou, China, 21 - 26 October 1986*, MIT Press, 1988.

[238] White, J. C., Hamilton, E. G., The Transmission of Early Bronze Technology to Thailand: New Perspectives, *Journal of World Prehistory*, 2009（22）.

[239] ［俄］E. H. 切尔内赫、C. B. 库兹明内赫著，王博、李明华译，张良仁审校：《欧亚大陆北部的古代冶金：塞伊玛-图尔宾诺现象》，中华书局2010年版。

[240] Pham, L. H., Nguyen, Q. M., The Results of Radiocarbon Dating Methods in Vietnam and Some Remarks, *Khảocôhọc*, 2001（3）.

[241] Hà, V. T., Nouvelles recherches prehistoriques et protohistohistoriques au Vietnam, *Bulletin de l'Ecole française d'Extrême-Orient*, 1980（68）.

[242] Ha, V. T., *Archaeology of Vietnam 3*, Hanoi: Social Sciences Publishing House, 2002.

[243] Trinh, S., Spectrographic Analysis of Bronze Artefacts in Go Mun and Dong Dau Cultures (in Vietnamese), *Khảocôhọc*, 1990（75）.

[244] Pham, H. P., Nguyen. K. T. and Hoang, X. C., Spectroscopic Analysis of Archaeological Specimens from Dong Dau, *Khảocôhọc*, 1970（7-8）.

[245] 袁华韬：《羊角钮钟若干问题研究》，广西民族大学，2007年，硕士学位论文。

[246] ［越］范明玄：《关于老街1993年所发现之东山铜鼓的介绍》，《广西民族艺术》，1997年增刊——《铜鼓和青铜文化的再探索》。

后　　记

本书是在员雅丽博士论文的基础上修订完成的,是国家自然科学基金"滇西地区出土青铜时代金属技术研究"(2007－2011年)的部分研究成果,承蒙"首都师范大学史学丛书"出版基金资助出版。本研究从选题、研究、写作到出版,得到了诸多前辈、老师和朋友的悉心指导与帮助,在此表示衷心的感谢。

本研究得到云南各文博单位的大力支持。感谢云南省文物考古研究所领队闵锐研究员、王涵副研究员和黄颖老师,云南省大理州文物管理所杨德文副研究员,云南省迪庆州博物馆和桂华副研究员,云南省弥渡县文物管理所李庆华老师和张昭老师,云南省剑川县文物管理所杨德志老师,云南省祥云县文物管理所李穆斌老师和郑乃昌老师诸位先生,以及其他云南文博考古部门提供了本研究所需的实验样品和相关考古信息,这些都是本研究得以顺利开展的重要前提。

北京科技大学冶金与材料史研究所的各位老师为本研究付出了无私的帮助。感谢韩汝玢教授对本研究的无私帮助和关怀,她严谨的治学精神、丰富的学术经验、耐心的点拨指导,为研究工作的顺利开展提供了莫大的帮助。感谢孙淑云教授细致认真的指导,解决了研究工作中的诸多难题。感谢梅建军教授给予的鼓励和帮助,他宽阔的学术视野使研究思路深受启发。感谢李延祥教授对论文的真知灼见和建设性的建议。感谢潜伟教授、李秀辉副教授、章梅芳教授多年来在本书写作过程中给予的宝贵建议,点点滴滴,终生难忘。感谢刘建华老师在实验分析中给予的帮助。

感谢美国加州大学洛杉矶分校（UCLA）戴维·斯科特（David A Scott）教授、罗泰（Lothar）教授在研究方法和研究思路上给予的帮助和启发。感谢哈佛大学傅罗文（Rowan Flad）教授、波士顿大学慕容捷（Robert E. Murowchick）教授对研究工作给予的指导和建议。感谢伊利诺依大学邱兹惠教授，大都会博物馆唐娜·斯特拉汉（Donna Strahan）女士等对本研究工作提供的帮助。

首都师范大学历史学院深厚的史学基础，浓厚的学术氛围和众多的良师益友，为本研究工作提供了更多的助力。本书的出版得到了"首都师范大学史学丛书"出版基金的大力支持，感谢首都师范大学历史学院郝春文教授、刘屹教授、董增刚书记等学院领导及历史学院学术委员会的诸位先生，感谢历史学院诸位师友的鼓励和支持。感谢中国社会科学出版社郭鹏先生为编辑、出版本书的无私奉献。

由于作者学力有限，书中难免有不足之处，敬请同行和广大读者批评指正。

员雅丽　李晓岑
2018 年 8 月